"互联网+"创新创业实践系列教材

移动商务
新应用新创意
（第2版）

MOBILE COMMERCE
New Applications and New Ideas
(2nd Ed.)

钟元生 许 艳 ／ 主编

李普聪 邱 勋 ／ 副主编

赖 超 李浩轩 文小慧 谢 慧 易子涵 苏羽欣 张孟佳 ／ 参编

清华大学出版社
北京

内容简介

本书系统总结了移动宽带网条件下移动商务基础知识及新应用、新创意,既介绍了移动商务技术基础、基于O2O模式的移动电子商务、互联网金融等通用知识,又分析了与老百姓衣、食、行、游、休闲和教育等各领域相关的移动应用,还增加了可穿戴设备、HarmonyOS移动应用开发案例、基于Python的推荐系统构建等,内容丰富,涉及面广,案例新颖,有助于读者对移动商务的最新应用有较为全面的了解。

本书适合作为经济、管理、信息技术类专业的大学选修课教材,也可供移动商务爱好者参考,有助于读者把握移动新趋势,寻找新商机。

本书封面贴有清华大学出版社防伪标签,无标签者不得销售。
版权所有,侵权必究。举报:010-62782989,beiqinquan@tup.tsinghua.edu.cn。

图书在版编目(CIP)数据

移动商务:新应用新创意/钟元生,许艳主编. —2版. —北京:清华大学出版社,2023.5
"互联网+"创新创业实践系列教材
ISBN 978-7-302-62619-0

Ⅰ.①移… Ⅱ.①钟…②许… Ⅲ.①移动电子商务—教材 Ⅳ.①F713.36

中国国家版本馆CIP数据核字(2023)第022842号

责任编辑:袁勤勇
封面设计:常雪影
责任校对:郝美丽
责任印制:沈　露

出版发行:清华大学出版社
　　　　网　　址:http://www.tup.com.cn,http://www.wqbook.com
　　　　地　　址:北京清华大学学研大厦A座　　邮　编:100084
　　　　社 总 机:010-83470000　　邮　购:010-62786544
　　　　投稿与读者服务:010-62776969,c-service@tup.tsinghua.edu.cn
　　　　质量反馈:010-62772015,zhiliang@tup.tsinghua.edu.cn
　　　　课件下载:http://www.tup.com.cn,010-83470236
印 装 者:三河市龙大印装有限公司
经　　销:全国新华书店
开　　本:185mm×260mm　　印　张:19.75　　字　数:460千字
版　　次:2016年6月第1版　2023年6月第2版　印　次:2023年6月第1次印刷
定　　价:59.80元

产品编号:095820-01

前　言

本书自 2016 年 6 月出版以来,深受广大师生喜爱,获得了较高的评价,被多所高校选取为课程教材。随着 4G 网络的快速发展与普及,5G 网络的开始使用,第 1 版中许多想象中的应用都已经成为现实。移动商务模式发生了巨大的变化,移动应用 App 也越来越多,应用场景也越来越丰富,渗透到了人们日常生活的方方面面。因此,本书与时俱进,进行修订,特色更加鲜明。

(1) 既简要描述了计算机与通信技术,又从普罗大众能够理解的角度,全面系统地介绍了移动互联网条件下的移动商务新应用,以期拓展读者在移动生活领域的视野,激发读者的创新精神,大胆设想未来的移动生活应用,为占领移动先机打下良好的基础。

(2) 既介绍了移动商务技术基础、基于 O2O 的移动商务、移动社交应用、互联网金融等通用知识,又分析了与老百姓衣、食、行、游、休闲和教育等各领域相关的移动应用。

(3) 既介绍了可穿戴设备的知识,又增加了 5G 移动互联网条件下的技术与应用,以帮助读者把握未来发展趋势,在自己的工作中更好地应用新技术,甚至创造新型的移动商务应用。

(4) 案例丰富,知识新颖,反映了最新 App 创意。强调时效性,注重从"90 后"年轻人的角度来看 App。

全书共 15 章,包括移动商务概述、移动商务技术基础、基于 O2O 模式的移动电子商务、互联网金融、社交类移动应用、服饰类移动应用、交通类移动应用、饮食类移动应用、旅游类移动应用、游戏类移动应用、影像新闻类移动应用、教育类移动应用、可穿戴设备、HarmonyOS 移动应用开发案例和基于 Python 的推荐系统构建。本版本的主要改动如下。

(1) 第 2 章的 2.1.3 节和 2.1.4 节增加了 5G 相关内容;2.2.4 节增加了 HarmonyOS 操作系统简介;2.4.1 节增加了刷脸支付介绍。

(2) 第 3 章的 3.2 节增加 O2O 商务的分类内容;新增一节"3.6 本地生活服务 O2O",介绍到店 O2O、到家 O2O 和本地生活服务 O2O 产业链。

(3) 第 4 章的 4.4.5 节改写成 P2P 的风险爆发。

(4) 第 5 章的 5.4.4 节和 5.5.3 节修改为以"赫兹"和"TT 语音"作为案例解析。

(5) 第 6 章更新了主流 App,增加一节"6.5.4 App 数据隐私问题"。

(6) 第 7 章增加两节:"7.4 共享单车和共享汽车 App""7.5 自动驾驶"。

(7) 第 8 章的 8.2 节修改为介绍主要食谱饮食软件:"豆果美食""下厨房""美食杰""美食天下"。8.3 节修改为介绍主要订餐软件:"美团外卖""饿了么"。

(8) 第 9 章删除一节"9.2.2 基本旅游软件下载量统计",增加 3 节"9.3.3 去哪儿旅行"

"9.3.4 飞猪旅行""9.3.5 民宿 App"。

(9) 第 10 章更新了 2 节"10.2.3 手机游戏软件基本商业运营模式""10.3 特色软件介绍"。

(10) 第 11 章新增加一节"11.3 自媒体 App",对原有的摄影类 App、新闻 App 等内容进行了修改和补充。

(11) 第 12 章的 12.3.3 节新增"中国大学 MOOC"功能模块解析,12.3.4 节修改为"小叶子智能陪练"功能模块解析。

(12) 第 13 章新增一节"13.4 可穿戴设备与 VR",介绍什么是 VR 技术,可穿戴设备与 VR 技术的关系。

(13) 第 14 章重新编写,结合案例"远程闹钟",介绍了 HarmonyOS 移动应用的基本开发过程。

(14) 新增加第 15 章"基于 Python 的推荐系统构建",介绍推荐系统和相关技术,以及如何利用 Python 构建推荐系统。

改版工作由钟元生和许艳担任主编,负责全书的组织设计、编写提纲和定稿,各章分工如下:第 1 章(钟元生)、第 2 章(许艳)、第 3 章(李普聪)、第 4 章(邱勋)、第 5 章(许艳、张孟佳)、第 6 章(钟元生、苏羽欣)、第 7 章(许艳、谢慧)、第 8 章和第 9 章(李普聪、文小慧)、第 10 章(钟元生、赖超)、第 11 章(许艳、谢慧)、第 12 章(许艳、张孟佳)、第 13 章(钟元生、赖超)、第 14 章(钟元生、李浩轩)、第 15 章(钟元生、易子涵)。

希望本书在改版后,能让读者了解最新的移动商务动态,把握移动商务未来发展方向。由于改版内容较多,加之对于新兴技术和应用研究不深,差错之处在所难免,请广大读者在使用中不吝指出,待再版时完善。

作 者
2023 年 3 月

目 录

第1章　移动商务概述 ··· 1
　1.1　移动商务的应用背景 ·· 1
　　1.1.1　手机的普及与手机上网用户数的高速增长 ······································ 1
　　1.1.2　我国无线上网服务日趋便捷 ·· 2
　1.2　移动商务的含义 ··· 2
　　1.2.1　电子商务的概念 ·· 2
　　1.2.2　移动商务的概念 ·· 2
　　1.2.3　移动商务与电子商务的区别 ·· 3
　1.3　移动商务应用的类型 ·· 4
　1.4　移动商务的特点 ··· 4
　1.5　移动商务的发展趋势 ·· 5
　　1.5.1　移动互联网的发展趋势 ·· 5
　　1.5.2　移动商务的发展趋势 ··· 8
　1.6　本章小结 ·· 10
　练习与思考题 ·· 10

第2章　移动商务技术基础 ··· 11
　2.1　移动通信技术 ··· 12
　　2.1.1　移动通信的基本概念 ··· 12
　　2.1.2　移动通信的特点 ·· 12
　　2.1.3　移动通信的发展 ·· 13
　　2.1.4　几代移动通信技术 ·· 13
　　2.1.5　无线通信系统 ··· 16
　　2.1.6　无线网络 ·· 17
　2.2　移动通信终端 ··· 21
　　2.2.1　移动通信终端设备 ·· 21
　　2.2.2　移动终端设备的技术特征 ··· 22
　　2.2.3　移动应用平台 ··· 23
　　2.2.4　移动通信操作系统 ·· 24
　　2.2.5　传统条形码 ·· 25
　　2.2.6　二维条码 ·· 26

2.2.7　RFID ………………………………………………………………… 27
　2.3　移动商务安全 …………………………………………………………………… 30
　　　2.3.1　移动商务面临的安全威胁 …………………………………………… 30
　　　2.3.2　移动商务的安全需求 ………………………………………………… 31
　　　2.3.3　移动商务安全技术现状 ……………………………………………… 32
　　　2.3.4　移动安全通信技术 …………………………………………………… 33
　　　2.3.5　移动通信加密 ………………………………………………………… 34
　　　2.3.6　终端身份认证 ………………………………………………………… 34
　　　2.3.7　移动交易信任机制 …………………………………………………… 37
　　　2.3.8　移动终端操作系统安全技术 ………………………………………… 38
　　　2.3.9　移动终端下载软件的认证 …………………………………………… 40
　　　2.3.10　移动终端存储信息的备份与恢复 …………………………………… 40
　　　2.3.11　手机病毒 ……………………………………………………………… 41
　　　2.3.12　移动商务安全的发展趋势 …………………………………………… 44
　2.4　移动支付 ………………………………………………………………………… 45
　　　2.4.1　移动支付的含义 ……………………………………………………… 45
　　　2.4.2　移动支付流程 ………………………………………………………… 46
　　　2.4.3　移动支付的类型 ……………………………………………………… 47
　　　2.4.4　移动支付系统 ………………………………………………………… 50
　　　2.4.5　移动支付安全与风险防范 …………………………………………… 59
　2.5　本章小结 ………………………………………………………………………… 64
　练习与思考题 …………………………………………………………………………… 64

第 3 章　基于 O2O 模式的移动电子商务 ………………………………………… 66

　3.1　O2O 商务的起源 ………………………………………………………………… 66
　3.2　O2O 商务的分类 ………………………………………………………………… 67
　3.3　O2O 商务与其他电商模式的比较 ……………………………………………… 68
　3.4　O2O 商务的优势 ………………………………………………………………… 70
　3.5　O2O 商务发展现状 ……………………………………………………………… 71
　　　3.5.1　国外 O2O 商务发展现状 …………………………………………… 71
　　　3.5.2　国内 O2O 商务发展现状 …………………………………………… 71
　3.6　本地生活服务 O2O ……………………………………………………………… 72
　　　3.6.1　到店 O2O ……………………………………………………………… 73
　　　3.6.2　到家 O2O ……………………………………………………………… 73
　　　3.6.3　本地生活服务 O2O 产业链 …………………………………………… 74
　3.7　移动 O2O 商务及其典型应用 …………………………………………………… 74
　3.8　本章小结 ………………………………………………………………………… 76
　练习与思考题 …………………………………………………………………………… 76

第4章　互联网金融 ··· 77

4.1 互联网金融定义、兴起背景及模式 ·· 78
4.1.1 互联网金融的定义 ··· 78
4.1.2 互联网金融在我国的兴起背景 ·· 78
4.1.3 互联网金融的模式分类 ··· 80

4.2 金融互联网化 ·· 81
4.2.1 直销银行 ··· 81
4.2.2 互联网基金 ··· 84
4.2.3 互联网保险 ··· 86
4.2.4 互联网证券 ··· 87
4.2.5 互联网金融 App 介绍 ·· 88

4.3 第三方支付 ··· 89
4.3.1 第三方支付的概念 ··· 89
4.3.2 第三方支付的模式分类 ··· 89
4.3.3 第三方支付的未来发展 ··· 91
4.3.4 第三方支付 App 介绍 ·· 91

4.4 P2P 网络借贷 ·· 92
4.4.1 P2P 的概念 ··· 92
4.4.2 P2P 的分类 ··· 92
4.4.3 P2P 的主体架构和运营模式 ··· 92
4.4.4 P2P 平台的特征 ··· 94
4.4.5 P2P 的风险爆发 ··· 95
4.4.6 P2P 的发展展望 ··· 95

4.5 股权众筹 ·· 96
4.5.1 股权众筹的概念 ·· 96
4.5.2 股权众筹的运行主体架构和交易流程 ······································· 96
4.5.3 股权众筹的融资模式 ··· 98
4.5.4 股权众筹的价值 ·· 98
4.5.5 股权众筹 App 信息 ·· 99

4.6 大数据网络贷款 ··· 100
4.6.1 大数据网络贷款的概念 ··· 100
4.6.2 大数据贷款的征信 ··· 100
4.6.3 阿里小贷 ··· 100
4.6.4 Kabbage 网络贷款 ·· 101
4.6.5 大数据网络贷款的未来 ··· 101

4.7 我国互联网金融发展展望 ·· 102
4.7.1 互联网金融远未成形，新的模式将层出不穷 ······························ 102
4.7.2 大数据征信将成为互联网金融发展的关键，数据共享势在必行 ······ 102

4.7.3　互联网金融将受到法规的监管，监管方式将与时俱进 …………… 102
4.7.4　互联网金融将不断提高金融业的虚拟化，金融业态逐步
重新构建 …………………………………………………………… 103
4.8　本章小结 ………………………………………………………………… 103
练习与思考题 …………………………………………………………………… 104

第 5 章　社交类移动应用 …………………………………………………… 106
5.1　移动社交小故事 ………………………………………………………… 107
5.2　移动社交新应用 ………………………………………………………… 107
　　5.2.1　应用市场中的主要社交 App ………………………………… 107
　　5.2.2　社交 App 发展历程 …………………………………………… 109
　　5.2.3　社交 App 主要功能分类 ……………………………………… 110
5.3　基本社交 App …………………………………………………………… 110
　　5.3.1　QQ 的功能模块图 ……………………………………………… 111
　　5.3.2　基本社交软件比照 ……………………………………………… 112
5.4　陌生人社交 App ………………………………………………………… 112
　　5.4.1　颜值社交 ………………………………………………………… 113
　　5.4.2　音值社交 ………………………………………………………… 113
　　5.4.3　代表性产品——陌陌 …………………………………………… 113
　　5.4.4　代表性产品——赫兹 …………………………………………… 114
　　5.4.5　陌生人社交软件比照 …………………………………………… 115
5.5　兴趣社交 App …………………………………………………………… 116
　　5.5.1　聚合社交 ………………………………………………………… 116
　　5.5.2　分散社交 ………………………………………………………… 116
　　5.5.3　TT 语音功能 …………………………………………………… 116
5.6　社交软件未来发展趋势 ………………………………………………… 117
5.7　本章小结 ………………………………………………………………… 118
练习与思考题 …………………………………………………………………… 118

第 6 章　服饰类移动应用 …………………………………………………… 119
6.1　时尚达人小故事 ………………………………………………………… 120
6.2　服饰类新应用 …………………………………………………………… 120
　　6.2.1　应用市场中的主要服饰类 App ……………………………… 120
　　6.2.2　服饰类 App 发展历程 ………………………………………… 122
　　6.2.3　服饰类 App 盈利模式 ………………………………………… 123
　　6.2.4　服饰类 App 主要功能 ………………………………………… 124
6.3　服饰穿搭 App …………………………………………………………… 125
　　6.3.1　导购类 App ……………………………………………………… 125

6.3.2 搭配类 App ………………………………………………………… 127
6.3.3 服装定制 App ………………………………………………………… 128
6.4 服饰销售 App ………………………………………………………………… 129
6.4.1 综合型购物 App ………………………………………………………… 129
6.4.2 主营服饰类 App ………………………………………………………… 130
6.4.3 折扣特价 App ………………………………………………………… 132
6.4.4 海淘 App ………………………………………………………… 133
6.5 服饰软件未来发展趋势 ………………………………………………………… 135
6.5.1 根据用户个人信息定制穿着效果图 ………………………………… 135
6.5.2 根据已有衣服推荐搭配 ………………………………………………… 135
6.5.3 App 设计应考虑大龄用户群 ………………………………………… 135
6.5.4 App 数据隐私问题 ………………………………………………… 136
6.6 本章小结 ………………………………………………………………………… 136
练习与思考题 ……………………………………………………………………………… 136

第 7 章 交通类移动应用 …………………………………………………………… 137

7.1 交通领域移动应用小故事 …………………………………………………… 138
7.2 打车软件 ……………………………………………………………………… 138
7.2.1 应用市场中的主要打车 App ………………………………………… 138
7.2.2 打车 App 发展历程 …………………………………………………… 139
7.2.3 打车 App 主要功能分类 …………………………………………… 141
7.2.4 大众打车 App ………………………………………………………… 141
7.2.5 专车 App ……………………………………………………………… 142
7.2.6 拼车服务软件 ………………………………………………………… 143
7.2.7 打车软件未来发展趋势 ……………………………………………… 144
7.2.8 打车软件商业模式 …………………………………………………… 145
7.3 查公交应用 …………………………………………………………………… 146
7.3.1 应用市场中的主要查公交 App ……………………………………… 146
7.3.2 查公交 App 发展历程 ………………………………………………… 147
7.3.3 查公交 App 主要功能分类 ………………………………………… 148
7.3.4 基本查公交 App ……………………………………………………… 149
7.3.5 特色查公交 App ……………………………………………………… 150
7.3.6 查公交软件未来发展趋势 …………………………………………… 152
7.3.7 查公交软件商业模式 ………………………………………………… 152
7.4 共享单车和共享汽车 App …………………………………………………… 153
7.4.1 应用市场中的主要共享单车 App …………………………………… 153
7.4.2 共享单车 App 发展历程 …………………………………………… 155
7.4.3 共享单车 App ………………………………………………………… 156

7.4.4　应用市场中的主要共享汽车App ………… 156
　　7.4.5　共享汽车App发展历程 ………… 158
　　7.4.6　共享汽车App ………… 159
　　7.4.7　共享出行软件的未来发展趋势 ………… 160
7.5　自动驾驶 ………… 161
　　7.5.1　自动驾驶的发展现状 ………… 162
　　7.5.2　自动驾驶汽车的特点 ………… 163
　　7.5.3　自动驾驶汽车的功能 ………… 163
7.6　本章小结 ………… 163
练习与思考题 ………… 163

第8章　饮食类移动应用 ………… 165

8.1　饮食应用介绍 ………… 165
　　8.1.1　饮食应用小故事 ………… 165
　　8.1.2　各类饮食软件汇总 ………… 166
　　8.1.3　饮食应用发展历程 ………… 167
　　8.1.4　食谱应用主要特色及商业模式 ………… 168
8.2　主要食谱饮食软件 ………… 169
　　8.2.1　豆果美食 ………… 169
　　8.2.2　下厨房 ………… 170
　　8.2.3　美食杰 ………… 171
　　8.2.4　美食天下 ………… 172
8.3　主要订餐软件 ………… 174
　　8.3.1　美团外卖 ………… 174
　　8.3.2　饿了么 ………… 176
8.4　饮食类软件未来发展趋势 ………… 178
8.5　本章小结 ………… 178
练习与思考题 ………… 178

第9章　旅游类移动应用 ………… 179

9.1　旅游类移动应用简介 ………… 179
9.2　各类旅游软件汇总 ………… 180
　　9.2.1　基本旅游软件信息 ………… 180
　　9.2.2　基本旅游类应用分类及主要特色 ………… 182
　　9.2.3　旅游软件基本商业运营模式 ………… 183
9.3　旅游类特色软件介绍 ………… 184
　　9.3.1　携程旅行 ………… 184
　　9.3.2　航班管家 ………… 184

9.3.3　去哪儿旅行 ………………………………………… 186
　　　9.3.4　飞猪旅行 …………………………………………… 187
　　　9.3.5　民宿 App ………………………………………… 188
　9.4　旅游软件未来发展趋势 ……………………………………… 191
　　　9.4.1　大众点评机制的普及 ……………………………… 191
　　　9.4.2　服务的全面化 ……………………………………… 191
　9.5　本章小结 ……………………………………………………… 192
　练习与思考题……………………………………………………… 192

第 10 章　游戏类移动应用 …………………………………………… 193
　10.1　手机游戏 …………………………………………………… 193
　10.2　各类手机游戏软件汇总 …………………………………… 194
　　　10.2.1　基本手机游戏软件信息 ………………………… 194
　　　10.2.2　基本手机游戏软件发行年份及主要特色 ……… 195
　　　10.2.3　手机游戏软件基本商业运营模式 ……………… 196
　10.3　特色软件介绍 ……………………………………………… 197
　　　10.3.1　王者荣耀 …………………………………………… 197
　　　10.3.2　和平精英 …………………………………………… 198
　　　10.3.3　欢乐斗地主 ………………………………………… 199
　10.4　手机游戏类软件未来发展趋势 …………………………… 201
　　　10.4.1　手机行业的发展 …………………………………… 201
　　　10.4.2　网络的建设 ………………………………………… 201
　10.5　本章小结 …………………………………………………… 201
　练习与思考题……………………………………………………… 202

第 11 章　影像新闻类移动应用 ……………………………………… 203
　11.1　影像类软件介绍 …………………………………………… 204
　11.2　摄影类 App ………………………………………………… 204
　　　11.2.1　基本摄影软件信息 ………………………………… 204
　　　11.2.2　摄影摄像 App 发展历程及主要特色 …………… 206
　　　11.2.3　摄影与摄像软件基本商业运营模式 …………… 207
　　　11.2.4　特色摄影类软件介绍 ……………………………… 207
　　　11.2.5　摄影摄像类软件发展趋势 ………………………… 210
　11.3　自媒体类 App ……………………………………………… 211
　　　11.3.1　基本自媒体软件信息 ……………………………… 211
　　　11.3.2　自媒体软件发展历程及主要特色 ………………… 212
　　　11.3.3　特色自媒体 App 介绍 ……………………………… 213
　　　11.3.4　自媒体软件未来发展趋势 ………………………… 218

11.4 新闻类 App ·· 218
　　11.4.1 新闻 App 介绍 ······································· 218
　　11.4.2 基本新闻软件信息 ···································· 219
　　11.4.3 发展历程及其主要特色 ································ 221
　　11.4.4 新闻软件基本商业运营模式 ···························· 222
　　11.4.5 特色新闻类软件介绍 ·································· 223
　　11.4.6 新闻类软件发展趋势 ·································· 225
11.5 本章小结 ·· 226
练习与思考题 ·· 227

第 12 章　教育类移动应用 ·· 228

12.1 教育类移动应用小故事 ·· 228
12.2 教育类的移动应用 ·· 229
　　12.2.1 常用教育类软件汇总 ·································· 229
　　12.2.2 教育类 App 发展历程 ·································· 231
　　12.2.3 教育类 App 主要功能 ·································· 233
12.3 基本教育类 App 功能模块解析 ·································· 233
　　12.3.1 语言学习类功能模块(以网易有道词典为例) ············· 233
　　12.3.2 考试测评类功能模块(以驾校一点通为例) ··············· 236
　　12.3.3 教育教学类应用功能模块 ······························ 237
　　12.3.4 生活服务类应用功能模块(以小叶子智能陪练为例) ······· 241
12.4 移动教育应用未来发展趋势 ···································· 242
12.5 本章小结 ·· 242
练习与思考题 ·· 243

第 13 章　可穿戴设备 ·· 244

13.1 可穿戴设备概述 ·· 244
13.2 可穿戴设备分类与功能 ·· 246
　　13.2.1 医疗健康类可穿戴设备 ································ 246
　　13.2.2 生活服务类可穿戴设备 ································ 250
　　13.2.3 服饰类可穿戴设备 ···································· 252
13.3 可穿戴设备安全问题 ·· 254
13.4 可穿戴设备与 VR ·· 255
13.5 可穿戴设备未来发展趋势 ······································ 255
13.6 本章小结 ·· 257
练习与思考题 ·· 257

第 14 章 HarmonyOS 移动应用开发案例 ····· 258
14.1 概述 ····· 258
14.2 HarmonyOS 移动应用开发案例——"远程闹钟"概要设计 ····· 259
14.2.1 案例简介 ····· 259
14.2.2 客户端界面设计 ····· 259
14.2.3 客户端功能结构 ····· 260
14.2.4 系统数据库表设计 ····· 260
14.3 HarmonyOS 移动应用开发案例——"远程闹钟"服务器端开发 ····· 261
14.3.1 系统软件清单 ····· 261
14.3.2 数据库构建 ····· 261
14.3.3 服务器端开发环境配置 ····· 263
14.3.4 服务器端应用程序开发过程 ····· 263
14.3.5 导入"远程闹钟"服务器端应用项目——ClockService ····· 264
14.4 HarmonyOS 移动应用开发案例——"远程闹钟"客户端开发 ····· 265
14.4.1 HarmonyOS 客户端开发环境搭建 ····· 265
14.4.2 "远程闹钟"客户端应用项目——ClockPhone 和 ClockWearable ····· 266
14.5 本章小结 ····· 271
练习与思考题 ····· 271

第 15 章 基于 Python 的推荐系统构建 ····· 272
15.1 推荐系统 ····· 272
15.1.1 推荐系统的作用和意义 ····· 272
15.1.2 推荐系统的组成 ····· 273
15.1.3 推荐系统的复杂性 ····· 273
15.1.4 推荐系统构建的难点 ····· 274
15.1.5 协同过滤算法 ····· 274
15.1.6 评估指标 ····· 277
15.1.7 双塔召回模型 ····· 278
15.2 相关技术介绍 ····· 279
15.2.1 TensorFlow ····· 279
15.2.2 TensorFlow-Keras ····· 280
15.2.3 Embedding ····· 283
15.2.4 ScaNN ····· 284
15.2.5 TensorFlow Ranking ····· 284
15.3 推荐系统模型构建 ····· 285
15.3.1 TensorFlow Recommenders 简介 ····· 285
15.3.2 召回模型搭建 ····· 286

15.3.3 排序模型搭建 ………………………………………………………… 295
15.4 本章小结 ………………………………………………………………… 301
练习与思考题 …………………………………………………………………… 301

参考文献 ……………………………………………………………………… 302

第 1 章

移动商务概述

本章要点

- 了解移动商务的应用背景
- 学习移动商务的相关概念
- 学习移动商务应用的类型
- 学习移动商务的特点
- 学习移动商务的发展趋势

本章知识结构图

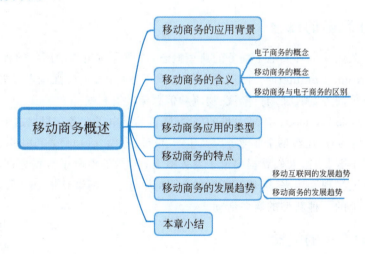

1.1 移动商务的应用背景

1.1.1 手机的普及与手机上网用户数的高速增长

2022年2月25日,中国互联网络信息中心(CNNIC)在京发布第49次《中国互联网络发展状况统计报告》(以下简称《报告》)。《报告》显示,截至2021年12月,我国网民规模达10.32亿,较2020年12月增长4296万,互联网普及率达73.0%。十亿用户接入互联网,形成了全球最为庞大、生机勃勃的数字社会。随着手机终端的大屏化和手机应用体验的不断提升,手机作为网民主要上网终端的趋势进一步明显。移动商务类应用发展迅速,互联网应用向提升体验、贴近经济方向靠拢。互联网对个人生活方式的影响进一步深化,从基于信息获取和沟通娱乐需求的个性化应用,发展到与医疗、教育、交通等公用服务深度融合的民生服务。未来,在云计算、物联网及大数据等应用的带动下,互联网将推动农业、现代制造业和生产服务业的转型升级。

1.1.2 我国无线上网服务日趋便捷

随着智能手机产业的快速成熟和普及,现在你只需要花费约 1000 元就能获得具有优秀用户体验的智能手机。除运营商 4G、5G 网络外,一些地方政府也开始推动免费无线上网服务,使得无线上网越来越方便。

很多城市在城市道路、景区、公交站台、购物商场、行政服务、交通枢纽等区域,向市民和游客等人员免费开放室外 Wi-Fi 网络,很多人可以随时随地通过手机上网。市区商业中心尤为密集。现在,在城区或乡镇的人口密集区,提供免费无线上网或基于 5G 的无线网络服务,变得越来越普及。这些基础设施的建设大大促进了移动电子商务的蓬勃发展。

1.2 移动商务的含义

1.2.1 电子商务的概念

我们先来关注几个有关电子商务的典型概念,以便为讨论移动商务的含义提供参照。

(1) Electronic Commerce。使用最多的电子商务术语,主要强调电子贸易。可以看成是狭义的电子商务。其强调资金流、物流和信息流的有机统一。

(2) Electronic Business。IBM 主推的概念,强调的是电子业务。根据这个概念,电子商务除了指电子贸易外,还包括企业业务以及生产、设计、存储、后勤服务和财务等的电子化。

在互联网不普及时,人们就提出电子商务概念,包括各项电子数据处理,在局域网或企业专用网络上实现。后来,随着互联网的普及,人们已经逐渐认同,电子商务是建立在互联网基础之上的一种新型的商务活动。

1.2.2 移动商务的概念

对应前述电子商务的概念,移动商务也有类似的说法。

(1) 狭义的移动商务:这一概念只涉及货币类交易的商务模式,可看作对应于 Electronic Commerce 的 Mobile Commerce。

(2) 广义的移动商务:指通过移动设备随时随地获得的一切服务,涉及通信、娱乐、商业广告、旅游、紧急救助、农业、金融和学习等。这一概念可看作对应于 Electronic Business 的 Mobile Business。

但上述两种说法中,都有的两个重要特征是"移动"与"商务"。也正因为如此,国外常用 Mobile Commerce 来表示移动商务,而根据 Mobile Commerce 的中文名称,国内一般也称之为移动商务。本书中,若非特别指出时,也将移动电子商务与移动商务两个概念等同。

随着各种新型移动商务应用形式的不断涌现,移动商务应用范围也将更加广泛,带给我们更多的惊喜。

1.2.3　移动商务与电子商务的区别

随着互联网的普及,人们创造了许许多多电子商务的应用形式,特别是信息发布、搜索和商务活动,它们的便捷性降低了信息不对称程度,使商品的生产者与消费者有更多的机会直接接触,对传统商务活动带来了很大的冲击。同时,随着无线数据通信网络的发展,电子商务迅速朝移动电子商务方向开拓,从而获得了更大的发展空间。再加上移动通信网络和移动终端的新特性,移动商务与电子商务不仅仅有"无线"与"有线"的区别,而且在技术特点、商业管理、商业模式和市场规模等方面都有较大的区别。许多研究都从不同的角度对此进行了分析,但是在不同的移动通信时代,技术不同,应用的范围也不同,早期的分析有些会过时。鉴于本书关注重点是3G后移动电子商务,因此,下面我们将仅考虑3G后移动互联网条件下的若干方面。移动电子商务与电子商务的区别包括以下几方面。

1. 网络基础设施

移动商务的通信速度受无线电频谱的限制,带宽有限。但无线通信具有地理定位功能,因此移动商务可以充分利用基于位置的服务。电子商务强调的则是无差别的服务。

2. 终端设备

电子商务使用个人计算机(简称PC),显示器屏幕大、内存大、处理器快、采用标准键盘,不用考虑电池问题。移动通信设备则相反,屏幕小、内存小、处理器慢、输入不便,电池不能一次性用太久,因此移动商务的信息要简洁,不宜处理复杂应用。

3. 用户群

移动商务的潜在用户群远大于电子商务,但这个群体的分布不均、文化差异大。移动商务开发中必须更多地处理这种差异。

4. 移动性

与电子商务相比,移动电子商务因便于移动而产生更多商业机会,更能实现个性化服务。但在需要处理大量数据的场合,移动性又为商务活动的进行带来许多不便。

5. 时空约束

移动商务往往与空间、时间有关,更能实现个性化服务,更能满足用户同位置有关的需求,例如在陌生城市找餐馆等。许多移动商务有时间限制,例如医疗救护等。而电子商务通常强调不受时间与空间的影响,都能提供相同的服务。

6. 商业模式

电子商务强调低成本和无限的网络空间,消除信息不对称,提供无限的免费信息服务。而移动商务则更多地通过针对差异性提供差异化的个性服务来赢利。例如,位置变成产生价值的来源。另外,移动商务的商业活动必须考虑带宽,因此会有成本,但是这方面的障碍正在随着4G通信技术的普及而逐步清除。

当然,移动商务与有线电子商务相比有许多优点,主要包括以下几方面。

(1) 使商务活动的信息互动更高效、更及时。

(2) 使商务活动规模更大、机会更多。无论是企业还是用户,均不限于坐在计算机前才能开展商务活动，而是随时随地都可凭借智能手机来进行。这将使企业与用户双方都能获益。

（3）通信终端的私有性帮助交易双方确认对方身份，使得移动商务供应商能精准选择与最有希望达成交易的用户进行交互，提高了交易的成功率。

（4）移动商务将用户的位置、时间以及其他个性化特征结合起来，可为人们提供全方位的服务，许多以往想实现而未实现的愿望，可以试着通过移动商务手段来实现。

1.3 移动商务应用的类型

移动商务形式多样，除了从传统 PC 电子商务中扩展而来的一些服务外，还有许多新的形式被逐渐开发出来。目前，主要的移动电子商务应用可分为以下 6 种类型。

1. 移动信息服务

主要有短信和彩信两种形式，例如短信通知、短信广告、手机报等彩信形式，也包括移动信息搜索。

2. 移动支付

目前主要是利用手机实现小额支付，或者移动条件下的支付。实现形式包括手机银行、手机储值卡或预付话费、代交费等。目前已经有的应用有用手机购公交车票、支付停车费用、购买音乐和观看视频等。

3. 移动市场

在移动网络平台上开商店，卖商品与服务。

4. 移动娱乐

玩手机游戏、观看视频等。

5. 移动学习

采用微博、短信等形式开展碎片化学习，特别是借助移动终端观看大自然的生物、植物，以及指导成年人即学即用地解决手头难题，例如车祸现场急救等。

6. 移动企业应用

面向企/事业单位的移动办公、移动物流、移动后勤管理等，特别是移动客户关系管理、移动 ERP 企业资源计划和移动 SCM 供应链管理等。

本书后面的一些章节将举例说明各种详细的移动商务应用。

1.4 移动商务的特点

基于无线通信网络的能力，以及移动终端的一些特征，人们不仅可以在移动状态下处理有关事务，还可以根据用户所处位置提供与位置有关的服务，也能够通过手机实名制而在手机机主与手机号码之间建立一一对应关系，从而实现更准确的服务，增加信任感，提高交易的意愿。有人归纳了移动电子商务的十大特点，包括全天候、个性化、精准性、安全性、定位性、快速性、便利性、可识别性、应急性和广泛性。

相对基于 PC 互联网的电子商务来说，移动商务有以下显著特点。

1. 无所不在性

用户可以在任何时间、任何地点查询所需信息,启动、协调和完成移动交易。这使得经常出差的人以及经常离开办公桌的人员都不会错过交易机会,例如股票交易、网络拍卖等。它还能帮助在野外作业的人员,例如旅游业工作人员,随时随地处理商务信息。除此之外,也能帮助旅游等行业促销。

2. 便捷性

移动商务不受地域限制,采用便捷的通信方式查看邮箱、即时通信、交换文件等,这些都因移动互联网的普及而变得非常容易。

3. 位置相关性

采用 GPS 全球定位技术,可以帮助服务提供商更准确地识别用户所在位置,从而向用户提供与其位置相关的信息,例如附近的旅游点、酒店和旅馆等。在许多需要位置信息的急救场合,GPS 结合地理信息系统(GIS)还可以帮助人们更快、更准确地找到需要帮助的人。

4. 私人化

由于每部移动终端都有唯一的 SIM 智能卡,因此服务提供商可以很方便地通过该移动账号收集用户信息。商家通过收集用户的以往数据,包括移动数据、交易偏好等,采用数据分析与数据挖掘工具,发现用户的爱好,更精确地提供用户所需的服务。同时,消费者在自己许可的情况下,可以让商家帮助收集自己的数据通信,为自己提供更好的服务,还可以让商家根据自己的要求提供一定的隐私保护措施。

1.5 移动商务的发展趋势

1.5.1 移动互联网的发展趋势

无线通信技术是移动电子商务发展的基础,当前已经处于 5G 通信时代。因此,移动商务的未来很大程度上取决于移动互联网的发展。

1. 全球移动互联网发展趋势

摩根士丹利集团 2009 年 12 月发布的《移动互联网研究报告》提出了计算技术发展周期,每个周期一般持续十年,如图 1-1 所示。在 2007 年即已进入"移动互联网"周期,全世界移动互联网终端将可能达到 100 亿。

(1) 许多电信公司在过去 15 年内都有出色的表现,但随着全球桌面互联网以及语音/短信移动市场的发展,技术公司创造了比电信和媒体公司更多的财富。

(2) 随着移动互联网市场的发展,大部分增量利润涌向推动创新和实现规模发展的公司,技术部门可以攫取庞大的相对收益(与电信部门相比)。

(3) 在苹果、Meta、亚马逊和谷歌等公司的带领下,在全球移动市场发展中沉寂多年的美国公司正在成为移动互联网创新的排头兵。

(4) 移动互联网的发展速度快于桌面互联网,并且其规模将大得超乎多数人的想象——它代表着 5 大趋势的融合(5G+社交+视频+网络电话+日新月异的移动装置)。

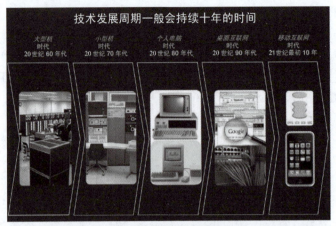

(a) 计算机发展周期

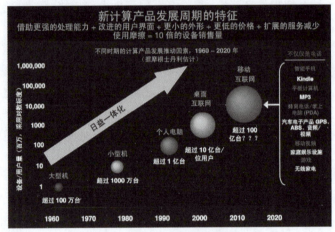

(b) 计算技术发展周期特征

图1-1　计算技术发展周期及特征

(5) 在发展速度方面,未来 5 年内,移动互联网用户很有可能超过桌面互联网用户。

随着这些趋势进一步明朗,2015 年后移动宽带网(以 4G 为主的无线通信网)已经得到了广泛使用。

2. 我国移动互联网的发展

根据中国市场的特点,尽管目前我国无线局域网尚未普及,但是将来还是具备广泛应用移动宽带网的优势,主要原因包括以下几点。

(1) 政府支持。

政府的支持对于新事物的发展通常起到非常大的推动作用。移动宽带网的发展不仅能够提高生产力、转变经济增长方式、帮助创新,同时相应的移动应用还将拉动消费、增加就业机会、鼓励并带动青年自主创业。这都与国家的政策相吻合,因此政府将会支持移动宽带网的发展。

(2) 价廉物美的国产手机品牌快速形成。

以小米、华为为代表的国内智能手机品牌已经在市场上占有很大的份额,也提供了一大批国人能消费得起的好手机。特别是,许多手机功能全面,价格低廉,受到不少用户的青睐,现在 1000 元左右的 4G 手机已经具备了相当好的功能,5G 手机价格也越来越亲民化,这为移动互联网产业的发展奠定了一个良好的用户基础。

(3) 人口因素。

截至 2021 年 12 月,中国手机网民规模已达 10.29 亿,占整体网民的 99.7%。中国地大物博,人口众多,因此需求是非常广泛的。即使是很小众的市场,也非常有可能做大。

基于我国有线宽带网的发展经验以及 4G 部署的经验,不久的将来,我国很有可能实现用户资费包月而与上机时间、流量无关,把资费控制在 100 元是非常有可能的。这样的话,我国移动电子商务未来的发展速度一定会比近十年更快。

据 eMarketer 数据显示,2018 年全球广告支出高达 6286 亿美元,其中数字广告约 2800 亿美元,占比近 45%。由于智能手机及应用程序数量的增加,2018 年全球移动互联网广告市场飞速扩张,数字广告支出的市场份额高达 68%。

阿里巴巴作为中国最大的电商集团,基于强大的电商业务,2018 年数字广告创造了 241 亿美元的收入,遥遥领先于百度和腾讯。百度广告收入在 2018 年继续增长,其通过布局信息流产品和推广服务,将信息流、小程序、短视频、小说、直播等功能集合并入手机百度 App,实现了移动搜索流量的突飞猛进,数字广告收入突破 100 亿美元,其中移动端收入占比高达 79%。2018 年,腾讯广告业务同样发展良好,其增长主要来源于广告资源的增加及新广告形式的出现,此外,长视频和短视频内容在过去一年也为腾讯的广告业务做出了卓越贡献。

3. 移动互联网与可穿戴设备的结合

除了上述传统应用外,移动互联网与可穿戴设备的结合也是很有前景的。智能可穿戴设备在未来几年有望进入实用阶段,其可拓展领域包括以下几方面。

(1) 基于数据的健康分析。

嵌入式生物传感器和软件将会持续捕捉、传递并分析人体健康和身体状况。根据收集到的数据,医生、护理人员,甚至是运动教练可以快速做出相应的决策。也正因如此,可穿戴设备可以填补很多医疗行业的空白。下一阶段,可穿戴设备将会帮助每个人改善身体机能,例如促进健康、调节生物机能(身姿和步伐)等。

(2) 搭载传感器的个性化服装。

个性化的可穿戴设备包括一些搭配了传感器的服装。消费者穿上这些衣服以后,可以检测自身状况,继而能更好地健身、锻炼。有了智能运动服,运动员和教练就能更好地了解运动量是否合理、是否需要补水以及运动员心理压力是否过大等。

(3) 基于手势的人机交互。

基于手势的人机交互是指用户可以使用手势或其他自然动作与设备进行交互,采用日常动作和手势代替复杂的机器操作。此外,手势操作还可以进一步提升用户体验,人们也能更轻松地学会操控新设备和新软件。在谷歌眼镜上,我们已经看到手势操控界面的雏形,例如用户眨下眼睛便可拍照。最近,苹果公司也推出了一项专利,他们的 Apple Watch 将能支持基于手势的自适应学习,用户可以在上面进行各种通信操控,例如:导航 Apple TV 界面、在跑步机上运动时可以对 iPad 内容进行翻页,甚至还能开关灯,等等。

(4) 身份验证。

可穿戴设备能为用户提供独一无二的签名认证服务。举个例子,有些人体独有的特征,例如心律,就可以用于身份验证。这比手写密码要安全、强大得多。还有一些公司正在研究利用外部设备近场技术实现自动登录,例如当安卓手机和安卓智能手表彼此靠近时,便可互相解锁。

1.5.2 移动商务的发展趋势

1. 未来移动商务形态的分析框架

凭借移动互联网,加上可随身携带的含 GPS、高速处理器,并具备人性化输入功能的高性能移动终端,人们可以随时参与到一项商业交易中,也能让商家及时地为自己服务。移动商务可能会成为一种 U-商务形态,其参考框架见图 1-2。

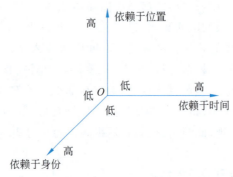

图 1-2　U-Task 框架

由于移动互联网与智能手机等移动终端技术的进步,移动电子商务已经具备了处理 U-Task 框架所涉及 3 个维度的能力。因此,不难看出,未来的移动电子商务创新形式可以在 U-Task 的指导下,从时间、位置与身份 3 个维度考虑需要处理的问题,再提出新型的运作模式来满足这一需求。

2. 例一:移动机会商务

移动机会商务是一位哈佛大学研究生与微软公司两位研究人员在 2008 年发表的一项应用模型。他们提出并实现了移动环境下发现和执行机会活动的一个计算机原型系统,即移动商品(Mobile Commodities,MC)构建并使用用户概率模型来推断执行机会计划的时间成本。

其基本思想为:在一条规划的路线中,移动用户指定一系列目标和前提条件,在区域中搜索满足目标的可行站点,力求确定和提醒用户可达到一个或多个目标任务的最低成本的有关选项。MC 搜索购物、兴趣点和服务的位置,仔细考虑因访问该站点而增加的行程成本和时间成本,并且试图最小化获取一个产品、服务和体验的成本。MC 包括 3 个程序:在 Windows Mobile 便携式计算机上运行的客户端应用,通过蓝牙手持游标器访问 GPS 信息;评估性能、设置和检查策略的桌面伴侣;用手机通过 GPRS 进行双向通信的服务器系统。

该项目特别关注在移动状态下,如何及时执行非计划活动的时机问题;如何处理非计划活动与既定计划的执行重叠问题;提出了为满足额外目标而分配的时间成本;上下文敏感的概率用户模型的构建和评价,并描述了模型在 MC 中如何引导搜索机会规划。

上述模型现在已经有一些类似的应用,例如现在一些人开发了新的随机物流 App,私人上下班中帮忙送快递就属于这一类。此外,Uber 打车软件也与此类似。

3. 例二:移动便利连锁模式

这是一个由一名 EMBA 研究生提出的一种基于移动商务的应用设想——LTS(L=location,T=淘宝,S=shopping/service)乐淘店,本质上是以移动互联网为基础的基于位置的多选择的商品及服务实体社区商场。以 LTS 网站为业务平台,以有具体地理信息的固定商家的产品和服务为商品,以社区及临时社区成员为客户,构成商业及服务贸易链。

这个案例中提到的情景,现在也有一些探索应用,例如,顺丰快递在小区中开设的"顺丰嘿店"。

一则小故事:某老人 A 早上醒来,还未起床,拿起最新的老人专用智能手机,放在臂弯,五分钟后,心跳、血压等基本信息已传递给 LTS 个人信息中心。今天刚好有些不舒服,直接点击"确定"(一键搞定)到医院做个体检,LTS 就将身体基本信息传递到医院,并完成个人的预约挂号。吃完早饭,手机已给老人规划好了准确的路线,由于距离不远,老人只需根据提示步行去即可。到达医院,医院的位置处理器根据 LTS 提供的信息已确认他的到来,热情的护士已经在门口迎候并协助老人就诊。医生检查完,发现老人问题不大,只是昨夜没休息好,相关医嘱已通过医院传递到 LTS 里的个人信息服务中心,老人拿出手机在医生的移动 POS 机前晃晃,缴费完成,就可以开心地回家了。老人身体无恙,心情不错,决定找地方走走,在 LTS 里看到附近有个花卉展,预览之后决定去那闻闻花香。可是一人有些孤单,当即在网上呼朋引伴,老友 B 应声而至。二人赏花会友,心情开心。老友小聚,午餐时间想找个小店,LTS 告诉老人最近的三家饭馆,每一家菜肴已在上面展示,遂选一素餐馆,选中几个小菜,信息便已发出。漫步而去,人到饭店,菜已备好,清茶淡饭,适合口味。饭后晃晃手机支付完毕。叙谈结束后返家休息。

王某在海南拥有一套房产,每年冬天都会携家人去海南过冬。因为房子半年没有人住了,所以要先找人打扫一下。于是,王某打开手机里的 App 提前预约了一家保洁公司,预约成功后将房屋的开门密码发送给了保洁公司。保洁公司派人上门,在门上的密码锁设备输入开门密码,即可打开房门,进入房间。打扫干净后,开启了视频检查功能。通过视频王某可以看到保洁公司将房间打扫得一尘不染,很满意地按下了一键付款的按钮。事后王某想了想觉得有点不安全,于是远程用自己的超级密码登录了设备锁,用超级密码的权限删除了当时他给保洁公司的密码,并重新设置了新的开门密码。过完了冬天,要回去上班时,王某觉得可以把这闲置房产租出去赚钱。于是,王某在手机的 App 里发布了租房信息,当有符合王某租房条件的租客时,租客在网络上转账给王某,王某只需要把房屋的开门密码发给租客而不需要见面。当租客搬走后,删除老密码,换成新的开门密码即可。

读完这两个故事,未来移动商务的商机清晰可见,一切尽在便利之中。

4. 其他移动商务的主要应用趋势

(1) 手机的输入会越来越方便,现在有研究人员在研究借助人的表情、眼神,将信息输入手机中。

(2) 社交化服务将是移动商务中帮助人们建立信任的一种手段,这方面的研究与应用成果会因移动互联网而持续引起人们的关注。

(3) 位置服务,包括三维的位置信息服务会在移动电子商务中起到更加重要的作用。谷歌从前几年开始就有一个研究小组专门研究这方面的算法。

(4) 正如在互联网时代涌现出阿里巴巴、亚马逊、腾讯、谷歌之类富有创新的公司一样,在移动互联网时代也一定会涌现出更伟大的公司。

(5) 除实物商品交易外,服务商品在移动电子商务条件下会得到较大的发展,例如,家教、家政和教育服务等。

1.6 本章小结

本章主要从以下 5 方面介绍了移动商务的基本内容。

(1) 从手机普及、手机上网用户数的高速增长以及部分城市免费无线上网的例子入手,提出移动电子商务已经具有很好的应用基础。

(2) 从狭义与广义两个角度提出电子商务的概念,并引申到移动商务的概念,分析了电子商务与移动商务的区别,认为移动商务应是广义上的移动电子服务或移动电子业务,而不仅限于移动电子贸易。

(3) 从移动信息服务、移动支付、移动市场、移动娱乐、移动学习、移动企业应用等方面,介绍了移动商务的不同应用。

(4) 分析了移动商务的特点,重点介绍了无所不在性、便捷性、位置相关性和私人化等移动电子商务独有的几个重要特点。

(5) 从移动互联网的发展趋势和若干可能的移动商务应用情景两方面探讨了移动商务的发展趋势。

练习与思考题

1. 为什么移动电子商务即将进入大发展时期?
2. 移动电子商务的基础是什么?
3. 移动电子商务与电子商务相比,有哪些显著不同?
4. 移动电子商务有哪些主要类型?
5. 根据你所掌握的信息,举出两项你认为很有价值、还未实现但你认为有办法实现的移动电子商务应用,说明你的理由。

第 2 章

移动商务技术基础

本章要点

- 了解移动通信技术
- 了解移动通信终端
- 学习移动应用平台
- 学习移动商务安全
- 掌握移动支付流程和系统

本章知识结构图

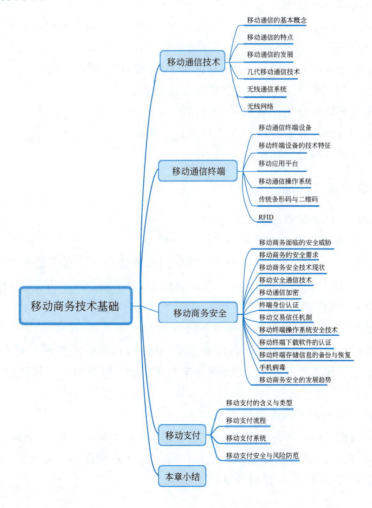

2.1 移动通信技术

移动商务是在移动通信的基础上进行的各类商务活动,所以我们有必要了解移动通信的基本技术。

2.1.1 移动通信的基本概念

移动通信是指通信双方至少有一方在移动中(或者临时停留在某一非预定的位置上)进行信息交换的通信方式。例如,移动体(车辆、船舶、飞机等)与固定点、活动的人与固定点、人与人或人与移动体之间的通信等。

移动通信有多种方式。可以双向工作,例如,集群移动通信、无绳电话和蜂窝移动电话通信;但部分移动通信系统的工作是单向的,例如,无线寻呼系统。移动通信的类型很多,可按不同方法进行分类。例如:

——按使用环境可分为陆地通信、海上通信和空中通信;
——按使用对象可分为民用设备和军用设备;
——按多址方式可分为频分多址(FDMA)、时分多址(TDMA)和码分多址(CDMA);
——按接入方式可分为频分双工(FDD)和时分双工(TDD);
——按工作方式可分为同频单工、异频单工、异频双工和半双工;
——按业务类型可分为电话网、数据网和综合业务网;
——按覆盖范围可分为广域网和局域网;
——按服务范围可分为专用网和公用网;
——按信号形式可分为模拟网和数字网。

2.1.2 移动通信的特点

移动通信具有以下特点。

1. 移动通信必须利用无线电波进行信息传输

移动通信中基站与用户之间必须靠无线电波来传送消息。在固定通信中,传输信道可以是导线,也可以是无线电波,但是在移动通信中,由于至少有一方是运动着的,所以必须使用无线电波传输。

2. 移动通信工作在复杂的干扰环境下进行

在移动通信系统中使用无线电波传输信息,在传播过程中不可避免地会受到一些噪声和干扰的影响。除了一些外部干扰,例如来自于工业的噪声和人为噪声等,自身还会产生各种干扰。

3. 移动通信可利用的频谱资源有限

国际电信联盟(ITU)和各国都规定了用于移动通信的频段。但是为满足移动通信业务量的增加,只能开辟和启用新的频段或者在有限的已有频段中采取有效利用频率的措施,例如,压缩频带、频道重复利用等方法来解决。

4. 移动通信的移动性强

由于移动用户需要在任何时间、任何地点准确地接收到可靠的信息,所以移动台在通信区域内需要随时运动。移动通信必须具备很强的管理功能,进行频率和功率控制。

5. 对移动终端(主要是移动台)的要求高

移动台长期处于不固定位置的状态,所以要求移动台具有很强的适应能力。此外,还要求移动台体积小、重量轻、携带方便和操作方便。而且移动终端必须适应新业务、新技术的发展,以满足不同人群的使用需求。

2.1.3 移动通信的发展

移动通信从20世纪初发展至今,从短距离的固定点与移动点的无线通信发展到今天的第五代移动通信,如表2-1所示。

表2-1 移动通信的发展历程

时 间	历 程	标 志
1897年	M.G·马可尼在固定站与一艘拖船之间完成了一项无线通信试验	揭开了世界移动通信历史的序幕
20世纪20年代至20世纪40年代中期	在短波几个频段上开发出专用移动通信系统	现代移动通信的起步阶段
20世纪40年代中期至20世纪60年代初期	开发出公用移动通信系统	实现从专用移动网向公用移动网过渡
20世纪60年代中期至20世纪70年代中期	美国推出了改进型移动电话系统	移动通信系统改进与完善的阶段
20世纪70年代中期至20世纪80年代中期	美国贝尔实验室提出了蜂窝小区和频率复用的概念并开发先进的数字移动电话系统	第一代蜂窝移动通信系统发展起来了
20世纪80年代中期至20世纪90年代后期	随着业务需求的日益增长,推出了数字移动通信系统,广泛采用了TDMA技术的GSM系统和采用CDMA的IS-95系统	移动通信跨入了第二代数字移动通信系统
20世纪90年代后期	芬兰赫尔辛基召开的ITU TG8/1第18次会议上最终确定了3类共5种技术标准作为第三代移动通信的基础,其中WCDMA、CDMA 2000和TD-SCDMA是3G的主流标准	进入了第三代移动通信系统的阶段
2009年至2019年	WiMAX和LTE是提供4G技术的两个系统,两者都基于类似的技术,但全球的运营商都偏爱LTE	进入了第四代移动通信系统的阶段
2019年至今	最新一代蜂窝移动通信技术,以5G NR(New Radio)统一空中接口(unified air interface)为基础	完善第四代移动通信系统,向第五代移动通信系统发展

2.1.4 几代移动通信技术

1. 第一代移动通信技术(1G)

1982年,美国推出了Advanced Mobile Phone System(AMPS),又称国际标准IS-88。

这个标准的推出受到了用户的普遍欢迎,用户量大增。现在所指的 1G 就是 AMPS。第一代移动通信系统最重要的特点体现在移动性上,这是其他任何通信方式和系统都不可替代的,从而结束了过去无线通信发展过程中时常被其他通信手段替代而处于辅助地位的历史。

第一代移动通信技术(1G)是指最初的模拟、仅限语音的蜂窝电话标准,制定于 20 世纪 80 年代,主要采用的是模拟技术和频分多址(FDMA)技术。但是该技术模拟蜂窝系统的容量有限、保密性差,不能提供漫游。

2. 第二代移动通信系统(2G)

为了满足人们对传输质量、系统容量和覆盖面的需求,第二代移动通信系统也随之产生。第二代移动通信系统主要有欧洲的 GSM、数字高级移动电话系统 DAMPS 或 TDMA、码分多址 CDMA 技术等,目前我国广泛应用的是 GSM 系统。1G 主要使用了模拟技术,而 2G 使用了数字技术,其主要特性是为移动用户提供数字化的语音业务以及高质低价服务。第二代移动通信具有保密性强、频谱利用率高、能提供丰富的业务以及标准化程度高等特点,2G 使移动通信得到了空前的发展。

3. 第三代移动通信(3G)

第三代移动通信,即国际电信联盟(ITU)定义的 IMT-2000(International Mobile Telecommunication-2000),简称 3G。与第一代、第二代通信系统相比,3G 一般是指将无线通信与国际因特网等多媒体通信相结合的新一代移动通信系统。2000 年 5 月,国际电信联盟确定以 WCDMA、CDMA 2000 与 TD-SCDMA 作为第三代移动通信的三大主流无线接口标准。

(1) WCDMA。WCDMA 是通用移动通信系统(UMTS)的空中接口技术,接入方式为 IMT-DS,核心网络基于 GSM/GPRS,所以许多 WCDMA 的高层协议和 GSM/GPRS 基本相同或相似。

(2) CDMA 2000。CDMA 2000 是在 IS-95 基础上的进一步发展,它对 IS-95 系统有向后兼容性。为了支持分组数据业务,核心网络在 ANSI-41 网络的基础上,增加了支持分组交换的部分,并逐步向全 IP 的核心网过渡。截至 2011 年 6 月,全球 CDMA 2000 用户数量超过 6.14 亿,其中,亚洲是对用户总量增长做出主要贡献的地区,其次是北美、欧洲和中东。目前,全球共有 336 家商用 CDMA 2000 运营商,它们分布在 123 个国家和地区。

(3) TD-SCDMA。时分同步的码分多址技术(Time Division-Synchronous Code Division Multiple Access,TD-SCDMA)作为中国提出的 3G 标准,自 1998 年正式向 ITU(国际电信联盟)提交以来,完成了标准的专家评估、ITU 认可并发布。TD-SCDMA 标准是我国第一个具有完全自主知识产权的国际通信标准,而且在国际上被广泛接受和认可,是我国通信史上重要的里程碑,标志着中国在移动通信领域进入了世界领先水平。

4. 第四代移动通信(4G)

虽然 3G 传输率快,但是还存在着很多不尽人意的地方。第四代移动通信技术(4G)能提供更大的频宽需求,满足 3G 尚不能达到的在覆盖、质量和造价上支持的高速数据和高分辨率多媒体服务的需要。该技术能进一步提高数据传输速度,集 3G 与 WLAN 于一体并能够满足几乎所有用户对于无线服务的要求。

4G 是 3G 技术的进一步演化,在传统通信网络和技术的基础上不断提高无线通信的网络效率和功能。通俗一点理解,最能概括 4G 技术的就是两句话:一是 4G 能够提供高速移动网络宽带服务;二是 4G 基于全球移动通信 LTE(即 Long Term Evolution)标准之上。4G 系统的网络结构如图 2-1 所示。

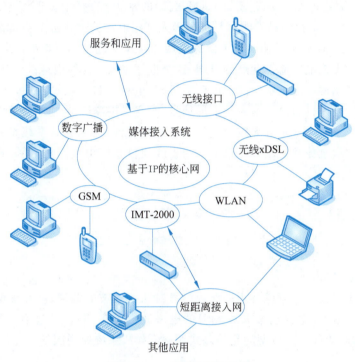

图 2-1　4G 系统的网络结构

全 IP 网络比较恰当地描述了 4G 网络的特点。在这个网络中,无线网络(包括WLAN、2G、3G 移动通信网络和其他网络)将成为因特网的自然延伸,移动终端是可激活的 IP 客户端。而且全网络的信息传输速率更快、带宽更宽、容量更大、智能性更高、兼容性更强、多媒体质量更高。

5. 第五代移动通信(5G)

5G 开启万物互联新时代。到了 5G 时代,移动通信将在大幅提升以人为中心的移动互联网业务使用体验的同时,全面支持以物为中心的物联网业务,实现人与人、人与物和物与物的智能互联。5G 满足增强移动宽带、海量机器类通信和超高可靠低时延通信三大类应用场景,在 5G 系统设计时需要充分考虑不同场景和业务的差异化需求。

5G NR 支持大带宽、低时延、灵活配置,满足多样业务需求,同时易于扩展支持新业务。另外,5G NR 采用部分带宽设计,支持多种终端带宽,适应多种业务需求。在低时延方面,5G NR 支持较宽子载波间隔、符号级的调度资源粒度、自包含时隙和快速重传机制。5G NR 灵活设计体现在基础参数设计、帧结构、参考信号设计、控制信道设计等方面。

5G 作为全球通信标准,不仅意味着网速更快、移动宽带体验更优,而且连接新行业,催生新服务,例如推进工业自动化、大规模物联网、智能家居、自动驾驶等行业和领域的发展。这些行业和领域都对网络提出了更高的要求,要求网络更可靠、更低时延、更广覆盖、更安全。

2.1.5 无线通信系统

1865 年,英国物理学家麦克斯韦在《电磁场的动力理论》中证明了电磁波的存在;1899 年,意大利电气工程师和发明家马可尼等人利用电磁波进行远距离无线电通信取得了成功;1901 年,马可尼又成功实现了横跨大西洋两岸的通信;1906 年,费森登在美国实现了历史上首次无线电广播。此后的时间,这个世界进入了无线电通信时代。

我们非常熟悉用收音机收听广播电台节目,在电台节目接收过程中,电台播音员(节目源)产生信号,发射机通过发射天线发射信号,收音机接收信号,电台播音员、发射机、天线和收音机组成了一个基本的无线通信系统。也就是说,无线通信系统是指利用电磁波在空间传播完成信息传输的系统。最基本的无线通信系统由发射机、接收机和无线信道组成,如图 2-2 所示。

图 2-2 无线通信系统

1. 发射机组成

发射机的主要任务是完成有用的低频信号对高频载波的调制,将其变为在某一中心频率上具有一定带宽、适合通过天线发射的电磁波。通常,发射机包括 3 部分:高频部分、低频部分和电源部分。典型的超外差式调幅发射机系统原理图如图 2-3 所示。

图 2-3 超外差式调幅发射机系统原理图

2. 接收机组成

接收机的主要任务是从已调制的 AM 波中解调出原始有用的信号。接收机主要由输入电路、混频电路、中频放大电路、检波器电路、低频电压放大器和低频功率放大电路组成。典型的超外差式调幅接收机系统原理图如图 2-4 所示。

图 2-4 超外差式调幅接收机系统原理图

当无线用户之间可以直接进行通信时,就称为点对点通信。根据用户之间信息传送的方向,可以分为单工通信与双工通信。单工通信就是只有从发射器到接收器这一个方向,消息只能单向传输。通常所说的通信都是双工通信,即消息可以在两个方向上进行传输,例如手机通信。

2.1.6 无线网络

无线网络包括允许用户建立远距离无线连接的全球语音和数据网络。若无线用户之间由于距离或其他原因,不能直接进行信息传输而必须通过中继方式进行时,称为无线网络通信方式。网络可以有多种形式,最经典的是星状网络。位于网络中央的中继器可以是移动网络中的基站,它由发射器和接收器组成,可以将来自一个无线设备的信号中继到另一个无线设备,保证网络内的用户通信。无线网络的架构如图 2-5 所示。

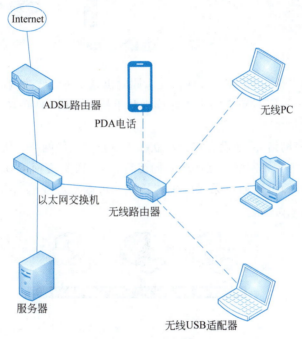

图 2-5 无线网络的架构

整个无线网络可以划分为 4 个范畴:无线局域网(WLAN)、无线个域网(WPAN)、无线城域网(WMAN)和无线广域网(WWAN)。从范畴上来看,无线网络目前只是在无线局域网领域和无线个域网领域发展比较成熟。无线个域网是在小范围内相互连接数个装置所形成的无线网络,例如蓝牙连接耳机及掌上电脑。而无线城域网提出不久,还有很多问题尚未解决。

1. 无线局域网

无线局域网(Wireless Local Area Network,WLAN),是指以无线电波作为传输媒介的局域网。无线局域网包括三个组件:无线工作站、无线 AP 和端口(如图 2-6 所示)。WLAN 技术可以使用户在公司、校园大楼或机场等公共场所创建无线连接,即适用于不便于铺设线缆的场所。目前,无线局域网主要使用 Wi-Fi 技术。随着以太网的广泛应用,无线局域网可在一定程度上满足人们对移动设备接入网络的需求。

Wi-Fi(Wireless Fidelity)是 IEEE 定义的一个无线网络通信的工业标准(IEEE 802.11),

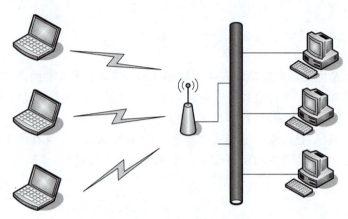

图2-6　无线局域网结构图

在无线局域网的范畴是指"无线相容性认证",同时也是一种无线联网的技术,即通过无线电波来联网。Wi-Fi是一种可以将个人计算机和手持设备(例如PDA、手机)等终端以无线方式互相连接的技术。

目前,除了家庭网络外,还没有完全建立在无线技术上的网络。使用Wi-Fi技术配置的网络常常与现有的有线网络相互协调共同运行。Wi-Fi一方面可以通过无线电波与无线网络相连;另一方面可以通过无线网关连接到非屏蔽双绞线(Unshield Twisted Pair,UTP)电缆,如图2-7所示。

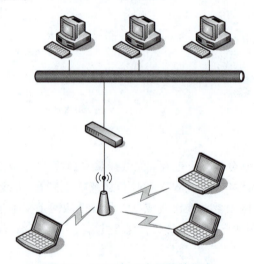

图2-7　Wi-Fi与现有网络的集成

2. 无线个域网

无线个域网(Wireless Personal Area Network,WPAN)是通过无线电波连接个人邻近区域内的计算机和其他设备的通信网络。目前主要的WPAN技术就是蓝牙和红外线通信技术。

(1) 蓝牙。蓝牙是由爱立信、国际商用机器、英特尔、诺基亚和东芝5家公司于1998

年5月共同提出开发的一种全球通用的无线技术标准。其标志如图2-8所示。

蓝牙是一种替代线缆的短距离无线传输技术，它使特定的移动电话、笔记本计算机以及各种便携式通信设备能够在10m左右的距离内共享资源。如图2-9所示是蓝牙通过手机和其他移动设备连接的示意图。

图 2-8　蓝牙的标志

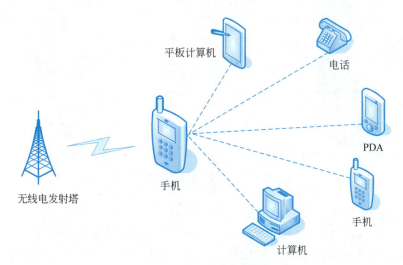

图 2-9　蓝牙传输图

蓝牙也有很多优点：蓝牙的成本比较低，保证了蓝牙的广泛实施；任一蓝牙设备在传输信息时都要有密码，保证了通信的安全性；蓝牙的通信距离为10m，可以在办公室内任意传输；蓝牙具备自动发现能力，使用户能够很简便地操作、访问设备；跳频技术使蓝牙系统具有足够高的抗干扰能力。

（2）红外通信。红外线是指波长超过红色可见光的电磁波，红外通信（IrDA）顾名思义就是通过红外线进行数据传输的无线技术，利用红外线技术在计算机或其他相关设备间可以进行无线数据交换。目前使用的红外通信已经发展到了16Mb/s的速率。

虽然无线电波和微波已被广泛地应用在长距离的无线通信中，但由于红外线的波长较短，对障碍物的衍射能力差，所以更适合应用在需要短距离无线通信的场合，进行点对点的直线数据传输。随着移动计算和移动通信设备的日益普及，红外数据通信已经进入了发展的黄金时期。目前，红外通信在小型的移动设备中获得了广泛的应用，包括笔记本计算机、掌上计算机、游戏机、移动电话、仪器仪表、MP3、数码相机以及打印机之类的计算机外围设备等。

3. 无线城域网

无线城域网（Wireless Metropolitan Area Network，WMAN）采用无线电波使用户在主要城市区域的多个场所之间创建无线连接，而不必花费高昂的费用铺设光缆、电缆或租赁线路，如图2-10所示。IEEE为无线城域网推出了802.16标准，同时业界也成立了类似Wi-Fi联盟的WiMax论坛。

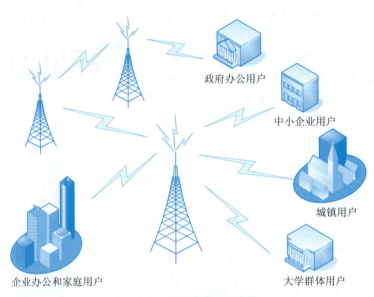

图 2-10 无线城域网结构图

WiMax 的全名是微波存取全球互通（Worldwide Interoperability for Microwave Access）。WiMax 应用主要分成两部分：一个是固定式无线接入；另一个是移动式无线接入。现阶段的主要应用系统为以 IEEE 802.16d 标准为主的固定宽带无线接入系统和以 IEEE 802.16e 标准为主的移动宽带无线接入系统。两个标准的主要参数如表 2-2 所示。WiMax 也有自身的许多优势：实现更远的传输距离；提供更高速的宽带接入；提供优良的最后一千米网络接入服务；提供多媒体通信服务；应用范围广。

表 2-2 WiMax 系统主要参数

	IEEE 802.16e	IEEE 802.16d
带宽（MHz）	1.25～20	1.75～20
频段（GHz）	2～6	2～11
移动性	中低车速（<120km/h）	固定或漫游
传输技术	多载波、OFDMA	多载波、OFDM
峰值速率（Mb/s）	15（5MHz）、30（10MHz）	75（20MHz）
小区间切换	支持	不支持
调制方式	上行：BPSK、QPSK、16QAM。下行：BPSK、QPSK、16QAM、64QAM	
多址方式	OFDMA	
双工方式	TDD、FDD	
增强型技术	智能天线、MIMO、HARQ、AMC	

4. 无线广域网

无线广域网（Wireless Wide Area Network，WWAN）是指覆盖全国或全球范围内的无线网络,提供更大范围的无线接入。图 2-11 是基于因特网的无线广域网结构图。IEEE 802.20 是 WWAN 的重要标准,是由 IEEE 802.16 工作组于 2002 年 3 月提出的,并为此成立专门的工作小组,这个小组在 2002 年 9 月独立为 IEEE 802.20 工作组。IEEE 802.20 是为了实现高速移动环境下的高速率数据传输率,以弥补 IEEE 802.1x 协议族在移动性上的劣势。IEEE 802.20 技术可以有效解决移动性与传输速率相互矛盾的问题,它是一种适用于高速移动环境下的宽带无线接入系统空中接口规范。

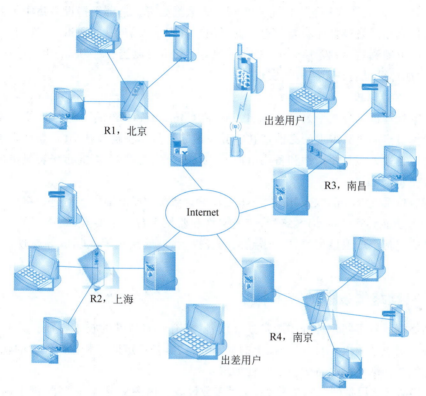

图 2-11　基于 Internet 的无线广域网

2.2　移动通信终端

移动通信终端就是能接受移动通信服务的机器,是移动通信系统的重要组成部分。移动用户可以通过移动通信终端接触移动通信系统,使用所有移动通信服务业务,由此可见终端的重要性。

2.2.1　移动通信终端设备

常见的移动通信终端设备包括手机、掌上计算机、笔记本计算机和 GPS 定位设备。

1. 手机

手机通常被视为集合了个人信息管理和移动电话功能的手持设备。也称为手提电话、携带电话,早期又有"大哥大"的俗称,是可以在较广范围内使用的便携式电话终端。手机从性能上来说可分为智能手机和非智能手机。目前手机已发展至 5G 时代。

2. 掌上计算机

掌上计算机属于个人数字助理(Personal Digital Assistant,PDA)的一种。正如"掌上计算机"这个名称一样,它在许多方面和我们的台式机相像。例如它同样有 CPU、存储器、显示芯片以及操作系统等。掌上计算机和台式机的区别就是前者可以在移动中进行个人数据处理,而后者则只能在固定点进行个人数据处理。这种手持设备集中了存储、办公、电话、传真和网络等多种功能。它不仅可用来管理个人信息(如通讯录、计划等),更重要的是可以上网浏览、收发 E-mail、发送传真,甚至还可以当作手机来用。尤为重要的是,这些功能都可以通过无线方式实现。

3. 笔记本计算机

笔记本计算机是台式个人计算机(Personal Computer,PC)的微缩与延伸产品,也是用户对计算机产品更高需求的必然产物。其发展趋势是体积越来越小,重量越来越轻,而功能却越来越强大。其便携性和备用电源使移动办公成为可能,因此市场容量迅速扩展。

4. GPS 定位设备

全球定位系统(Global Position System,GPS)是在全球范围内实时进行定位、导航的系统。GPS 功能必须具备 GPS 终端、传输网络和监控平台三个要素,缺一不可。GPS 定位设备功能包括全球卫星定位、电子导航、语音提示、偏航纠正等。GPS 导航现在已经被广泛使用。

2.2.2 移动终端设备的技术特征

移动终端设备不同于传统的固定办公设备,它有许多特殊的技术特征。典型的移动终端设备一般包括输入工具、一个以上的显示屏幕、具备一定计算和存储能力的硬件以及独立的电源。移动终端设备的主要特性如下:

(1) 移动终端设备的显示屏幕小,而大多数设备使用多义键盘,通过按键来确定具体语义,操作起来比较麻烦,可操作性差。

(2) 移动终端设备都是依靠电池来维持的,而电池的使用期限很短。电池技术尽管一直在不断地发展,但是容量还是限制因素之一。

(3) 移动终端设备在内存、磁盘的容量方面比传统的固定设备要小很多。

(4) 移动终端设备的安全性较差。

移动通信终端正逐渐向智能化方向发展,终端不仅是使用通信的工具,更是技术发展、市场策略和用户需求的体现,因此,在移动互联网和物联网等大战略发展方向的影响下,移动通信终端正在向通信终端融合化和各类物品通信化发展,如表 2-3 所示。

表 2-3 移动通信终端的发展趋势

通信终端融合化	以通信终端为基础,通过融合各类业务和功能,实现手机的多功能化
各类物品通信化	在物联网时代,通过嵌入式智能芯片和各类中间件技术,可以在物品和物品间进行通信,并实现人对物品的管理

2.2.3 移动应用平台

目前主要有 3 种移动应用平台，分别是移动消息平台、移动网络接入平台以及互动式语音应答（IVR）平台。

1. 移动消息平台

移动消息平台主要包括短信息服务和多媒体信息服务，它们都可用于建立点对点的短信业务平台，在此基础上也可以开发各种增值服务。

短信息服务（Short Messaging Service，SMS）和多媒体短信服务（Multimedia Messaging Service，MMS）是两种主要的信息服务。不过，随着微信的出现，人们越来越多地将信息服务往微信等新平台转移。

2. 移动网络接入平台

WAP 平台是开展移动商务的核心平台之一。通过 WAP 平台，手机可以方便快捷地接入互联网，真正实现不受时间和地域约束的移动商务。WAP 是一种通信协议，它是基于在移动中接入因特网的需要提出和发展的。WAP 提供了一套开放、统一的技术平台和一种开发、应用环境，用户使用移动设备很容易访问和获取因特网或企业内部网信息和各种服务。

WAP 应用模型由 WAP 客户端、WAP 网关和 WAP 内容服务器三部分组成，这三者缺一不可。WAP 客户端主要指支持 WAP 协议的移动用户设备终端，例如 WAP 手机。WAP 网关是 WAP 应用实现的核心，由协议网关和内容编解码器两部分组成。WAP 内容服务器存储着大量的信息，WAP 手机用户可以用来访问、查询和浏览等。

要想在移动终端上获得丰富的信息内容，除了需要无线通信协议外，还需要一种标记语言，以描述信息的展现格式。无线标记语言（Wireless Markup Language，WML）类似于 HTML 语言，HTML 编写的内容可以在计算机上用浏览器进行阅读，而 WML 编写的内容可以由移动终端的 WAP 浏览器提供文本浏览、数据输入、图像和表格呈现以及按钮和超链接等功能。

3. 交互式语音应答平台

交互式语音应答（Interactive Voice Response，IVR）平台是呼叫中心的重要组成部分，在呼叫过程中起着不可替代的作用。IVR 是自动与用户进行交互式操作的业务。当客户联系呼叫中心时，首先接入 IVR 平台，在确认用户信息后，IVR 给出提示信息，用户根据提示进行互动操作，从而达到所需要的服务菜单。若用户的问题在 IVR 内得不到解决，则转向人工热线服务。移动 IVR 还可以利用手机终端独有的收发短信功能，实现语音和短信的互动。

随着呼叫中心信息服务的发展，IVR 系统提供的功能急剧增长，但用户对 IVR 平台没有很深的了解，甚至很多用户都会觉得 IVR 操作烦琐而选择人工服务，这会降低 IVR 的利用率。尽管如此，相信随着技术的发展，IVR 将成为继移动消息平台和 WAP 平台之后，又一个能提供综合业务服务的移动应用平台。

2.2.4 移动通信操作系统

操作系统是对计算机系统内各种硬件和软件资源进行控制和管理、有效组织多道程序运行的系统软件,是用户与计算机之间的接口。以前人们普遍认为操作系统是计算机独有的,而现在手机也安装了操作系统。

计算机操作系统主要分为两种:一种是 Windows 类,包括 Windows XP、Windows 7 和 Windows 10 等,它们的关系都是后者为前者的升级版本;另一种是 UNIX 类,包括 UNIX、Linux 等,它们相互之间兼容性较好。而手机上采用的操作系统有 Symbian、Android、iOS、Windows Mobile 和 HarmonyOS。下面简单介绍 Android、iOS 和 HarmonyOS 操作系统。

1. Android 操作系统

Android 是 Google 于 2007 年 11 月 5 日发布的基于 Linux 平台的开源手机操作系统,该平台由操作系统、中间件、用户界面和应用软件组成。

Android 系统架构由 5 部分组成,分别是 Linux Kernel、Android Runtime、Libraries、Application Framework 和 Applications。下面分别介绍这 5 部分内容。

(1) Linux Kernel(Linux 内核)。Android 的核心系统服务依赖于 Linux 2.6 内核,例如安全性、内存管理、进程管理和驱动模型。Linux 内核也同时作为硬件和软件之间的抽象层。除了标准的 Linux 内核外,Android 还增加了内核的驱动程序:Binder(IPC)驱动、显示驱动、输入设备驱动、音频系统驱动、摄像头驱动、Wi-Fi 驱动、蓝牙驱动和电源管理。

(2) Android Runtime(Android 运行库)。Android 的核心类库提供 Java 编程语言核心库的大部分功能。每个 Android 应用都运行在自己的进程上,享有 Dalvik 虚拟机为它分配的专有实例。Dalvik 虚拟机依赖于 Linux 内核的一些功能。

(3) Libraries(程序库)。Android 包含一套 C/C++ 库,Android 系统的各式组件都在使用这些库。这些功能通过 Android 应用框架为开发人员提供服务。

(4) Application Framework(应用框架)。在 Android 系统中,开发人员也可以完全访问核心应用程序所使用的 API 框架。其中包括视图(View)、内容提供器(Content Provider)、资源管理器(Resource Manager)、通知管理器(Notification Manager)和活动管理器(Activity Manager)等。

(5) Applications(应用程序)。Android 会和一系列核心应用程序包一起发布,该应用程序包包括 E-mail 客户端、SMS 短消息程序、日历、地图、浏览器以及联系人管理程序等。所有的应用程序都是使用 Java 语言编写的。

中国移动、中国联通、中兴通讯、华为通讯、联想等大企业纷纷使用了 Android 操作系统,而且由于 Android 手机系统是开放的,服务是免费的,所以使用 Android 手机的人也就越来越多。

2. iOS 操作系统

iPhone OS 或 OS X 是由苹果公司为 iPhone 开发的操作系统。它主要供 iPhone 和 iPod touch 使用。原本这个系统名为 iPhone OS,直到 2010 年 6 月 7 日 WWDC 大会上宣布改名为 iOS。

iOS 的系统架构分为 4 个层次：核心操作系统层(Core OS layer)、核心服务层(Core Services layer)、媒体层(Media layer)和可轻触层(Cocoa Touch layer)。其中：

(1) Core OS：提供整个 iPhone OS 的一些基础功能。

(2) Core Services：为所有应用提供基础系统服务，提供日历和时间管理等功能。

(3) Media：提供图像、音频和视频等多媒体功能。

(4) Cocoa Touch：开发 iPhone 应用的关键框架，呈现应用程序界面的各种组件。

该操作系统从最初的 iPhone OS，演变至最新的 iOS，横跨 iPod Touch、iPad 和 iPhone 等各系产品，成为苹果公司最强大的操作系统，给用户带来了极佳的使用体验。

3. HarmonyOS 操作系统

HarmonyOS(鸿蒙操作系统)是华为在 2019 年 8 月 9 日于东莞举行的华为开发者大会上正式发布的操作系统。它是一款基于微内核、面向 5G 物联网、面向全场景的分布式操作系统。

HarmonyOS 系统架构由 4 部分组成，分别是内核层、系统服务层、框架层和应用层。

(1) 内核层：主要由内核子系统和驱动子系统组成。内核子系统采用多内核设计，支持针对不同资源受限设备选用适合的 OS 内核。驱动子系统是 HarmonyOS 硬件生态开放的基础，提供统一外设访问能力和驱动开发、管理框架。

(2) 系统服务层：系统服务层是 HarmonyOS 的核心能力集合，通过框架层对应用程序提供服务。该层包含系统基本能力子系统集、基础软件服务子系统集、增强软件服务子系统集和硬件服务子系统集。

(3) 框架层：为 HarmonyOS 的应用程序提供 Java/C/C++/JS 等多语言的用户程序框架和 Ability 框架，以及各种软硬件服务对外开放的多语言框架 API；同时为采用 HarmonyOS 的设备提供 C/C++/JS 等多语言的框架 API，不同设备支持的 API 与系统的组件化裁减程度相关。

(4) 应用层：包括系统应用和第三方非系统应用。HarmonyOS 的应用由一个或多个 FA(Feature Ability)或 PA(Particle Ability)组成。其中，FA 有 UI 界面，提供与用户交互的能力；而 PA 无 UI 界面，提供后台运行任务的能力以及统一的数据访问抽象。

操作系统将手机、计算机、平板、电视、工业自动化控制、无人驾驶、车机设备、智能穿戴统一成一个操作系统，并且该系统是面向下一代技术而设计的，能兼容能运行于安卓的所有 Web 应用。其目标是创造一个超级虚拟终端互联的世界，将人、设备、场景有机联系在一起。同时由于鸿蒙系统微内核的代码量只有 Linux 宏内核的千分之一，其受攻击的可能性也大幅降低。

2.2.5 传统条形码

我们生活中随处都可以看到条形码。在超市里，营业员通过扫描物品的条形码就能在结算的机器里看到该物品的价格；在图书馆里，工作人员通过扫描书的条形码就可以辨别出该书借还的状态等。为了提高计算机识别的效率，增强其准确性，先后出现了传统条形码、二维条形码和无线射频识别技术。

传统条形码由一组按一定编码规则排列的条、空符号组成，表示一定的字符、数字及符号信息。条形码系统是由条形码符号设计、条形码制作以及扫描阅读组成的自动识别系统，是迄今为止使用最为广泛的一种自动识别技术。

超市里商品的条码和包装袋上的条码，基本上都是一维条码(见图2-12)，是利用条码的粗细及黑白线条来代表信息。当拿扫描器来扫描一维条码时，即使将条码上下遮住一部分，所扫描出来的信息都一样。

到目前为止，常见的条形码的码制有二十多种，其中广泛使用的码制包括 Code 39 码、交叉 25 码、EAN 码、UPC 码、Code 128 码以及 Codabar 码等。不同的码制具有不同的特点，适用于一种或若干种应用领域。

2.2.6 二维条码

20 世纪 70 年代，在计算机自动识别领域出现了二维条码(如图2-13所示)技术，它将条形码的信息空间从一维扩展到二维，具有信息容量大、可靠性高、准确性高、防伪性高、保密性强等诸多优点。

图 2-12 一维条码

图 2-13 二维条码

二维条码通常分为两种类型：行排式二维条码和矩阵式二维条码。在目前的几十种二维条码中，常用的码制有 PDF 417、Code 49、Code 16K、QR Code、Data Matrix、Maxi Code 和 Code One 等。表 2-4 列出了几种常用的二维条码的基本情况及条码样图。

表 2-4 常用二维条码基本情况表

种 类	简 图	概 述
PDF 417		一种多层、可变长度、具有高容量和纠错能力的二维条码，它可以表示 1100 字节、1800 个 ASCII 字符或 2700 个数字的信息
Code 49		一种多层、连续型、可变长度的条码符号，它可以表示全部的 128 个 ASCII 字符
Code 16K		一种多层、连续型、可变长度的条码符号，可以表示全 ASCII 字符集的 128 个字符及扩展 ASCII 字符

续表

种 类	简 图	概 述
QR Code		由日本 Denso 公司于 1994 年 9 月研制的一种矩阵式二维条码,可表示汉字及图像等多种信息
Data Matrix		每个 Data Matrix 符号由规则排列的方形模块构成的数据区组成
Maxi Code		一种固定长度(尺寸)的矩阵式二维条码,可表示全部 ASCII 字符和扩展 ASCII 字符
Code One		一种用成像设备识别的矩阵式二维条码,包含可由快速线性探测器识别的图案

2.2.7 RFID

1. RFID 系统组成

RFID 是 Radio Frequency Identification 的缩写,即射频识别,俗称电子标签。RFID 是一种非接触式的自动识别技术,它通过射频信号自动识别目标对象并获取相关数据,实现对静止或移动物品的识别。作为条形码的无线版本,RFID 技术具有防水、体积小、使用寿命长及存储数据容量大等优点。最基本的 RFID 系统由 3 部分组成:电子标签(Tag)、阅读器(Reader)和天线(Antenna),如图 2-14 所示。

电子标签是射频识别系统的数据载体,由标签天线和标签专用芯片组成。每个标签具有唯一的电子编码,实现被识别物体信息的存储。RFID 阅读器(读写器)通过天线读取 RFID 电子标签上的信息,或把信息写入 RFID 电子标签。天线负责在标签与阅读器之间传输数据和信号。

2. RFID 的技术标准

为了能够被广泛接受,任何技术都需要某种标准和规范,以提供设计、制造和使用这项技术的方针。目前 RFID 技术存在两个标准体系:ISO 标准体系和 EPC Global 标准体系。

(1) ISO 标准体系。国际标准化组织(ISO)制定的 RFID 标准是用于读写器和标签

图 2-14　RFID 系统

通信的频率与协议标准。RFID 领域的 ISO 标准可以分为 4 大类：技术标准（例如符号、射频识别技术、IC 卡标准等）、数据内容标准（例如编码格式、语法标准等）、一致性标准（例如测试规范、印刷质量等标准）和应用标准（例如船运标签、产品包装标准等），如图 2-15 所示。

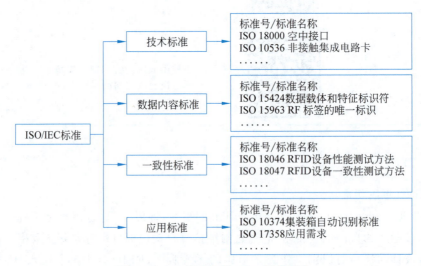

图 2-15　ISO 已制定的 RFID 相关标准

（2）EPC Global 标准体系。EPC Global 是由美国统一代码协会（UCC）和国际物品编码协会（EAN）共同成立的标准组织，是目前全球实力最强的 RFID 标准组织。图 2-16 是 EPC Global 体系框架，它是 RFID 典型应用系统的一种抽象模型，包含三种主要活动：EPC 数据交换（提供了用户访问 EPC Global 业务的方法）、EPC 基础设施（用来收集和记录 EPC 数据）和 EPC 物理对象交换（用户能与 EPC 编码的物理对象进行交互，并能方便地获得相应的物品信息）。

3. 其他自动识别技术

常用的自动识别技术除了有条形码和射频识别技术外，还包括语音识别、生物识别、磁卡和接触 IC 卡。表 2-5 比较了几种常用的自动识别技术。

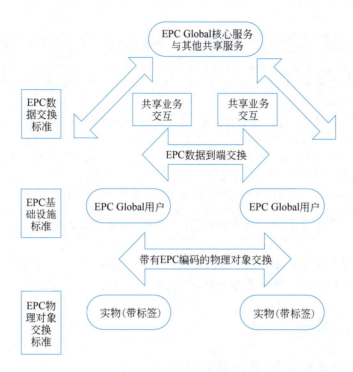

图 2-16 EPC Global 体系框架

表 2-5 几种常用自动识别技术的比较

	信息容量	读写性能	保密性	环境适应性	成本	通信速度	识别速度	多标签识别
条码	小	R	无	不好	最低	慢	慢	不能
语音识别	大	R	无	一般	较高	较慢	很慢	不能
生物识别	大	R	好	一般	较高	较慢	很慢	不能
磁卡	较小	R/W	一般	一般	低	快	慢	不能
接触 IC 卡	大	R/W	好	一般	较高	快	慢	不能
射频识别	大	R/W	好	好	较高	很快	很快	能

4. RFID 技术的应用

自 20 世纪 90 年代以来，射频识别技术在全世界范围内得到了很快的发展。经过几十年的普及，射频识别技术在各行各业得到了广泛的应用，如表 2-6 所示。

表 2-6 RFID 技术的应用

应用领域	具体应用
物流行业	包括运输业、仓储业、包装业、装卸业、物流信息业和加工配送业等。根据物流供应链管理需要，在仓储、运输、装卸、包装、配送等应用场景，应用 RFID 技术进行运输管理、货物跟踪以及物流数据交换等，实现物流企业的 RFID 信息服务系统

续表

应用领域	具体应用
公共管理	包括医药业、人员管理、门禁管理以及交通领域等。药品上的电子标签能防范假药和降低处方误差等，RFID与车牌识别技术的有效结合能够对所有车辆实现高度自动化的检查
生产领域	包括制造业、汽车业和农业等。生产领域使用电子标签，可以全面提高生产、制造和加工产业的管理效率
政府应用	包括电子政务、国防与安全等。RFID可以使电子政府服务更灵活、有效和安全，而且在政府增强国防和安全体系方面发挥重要的作用
消费者应用	包括图书馆和影视出租商店、个人福利与安全、体育与休闲、购物与餐饮和智能家居等。RFID技术可以使图书馆管理员更方便地管理借书和控制借出的书籍，使顾客在购物与餐饮时更快速地结账付款，还可以方便人们的日常生活

随着技术的不断进步，RFID产品的种类会越来越多，应用也会更加全球化。相信在未来的几年里，RFID技术会越来越完善。

2.3　移动商务安全

2.3.1　移动商务面临的安全威胁

无线通信网络是开展移动电子商务的必要技术，而由于无线线路的开放性，移动商务面临多种安全威胁。主要包括以下5方面。

1. 无线窃听

在无线通信过程中，所有通信内容，例如通话信息、身份信息和数据信息等都是通过无线信道开放传送的。任何拥有一定频率接收设备的人均可以获取无线信道上传输的内容。因此，无线窃听会导致通信信息和数据的泄露，而移动用户身份和位置信息的泄露会导致移动用户被无线追踪。这对于无线用户的信息安全、个人安全和个人隐私都构成了潜在的威胁。

2. 漫游安全

在无线网络中，当用户漫游到攻击者所在的一定区域范围内，在终端用户不知情的情况下，信息可能被攻击者窃取和篡改，服务也可能被拒绝。中途交易后，由于缺少重新认证的机制，通过刷新使连接重新建立会给系统带来风险。没有再认证机制的交易和连接的重新建立是危险的，因为连接一旦建立，使用安全套接层（SSL）协议和无线传输层安全（WTLS）协议的多数站点，不再进行重新认证和重新检查证书。因此，攻击者可以利用该漏洞。

3. 假冒攻击

假冒攻击是指由于无线通信信道的开放性，当攻击者掌握了网络信息数据规律或解密了商务信息以后，可以假冒合法用户或发送假冒信息欺骗其他用户。在无线通信中，移动通信站需要通信用户的身份信息，以认证其是否为合法用户。攻击者容易截获通信用户包括身份信息在内的所有通信数据，从而假冒该合法用户发送错误信息。另外，攻击者可以通过冒充网络信息控制中心，在移动通信网络中假冒网络基站以欺骗用户，骗取用户身份信息。

4. 完整性侵害

完整性侵害指网络攻击者截取信息，并私自修改、删除、插入或重传合法用户的信息或数据的过程。完整性侵害可以通过信息的修改阻止用户双方建立链接，也可以欺骗接收者，使他相信收到的已被修改的信息是由原发送者传出的未经过修改的信息。还可以通过阻止合法用户的身份信息、控制信息或业务数据，从而使合法用户无法享受正常的网络服务。

5. 业务抵赖

业务抵赖是指业务发生后否认业务发生，以逃避付费或逃避责任，这在移动商务中很常见。在移动商务中，这种威胁包括两方面：一方面，交易双方中的买方收货后否认交易，企图逃避付费；另一方面，卖方收款后否认交易，企图逃避交货。

此外，移动电子商务中的移动终端面临的安全威胁包括移动终端设备的物理安全、SIM卡被复制、电子标签被解密、病毒和拒绝服务等方面。

2.3.2 移动商务的安全需求

以上我们通过分析移动商务系统所面临的安全威胁，可以看出安全性对于移动商务的重要性。一个完整并且安全的移动商务系统应该有以下特点。

1. 保密性和身份认证需求

移动终端的SIM卡通常需要具有加密和身份认证的能力，SIM卡号就像无线通信中的物理地址，具有全球唯一性。随着移动用户的实名制实施，一张SIM卡对应一个用户，SIM卡可以识别用户身份，利用可编程的SIM卡，还可以存储用户的银行账号、CA证书等用于标识用户身份的有效凭证。另外，可编程的SIM卡还可以用来实现数字签名、加密算法和身份认证等电子商务领域必备的安全手段。

2. 数据信息完整性

数据信息完整性是保证数据信息在传输、交换、存储和处理过程中保持非修改、非破坏和非丢失的特性。可以使用消息摘要技术和加密技术（Hash函数）来实现，而支付信息的完整性则可由支付协议来保证实现。

3. 不可否认性

保证接收方对于自己已接受的信息内容不能否认，发送方对于已经发出的信息不能抵赖否认；保证交易数据的正当保留，维护双方当事人的合法利益。可以通过数字签名技术来实现。

4. 匿名性

移动商务的匿名性主要包括以下3方面：

(1) 用户身份隐藏：用户的永久身份不能在无线接入链路上被窃听到。

(2) 用户位置的隐藏：用户到达某个位置或某个区域不能通过无线接入网窃听得到。

(3) 用户的不可跟踪性：攻击者不能通过在无线接入网上窃听推断出是不是对某个用户提供了不同的服务。

5. 容错能力

信息在网络传输过程中，设备和线路经常会发生故障。因此，要保证在故障产生时，系统不会长时间处于停滞状态，并且要有备用方案去处理，还要保证更新系统时对于原有软硬件的兼容能力。

另外，移动商务对于系统的经济性也得适当考虑，用户希望在增强系统安全性的同时，能够尽量降低所花费用。合理的加密技术是增强安全的最有力措施，目前已有不少加密算法可以实现，要从算法的可实践性上来适当选择。

2.3.3 移动商务安全技术现状

针对移动商务面临的安全威胁和安全需求，可以通过使用以下各种安全技术来满足不同的安全需求。

1. 完整性保护技术

完整性保护技术是用于提供消息认证的安全机制。通常情况下，完整性保护技术是通过计算消息认证码来实现的，就是利用一个带密钥的 Hash 函数对消息进行计算，产生消息认证码，并将它和消息捆绑在一起传给接收方。接收方在收到消息后首先计算消息认证码，并将重新计算的消息认证码与接收到的消息认证码进行比较。如果它们相等，接收方就认为消息没有被篡改；如果它们不相等，接收方就知道消息在传输过程中被篡改了。

2. 真实性保护技术

真实性保护技术用来确认某一实体所声称的身份，以防假冒攻击。在移动商务中，交易信息通过无线网络转发，在传输过程可能产生一定的延迟，需要通过鉴别数据源来确认交易信息的真正来源。最简单的方法是让声称者与验证者共享一个对称密钥，声称者使用该密钥加密某一消息（通常包括一个非重复值，例如，序列号、时间戳或随机数等，以对抗重放攻击），如果验证者能成功地解密消息，那么验证者相信消息来自声称者。

3. 机密性保护技术

机密性保护技术是为了防止敏感数据泄露给那些未经授权的实体。通常情况下，最简单的方案是收发双方共享一个对称密钥，发送方用密钥加密明文消息，而接收方使用密钥解密接收到的密文消息。

4. 抗抵赖技术

抗抵赖技术是为了防止恶意主体事后否认所发生的事实或行为。要解决上述问题，必须在每一事件发生时，留下关于该事件的不可否认证据。当出现纠纷时，由可信第三方验证这些留下的证据，这些证据必须具有不可伪造或防篡改的特点。通常情况下，不可否认证据是由发送者使用数字签名技术产生的。

5. 其他安全技术

安全协议是以密码学为基础的消息交换协议，目的是在网络环境中提供各种安全服务，其安全目标是多种多样的。例如，认证协议的目标是认证参加协议的主体的身份，许多认证协议还有一个附加的目标，即在主体之间安全地分配密钥或其他各种秘密。在网络通信中最常用的、最基本的安全协议按照其目的可以分成以下 4 类。

（1）密钥交换协议。这类协议用于完成会话密钥的建立，一般情况下是在参与协议的两个或者多个实体之间建立共享的秘密,如用于一次通信的会话密钥。例如,Blom协议、Girault协议、Diffie-Hellman协议、MIT协议和Andrew RPC协议等。

(2) 认证协议。认证协议包括身份认证协议、消息认证协议和数据源认证协议等,用来防止假冒、篡改或否认等攻击。例如,Schnorr协议、Okamoto协议、Kerberos认证协议和Guillou-Quisquater协议等。

(3) 认证密钥交换协议。这类协议将认证协议和密钥交换协议结合在一起,先对通信实体的身份进行认证,在认证成功的基础上,为下一步安全通信分配所使用的会话密钥。它是网络通信中应用最普遍的一种安全协议。例如,Needham-Schroeder公钥认证协议、分布式认证安全服务(DASS)协议、互联网密钥交换(IKE)协议和X.509协议等。

(4) 电子商务协议。与上述协议明显不同的是,电子商务协议中主体是交易的双方,其利益目标是矛盾的。电子商务协议最为关注的就是公平性,即协议应保证一个交易方达到自己的目标,当且仅当另一交易方达到自己的目标。当前应用比较广泛的电子商务安全协议主要有Digicash协议、Netbill协议、SET协议和SSL协议等。

一般来说,前3类安全协议是第4类电子商务协议的基础。通常情况下,在移动商务交易中并不只采取上述某一种安全协议来保证交易的安全性,而是采取其中两个或者多个协议的组合。

2.3.4 移动安全通信技术

数据在传输过程中有可能遭到侵犯者的窃听而失去保密信息,为了防范窃听,加密技术是网络数据传输中采取的主要保密安全措施。加密技术也就是利用技术手段把重要的数据变为乱码(加密)传送,到达目的地后再用相同或不同的手段还原(解密)。

加密算法按其对称性可分为对称密钥加密算法和非对称密钥加密算法。

1. 对称密钥加密算法

对称密钥加密的特点是文件加密和解密使用相同的密钥,即加密密钥也可以用作解密密钥。在该算法中,安全性在于双方密钥的秘密保存。这种方法的加密和解密过程见图2-17。

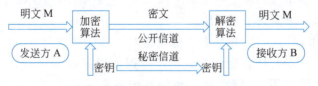

图 2-17 对称密钥加/解密示意图

对称密钥加密算法使用起来简单快捷,密钥较短,且破译困难。但这种算法需要信使或秘密通道来传送密钥,密钥的传送和管理就比较困难,因此算法的安全性依赖于密钥的秘密保存。

对称密钥加密体制中有排列码算法、RC4、混沌算法、DES(Data Encryption Standard,数据加密标准)、IDEA(国际数据加密算法)和RC2等,以DES算法为典型代表。

2. 非对称密钥加密体制

1976 年,美国学者 Diffie 和 Hellman 为解决数字签名和密钥分配问题,提出一种新的密钥交换协议,允许通信双方在不安全的媒体上交换信息,安全地达成一致的密钥,这就是公开密钥系统。公开密钥系统引起了密码学上的一场革命,它从根本上克服了传统密码体制的缺陷,解决了密钥分配和消息认证等问题。相对于"对称密钥加密算法",这种方法也叫作"非对称密钥加密算法"。

与对称加密算法不同,非对称加密算法需要两个密钥:公开密钥(Public Key)和私有密钥(Private Key)。公开密钥系统使用密钥对时,如果用公开密钥对数据进行加密,只有用对应的私有密钥才能进行解密;如果用私有密钥对数据进行加密,那么只有用对应的公开密钥才能解密。因为加密和解密使用的是两个不同的密钥,所以这种算法叫作非对称加密算法(如图 2-18 所示)。

图 2-18 非对称密钥加/解密示意图

在图 2-18 中,KU 为发送方的公开密钥,KR 为接收方的私有密钥。在提出了公开密钥密码体制的设想后,先后出现了背包公钥算法、RSA 公钥加密算法,此外还有椭圆曲线加密算法 ECC、ElGamal 和 DSS 等著名的非对称加密算法。

公开密钥体制的算法是公开的,所以非对称加密体制的保密性不依赖于加密体制和算法,而是依赖于密钥。它可实现保密通信和数字签名。

2.3.5 移动通信加密

在移动通信网络中,由于移动端比网络端的计算能力低且计算资源差,这就要求移动通信网络中的密码技术应该满足两个条件:①尽可能采用计算简单的密码算法;②使移动端和网络端的计算量具有不对称性。

在单钥系统中,只有知道共享密钥的通信双方才能相互信任,这不仅限制了保密通信的范围,也带来了密钥管理问题。不过单钥加密算法简单,运算量小,执行速度快,因而得到广泛的应用。目前,移动通信系统主要采用的是基于对称密钥的密码体制。

2.3.6 终端身份认证

1. 移动商务身份认证现状及需求

在移动通信系统中,移动用户与网络之间不像固定电话那样存在固定的物理连接,因此,商家如何确认用户的合法身份,如何防止用户否认已经发生的商务行为,都是急需解决的安全问题。

在移动商务系统中,通信会话开始之前的安全协议就是身份认证和密钥协商协议。

其目的就是验证通信对方的身份信息的合法性,以便提供服务;同时协商好一个会话密钥,用于结合适当的密码算法对会话信息加密,使敏感信息不会泄露。

移动通信中的双向认证和密钥协商协议部署于移动通信环境之中,除了具有双向认证和密钥协商协议的安全需求之外,基于移动通信的特点,还为用户提供匿名服务、计算资源尽量少等特殊方案,目前主要考虑以下安全需求。

(1) 双向身份认证。

在移动通信中,无线通信网络与移动终端用户之间相互认证身份,是安全通信中最基本的安全需求。第二代数字蜂窝移动通信系统都是基于私钥密码体制,采用共享密钥的安全协议,实现对移动用户的认证和数据信息加密,缺少用户对移动网络的身份认证,导致"中间人攻击"对其威胁的存在。

(2) 协议尽量简单。

目前移动通信系统的带宽和移动通信终端的计算资源有限,因此密钥协商和身份认证协议要求尽量计算简单、传输信息量小。虽然在第三代移动通信系统中,带宽得到大幅度改善,目前硬件的瓶颈得到一定的突破,但是手持移动通信终端的体积和市场价格决定了其计算资源和存储资源的有限性。

(3) 密钥协商和双向密钥控制。

移动用户与移动网络之间通过安全参数协商确定会话密钥,密钥协商协议对通信双方是否能够建立安全的会话至关重要。同时,保证一次一密。一方面是为了保证密钥的质量从而防止特定会话密钥带来的安全隐患;另一方面也是为了防止旧会话密钥泄露并导致重传攻击。

(4) 双向密钥确认。

为保证接收方和发送方拥有相同的会话密钥,移动网络系统和移动用户之间要进行确认,以保证下次会话中,发送方加密的信息能被接收方正常解密。

2. 移动终端认证

在无线应用协议(WAP)中要实现移动终端身份认证,一般是指无线传输层安全(WTLS)终端之间的 WTLS 客户端证书认证,图 2-19 演示了移动终端身份认证的全过程,该方法要求移动终端拥有一个用户证书 URL 和一个私钥。由于无线身份识别模块(WIM)是防篡改硬件,所以私钥常保存在终端的 WIM 中。

WAP 网关和网络服务器通过有线连接对移动终端证书进行验证,移动终端证书可以是 X.509 证书,但 X.509 证书数据量太大不能存储在 WIM 中。因此,WAP 存储终端证书的是 URL,而不是终端证书,终端证书则集中保存在证书目录里。网络服务器和 WAP 网关根据证书 URL 到对应的位置取证书验证移动终端身份。

3. 口令认证技术

身份认证技术是指用于确认用户身份和访问者权限的技术,使访问控制策略可靠执行。目前,身份认证技术主要包括口令认证技术、基于数字证书的身份认证技术、基于物理设备的身份认证技术和基于生物特征的身份认证技术。

口令认证基于"what you know"的验证手段,是最简单、最易实现和应用最广泛的认证技术。口令认证技术分为静态口令认证技术和一次性口令(One-Time Password,

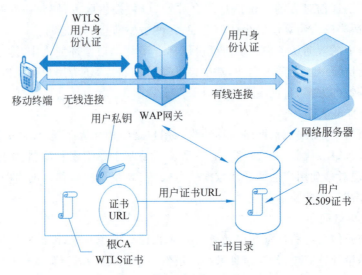

图 2-19 移动终端身份认证

OTP)认证技术。两种口令认证技术的特点如表 2-7 所示。

表 2-7 静态口令认证与 OTP 认证对比分析

比较项目	静态口令认证技术	OTP 认证技术
动态性	静态口令固定不变,难以抵御重放攻击	OTP 口令可以随设定的时间或事件等变量自动变化,无须人工干预
一次性	静态口令在传输过程中易被截获,难以抵御窃听攻击	OTP 口令一次有效,旧口令不能重复使用,即使口令被窃听,也不会造成很大危险,因此具备良好的抗窃听性
随机性	静态口令通常比较简单,难以抵御口令猜测攻击	OTP 口令随机生成、无规律,增加了破解的难度
认证机制	静态口令认证技术是单向认证机制,即服务器对登录用户的身份认证,而用户无法认证服务器,因此,攻击者可能伪装成认证服务器欺骗用户	OTP 认证技术建立在密码学基础之上,通过在认证过程中加入不确定因子,使用户每次进行身份认证的认证口令都不相同,而且每个认证口令只使用一次。OTP 认证技术的一次一密的认证方法可以有效保证用户身份的安全性
安全性	静态口令认证技术是一种单因子的认证技术,安全性仅依赖于口令,口令一旦泄露,安全性随即丧失	OTP 认证技术具有多重安全性,与静态口令的单一认证方式不同,OTP 认证技术将一次性口令与用户名、静态口令等多重因素结合实现认证

静态口令认证技术指用户口令在一定的时间内固定不变,可以重复使用,其认证过程为:登录时,用户输入二元组信息(UserID,UserPW),认证服务器比对接受的信息和存储的信息是否一致,以此判断用户身份的合法性。静态口令认证技术最大的优点是实现简单、易于使用,但其存在诸多安全问题。

OTP 认证技术是一种摘要认证,在摘录过程中给用户秘密信息加入不确定因素,使每次登录过程中摘录所得的密码(即一次性口令 OTP)都不相同,用户真正的秘密信息没有在网上传输,以提高登录的安全性。从上述身份认证技术的特点可以看出,OTP 认证技术实现简单、成本低、不需要第三方认证,同时一次一密保证了较高的安全性,比较适合移动商务的身份认证。

2.3.7 移动交易信任机制

移动商务交易中的信任是指网上消费者对在线交易的总体信任,它分为广义和狭义两种。狭义的信任机制局限于网络平台的技术手段的研究,一般分为基于身份的信任模型、基于角色的信任模型、自动信任协商模型、基于名誉的信任模型。广义的信任机制是指电子商务交易系统中构成、影响相互信任关系的各部分及它们之间的作用方式,以及为促进和维持信任关系所发生的相关作用方式和所有手段、方法等。在这一机制中主要涉及交易主体(网上企业和消费者)以及在交易过程中起保护和支持作用的第三方机构(例如,银行、政府等)。

建立移动电子商务交易信任机制,需要综合考虑政府、企业和交易伙伴三方面因素的影响,需要交易涉及的各方主体共同努力。

1. 从政府的角度

政府可以从两方面推动信任机制的建立。一是加强法律的威慑力度。加强法律建设是政府介入移动电子商务信任机制形成的重要途径。当前,国际社会为了确保电子商务交易的顺利进行和发展,都纷纷着手制定相关法规。目前,较为规范和完整的电子商务交易法规当首推联合国国际贸易法委员会(UNCITRAL)提出的《电子商务示范法》。除此之外,1997年欧盟发布的《欧盟电子商务行动法案》、美国的《全球电子商务发展纲要》和世界贸易组织达成的《信息技术协议》,都为电子商务交易提供了有力的安全保障。我国已经颁布的《电子签名法》标志着我国电子商务法律建设的开始,但有关移动电子商务方面的法规几乎没有,而传统的电子商务法规则不能完全适应移动电子商务。国际上许多国家已经采取了法律手段规范短信息服务,以控制有害短信蔓延的势头,在我国这些法律法规还有待完善。二是提升移动电子商务经营者的自律水平。经营者自律、监管是建立移动电子商务信任机制的重要手段。电子商务行业自律可由政府牵头,制定行业自律规章制度,规范移动电子商务经营者的经营行为。提高移动电子商务经营者的诚信法律知识水平和素质;企业要经常进行自查自评,对客户跟踪调查,了解消费者反馈,从而推动移动电子商务经营的诚信服务质量。

2. 从企业的角度

企业应以不断创新为手段,全心全意致力于提供安全诚信服务,满足广大顾客需要。例如,南航作为国内首家推出电子客票的企业,率先提供电子客票网上值机和手机值机等特色服务。在网站电子商务信息化诚信服务方面,加强网站安全建设,不断创新超越,强化网站服务功能,扩展服务领域范围,优化电子商务服务流程。不管是电子商务网站和移动电子商务网站的运营者还是会员,都有责任和义务去保证上传信息的真实性和有效性,特别是作为运营者,更应承担自己网站所上传或者发布信息的审核工作,这个环节是重中之重。

3. 从交易伙伴的角度

要完善第三方认证形式。在移动电子商务中,可以通过担保的方式建立消费者信任,拓展商务交易主体的信任途径。第三方认证可以降低不确定性和机会主义行为所带来的利益诱惑,有力保证认证结果的公正性、客观性和真实性,相对而言具有更高的可信度和公正性。如银行、第三方支付机构在移动商务中做担保,可极大地推进交易双方信任机制的建立。例如,支付宝公司为淘宝网交易者提供的第三方担保,对淘宝网信任机制的建立就起到了巨大作用。由于第三方认证在国内仍处于发展阶段,还不能满足交易伙伴间建立信任的要求,所以需要大力发展和建设。2011年出台的《第三方电子商务交易平台服务规范》在电子商务服务业发展中具有举足轻重的作用。第三方电子商务交易平台不仅打通了买卖双方的网上交易渠道,大幅度降低了交易成本,也开辟了电子商务服务业的一个新领域。加强第三方电子商务交易平台的服务规范,对于维护电子商务交易秩序,促进电子商务健康快速发展,具有非常重要的作用。

总之,建立和完善移动商务交易信任机制,需要政府、企业和交易各方的共同努力,需要法律、技术和诚信多方面的协调共建。只要政府发挥自身职能加强移动商务交易过程的监管力度;企业有意识地采取一些措施提高自己在网络上的信任度;交易者遵守法律、恪守道德、诚实守信,那么我国移动商务信任机制就能得以快速建立,电子商务行业将会更加健康快速地发展。

2.3.8 移动终端操作系统安全技术

1. 移动终端操作系统介绍

移动终端操作系统作为连接软硬件、承载应用的关键平台,在智能终端中扮演着举足轻重的角色。目前主流的移动终端操作系统有 Symbian、Windows Mobile、Windows Phone 和 Palm OS 等。

Symbian 公司最初是由诺基亚、索尼爱立信、摩托罗拉等几家大型移动通信设备商共同组建的合资公司,专门研发手机操作系统,现已被诺基亚全额收购。其开发的终端操作系统即为 Symbian OS,前身是 Psion Software 公司的 EPOC,特点是功耗低、内存占用量少及可扩展性强,适合硬件受限的移动终端使用。Symbian 操作系统在智能移动终端上拥有强大的应用程序以及通信能力,包括可以和他人互相分享信息、浏览网页、传输、接收电子信件、传真以及个人生活行程管理等。

Windows Mobile(简称 WM)是微软公司针对移动设备而开发的操作系统。该操作系统的设计初衷是尽量接近于桌面版本的 Windows,因此,微软公司按照计算机操作系统的模式来设计 WM,使得 WM 与计算机操作系统一模一样。WM 的应用软件以 Microsoft Win32 API 为基础,其特点是内置各种文档编辑软件、浏览器等;此外其多媒体功能强大,支持几乎所有主流音视频格式的文件;但存在系统相对复杂、易用性较差、对硬件要求较高、体积略大、许多操作需借助触控笔等缺点。继任者 Windows Phone 操作系统出现后,Windows Mobile 系列正式退出手机系统市场。2010 年 10 月,微软宣布终止对 WM 的所有技术支持。

Windows Phone 是微软于 2010 年发布的一款手机操作系统,它将微软旗下的 Xbox Live 游戏、Zune 音乐与独特的视频体验整合至手机中。其特点是增强的 Windows Live 体验、更好的电子邮件体验、Office Mobile 办公套装和在线备份服务等。

Palm OS 是 Palm 公司开发的专用于 PDA 上的一种操作系统,虽然它并不专门针对手机设计,但是 Palm OS 的优秀性和对移动设备的支持使其同样能够成为一个优秀的手机操作系统。其最新的版本为 Palm OS 5.2,以简单著称。Palm OS 以简单的图形界面来完成对信息的处理操作,而且系统运行占用资源少,处理速度快。由于 Palm OS 系统内部结构简单,在软件存储和运行方面都只需要非常少的空间。虽然 Palm OS 是最早的移动设备操作系统之一,但是由于受到各方面的限制,目前市场的份额已经很少。

除了上述几种操作系统,在非智能终端上广泛使用的嵌入式操作系统还有 NucleusPLUS、pSOSystem 等。嵌入式操作系统的广泛使用,使针对移动终端的第三方开发成本大大降低,加快了移动终端的发展速度。

2. 移动终端操作系统的安全威胁与对策

嵌入式操作系统的广泛应用,使移动终端的功能日益强大,可以支持蓝牙、电子邮件和无线上网等服务。同时,移动终端上存储的数据、运行的软件也越来越多,而针对移动终端的病毒、木马等也逐渐出现,威胁着移动终端的操作系统安全。目前,针对移动终端操作系统的安全威胁主要有以下 4 类。

(1) 病毒。

病毒可寄生于主机文件中,并通过它完成恶意代码的复制。病毒主要通过移动终端系统的漏洞、程序的下载、蓝牙和 MMS 等进行传播,可能导致终端运行失常、信息破坏甚至硬件损毁。

(2) 蠕虫。

蠕虫可以通过红外线、蓝牙或彩信等自动传播,并消耗移动终端的带宽和存储等资源。

(3) 木马。

木马可以潜伏在目标移动终端上窃取用户的有效信息。

(4) 拒绝服务攻击。

随着移动技术的发展,移动终端与服务器一样,也存在拒绝服务攻击(DoS)。一旦被攻击,终端资源将被大量占用,无法正常工作。

针对上述攻击的一般对策主要包括:

(1) 定时更新操作系统、安装升级补丁、备份系统。

(2) 安装杀毒软件和防火墙,不接收未知的信息,不随便开启蓝牙等通信功能。

(3) 设置程序行为监控机制,记录分析程序的操作是否安全合法等。

(4) 根据移动终端操作系统的组成部分:文件系统、指令系统、系统管理及安全服务等,可以将移动终端操作系统的安全技术进行划分。目前,针对移动终端操作系统的各个主要部分,已经存在相应的基本安全要求及相关测试方法,应当在实际使用时保证各项安全措施的实施。

此外,对于具体的操作系统,还存在一些特殊的安全技术。例如,第 3 版 Symbian 系统上,所有的应用软件必须有合法的签名才能进行安装,且签名的不同类型对应不同的权限,因此尽量不要安装没有签名的应用软件。

2.3.9　移动终端下载软件的认证

随着终端技术和移动网络技术的发展,终端越来越智能化,终端上的业务将越来越丰富,终端的安全性也越来越重要。伴随着终端数量的增长、"缺乏控制手段"软件平台的开放,使得一些开发者动起了小心思。随着影响力和市场的扩大,恶意开发者可以利用软件平台的漏洞,轻易开发出恶意软件,给用户带来经济损失。因此,必须从源头开始解决软件安全的管理漏洞。软件的认证是一套有效的管理手段,认证流程如图 2-20 所示。

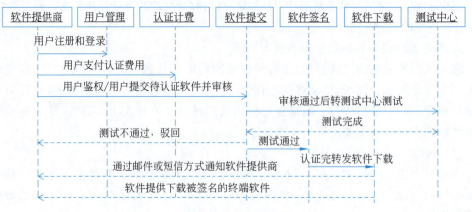

图 2-20　软件认证流程

图 2-20 中,各子系统功能介绍如下。

（1）用户管理子系统：提供全面的认证用户管理功能。

（2）认证计费子系统：提供认证计费功能,用于商业运营使用。可分为按次认证和包年认证等模式。

（3）软件提交子系统：提供终端软件上传功能,支持病毒扫描、邮件通知、短信通知、认证审核和软件入库等功能。

（4）软件签名子系统：提供终端软件签名功能,可支持多种平台。提供软件入库和查询等功能。

（5）软件下载子系统：提供终端软件下载功能,负责通过邮件和短信等工具通知软件提供商。

2.3.10　移动终端存储信息的备份与恢复

1. 信息备份

备份是一项未雨绸缪性的工作,它先将数据以副本形式保存起来,当移动终端存储的信息由于某种原因遭到破坏时,即可用保存的数据副本进行恢复,重新加以利用。由于信息的内容、备份时间及备份方式不同,采用的备份策略也不同,通常采用的备份策略有以下 3 种。

（1）完全备份。

完全备份(Full Backup)是指不管原信息是否修改,都将完整信息进行完全备份。如果信息没有做任何修改,则所备份数据都是一样的。这种备份策略的好处是:当发生数据丢失的灾难时,只要用灾难发生前的最近一次备份就可以恢复丢失的数据。然而它也有不足之处:首先,每次都对整个系统进行完全备份,将造成备份的数据大量重复。这些冗余数据占用大量的存储空间,对用户来说就意味着增加成本。其次,由于需要备份的数据量较大,所以备份所需的时间也就较长。对于那些业务繁忙、备份时间有限的系统来说,选择这种备份策略无疑是不明智的。

(2) 增量备份。

增量备份(Incremental Backup)是指在备份前首先检测当前的数据是否与前一次备份的数据不同,备份引擎只备份变化的数据。该备份策略极大地提高了备份的速度,减少了备份所需的存储空间。它的缺点在于当发生灾难时,恢复数据比较麻烦。另外,这种备份的可靠性也较差。

(3) 差分备份。

差分备份(Differential Backup)是指备份前首先检测当前备份数据与前一次完全备份的数据差异,备份引擎只备份变化的数据。同增量备份相比,该备份策略在寻找数据差异时所依据的数据基准是近一次的完全备份。差分备份策略在避免了以上两种策略的缺陷的同时,又具有了它们的所有优点:差分备份无须每天都做系统完全备份,因此备份所需时间短,并节省存储空间;它的灾难恢复也很方便,系统管理员只需两个存储设备,即系统完全备份的存储与发生灾难前一天的备份存储,就可以将系统完全恢复。

2. 信息恢复

信息恢复是指由于操作失误或移动终端系统故障造成数据丢失后,对失去的信息进行恢复。实现信息恢复主要靠软件技术、硬件技术及二者的结合。

软件技术可分为3类。第一类是信息存储类软件内置的信息恢复功能。它通过备份和存储数据来实现信息恢复功能,但是因为很难及时备份,往往数据恢复得不完整。第二类是反病毒软件内置的信息恢复功能。其信息恢复能力有限,对非病毒造成的数据丢失往往作用不大。第三类是专业的信息恢复软件。它不仅具有数据备份和数据存储功能,还具有较强的数据修补、数据分析处理与数据直接读取技术,与前两类相比,其信息灾难恢复能力更强。

用软件方法恢复的优点是速度较快、费用较低,但它不能解决一些由硬件损坏造成的数据丢失。

信息恢复的硬件技术能在不破坏原有系统的情况下,对各种存储介质、硬件平台和软件平台下的任何原因造成的信息丢失进行恢复,但其费用是较高的,且需要高精尖设备的支持,因此很少使用。

2.3.11 手机病毒

1. 手机病毒的概念与种类

(1) 手机病毒的定义。

手机病毒是一种计算机程序,和其他计算机病毒(程序)一样具有传染性、破坏性。手机病毒可利用发送短信、彩信、电子邮件以及浏览网站、下载铃声等方式进行传播。手机病毒可能会导致用户手机死机、关机、资料被删除,以及向外发送垃圾邮件、拨打电话等,甚至还会损毁 SIM 卡、芯片等硬件。普遍接受的手机病毒的定义是:以手机为感染对象,以计算机网络和移动通信网络为传播平台,通过病毒短信、邮件等形式攻击手机,从而造成手机或移动通信网络异常的一种新型病毒。

(2) 手机病毒的分类。

根据手机病毒的来源和传播机理的不同,当前的手机病毒可以划分为以下 4 大类。

① 蠕虫型病毒。蠕虫型病毒是一种通过网络自我传播的恶性病毒,它最大的特性就是利用操作系统和应用程序所提供的功能或漏洞主动进行攻击,例如"卡比尔"和 Lasco.A 病毒都是蠕虫病毒,它们会感染手机系统中的文件,并通过无线通信信道对附近手机扫描,发现漏洞手机后,病毒就会自我复制并发送到该手机上。因此,蠕虫病毒可以在短时间内通过蓝牙或短信的方式蔓延至整个网络,造成用户财产损失和手机系统资源的消耗。

② 木马型病毒。木马型病毒也叫后门病毒,其特点是运行隐蔽、自动运行和自动恢复,能自动打开特别的端口传输数据。随着当前黑客组织越来越商业化,其开发目的从最初的炫耀技术演变成现在的盗取并贩卖个人或商业信息,因此手机用户面临的隐私泄露的风险也越来越大。目前较常见的手机木马程序有 Pbstealer 病毒(通讯录盗窃犯)和 Commwarrior 病毒(彩信病毒)等。

③ 感染型病毒。感染型病毒的特征是将其病毒程序本身植入其他程序或数据文件中,使文档膨胀,以达到散播传染的目的。传播手段一般是通过网络下载或资源复制。这种病毒破坏用户数据,难以清除。

④ 恶意程序型病毒。恶意程序型病毒专指对手机系统软件进行破坏的程序,常见的破坏方式就是删除或修改重要的系统文件或数据文件,造成用户数据丢失或系统不能正常运行启动。典型的例子有导致手机自动关闭的移动黑客(Hack.mobile.smsdos),以及导致手机工作不正常的 Mobile.SMSDOS 病毒。

2. 手机病毒的特点

手机病毒属于计算机病毒的一种,几乎具备了计算机病毒的所有特性。手机病毒主要有以下 9 个特点。

(1) 传染性:病毒通过自我复制感染正常文件,即病毒程序必须被执行之后才具有传染性,继而感染其他文件,达到破坏目标正常运行的目的。

(2) 隐蔽性:隐蔽性是手机病毒最基本的特点。经过伪装的病毒程序还可能被用户当作正常的程序运行,这也是病毒触发的一种手段。

(3) 潜伏性:一般病毒在感染文件后并非立即发作,多隐藏于系统中,只有在满足特定条件时才启动其表现(破坏)模块。

(4) 可触发性:病毒如未被激活,则会潜伏于系统之中,不构成威胁。一旦遇到特定的触发事件,则能够被立即激活且同时具有传染性和破坏性。

(5) 针对性:一种手机病毒并不能感染所有的系统软件或应用程序,其攻击方式往往具有较强的针对性。

(6) 破坏性:任何病毒侵入目标后,都会不同程度地影响系统正常运行,例如,降低系统性能、过多地占用系统资源、损坏硬件甚至造成系统崩溃等。

（7）表现性：无论何种病毒，被激活以后都会对系统的运行、软件的使用、用户的信息等进行不同程度的针对性破坏。病毒程序的表现性或破坏性体现了病毒设计者的真正意图。

（8）寄生性：病毒嵌入载体中，依载体而生，当载体被执行时，病毒程序也同时被激活，然后进行复制和传播。

（9）不可预见性：和计算机病毒相类似，手机病毒的制作技术也在不断提高，就病毒检测而言，病毒相对于反病毒软件永远是超前的。

3. 手机病毒的危害

（1）对手机终端的危害。

随着移动宽带网的发展，手机涉及的功能和范围也越来越广，包括各种付费业务以及手机银行等安全性比较高的业务，因此，手机病毒一旦爆发，会对人们造成很大的影响和损失。目前，手机病毒对终端的影响主要包括以下3方面。

① 消耗手机内存或修改手机系统设置，导致手机无法正常工作。例如，"卡比尔"病毒就能通过手机的蓝牙设备传播，病毒发作时，屏幕上会显示"Caribe-VZ/29a"字样，中毒手机的电池将很快耗尽，蓝牙功能丧失。

② 窃取手机上保存的机密数据，或修改、删除和插入移动终端中的数据，破坏数据的真实性和完整性。近年来，随着智能手机逐步进入普通消费者的视野，这意味着越来越多的人将把手机作为存储个人信息的重要载体，从而不可避免地成为黑客的攻击对象。

③ 控制手机进行强行消费，导致机主通信费用及信息费用剧增。有的病毒能控制手机用户在本人不知情的情况下恶意群发一些违法短信，甚至个别短信诱导客户进行欺诈性订阅和消费，造成用户手机费用的损失。

（2）对移动网络的危害。

手机病毒也会像计算机病毒一样，向整个网络发起攻击，攻击类型主要分为以下两种。

① 攻击和控制通信网关，向手机发送垃圾信息，或者以其他方式，致使手机通信网络运行瘫痪。手机通信网中的网关是有线网络与无线网络间的联系纽带，就像互联网中的网关、路由器等设备的作用一样。手机病毒可以利用网关漏洞对手机网络进行攻击，使手机不能正常工作，甚至向其他手机用户批量发送垃圾短信。

② 攻击WAP服务器。随着第三代移动通信的发展，用户可以通过手机办理缴费、银行和购物等业务，手机病毒将会利用手机的各种方式发起对移动网络的攻击。其次就是利用协议中的漏洞攻击网络，通过发送大量的垃圾数据消耗无线资源，使得正常业务被拒绝。

4. 手机病毒的防治

为了防范手机病毒带来的危害，需要手机用户、移动通信运营商、手机制造商和安全软件生产商多方的共同努力。结合这4方面因素，我们提出以下具体的、可操作的防御策略建议。

（1）手机用户。

作为手机用户要提高安全防范意识，并且从以下5方面来预防手机病毒。

① 留意一些乱码电话、未知短信和彩信等手机异常情况。尽量从安全和信誉好的网站下载软件、信息等，下载完毕后最好先进行病毒查杀，再打开或安装。

② 目前手机交换数据的主要方式包括数据线、存储卡、红外线、蓝牙和 Wi-Fi 等。其中，数据线和存储卡属于接触性传输，需要确保接触源的安全性，防止交叉感染。

③ 红外线和蓝牙是短距离传输，如果不常用这些连接，请尽量将它们关闭。请注意数据来源的可信性，不要接受未知的连接请求，更不要打开其发来的文件、图片和软件等。另外，蓝牙和 Wi-Fi 拥有保护措施，可以有效防范未授权的数据进入手机，例如，蓝牙可以设置连接认证的 PIN 码，Wi-Fi 可以设置更复杂的访问密码。

④ 尽量使用支持 WPA 标准的 Wi-Fi，这是一种通过软件实现的安全机制，提供更强大的加密和认证机制。

⑤ 安装手机杀毒软件和防火墙，及时更新病毒库，并对所有与外部的数据通信做好系统日志以供安全审计。

（2）移动通信运营商。

由于手机病毒的传播依靠网络，手机的杀毒重点应放在网络层面，最直接有效的办法是让网络运营商进行网络杀毒。国内少数反病毒专家认为，手机防病毒应该由网络运营商牵头，如果缺少网络运营商的防御环节，仅由防病毒和手机终端厂商负责，则仍将存在安全隐患。

（3）手机制造商。

手机制造商预防手机病毒的手段主要包括以下 3 种。

① 作为手机制造商，可以为用户提供手机固件或者操作系统升级服务，通过对漏洞的修补来提高手机防范病毒的能力。

② 手机终端厂商尝试通过系统对第三方软件进行认证的方式来提高安全性。例如，Symbian 和 Windows Mobile 操作系统中都采用了数字证书，当未获得数字证书的软件安装时，系统会向用户报警。

③ 手机出厂之前，在内部捆绑反病毒软件，为用户提供最基本的安全服务，用户可以通过 WAP、蓝牙、彩信、红外和数据传输等形式随时对软件进行升级，从而保证自己手机的安全性。

（4）安全软件生产商。

安全软件生产商预防手机病毒的手段主要包括以下 3 种。

① 结合手机的特点，推出更有效的手机反病毒软件，能针对手机进行全面快速的病毒扫描和准确的实时监控，保护用户的智能手机以及所存储数据的安全。

② 将存储卡或手机直接与 PC 相连，利用 PC 上的杀毒软件进行查杀操作。优点是 PC 上的杀毒软件功能全面、查杀能力强，可以彻底清除系统内的病毒；缺点是不能实时查杀。

③ 提供无线网络在线杀毒，能够较好地做到杀毒能力和实时查杀的兼顾。

2.3.12 移动商务安全的发展趋势

移动商务安全的发展趋势主要体现在以下 3 方面。

1. 互联网电子商务的安全交易机制广泛用于移动商务

目前,大多数手机配备的处理器和内存容量都在不断升级,但是面对大量的复杂运算和交易信息,互联网电子商务的安全交易机制仍然难以在移动网络环境下实现。因此,减少移动终端的处理和存储负担、降低双方交易信息的传输量和保障交易安全是移动商务研究亟待解决的问题。

2. 生物特征识别技术的广泛使用

用户/密码机制是目前最古老、应用最广的一种计算机网络安全措施,PKI 技术可以实现更高级别的安全。然而,这些安全措施都可能受到设备级的安全攻击。例如,手机、智能卡丢失或被盗等都会带来致命的安全问题。为了防止这种安全问题,生物特征识别技术将发挥越来越大的作用。

以往由于生物特征识别技术运算量大、准确度低,限制了其广泛使用,而现在随着指纹识别、视网膜识别和面部特征匹配等一系列生物特征识别技术的成熟,其必将在电子商务更高级别的安全部署中发挥重要的作用。

3. 重视移动商务隐私问题

由于智能移动终端功能日益强大和参与移动商务的用户越来越多,用户大量的隐私信息保存在移动终端上。因此,移动商务作为电子商务的延伸需要提供对个人隐私信息的保护,这样才能获得更健康的发展,而且由于移动商务的一些独特性,隐私问题比传统电子商务更加突出。随着技术的发展,将会有越来越多更可靠和更安全的保护措施应用于移动设备上。

隐私侵犯涉及社会道德甚至法律问题,单从技术层面来保证是不够的,在这样的大环境下,有关安全性的标准制定和相应法律出台也将成为趋势。

2.4 移动支付

2.4.1 移动支付的含义

移动商务的主要优点之一就是能实现随时随地的商务处理,表现出方便、快捷的特点,这就要求移动商务的支付方式也应该同样表现出方便快捷的特点。可以想象,当我们在公交车上利用手机、掌上计算机等上网订购火车票、在线欣赏一部 MPEG 电影或聆听一首 MP3 歌曲时,却因现场无法支付而不得不取消操作,那么客户将会是怎样的心情呢?由于支付处理的不便或效率不高带来的必然结果是客户对所谓的移动商务兴趣大减。可见,移动支付处理的结果将直接影响移动商务的拓展。移动电子支付是移动商务的重要环节,也是移动商务得以顺利发展的基础条件。没有适宜的电子支付手段配合,移动商务就成了真正意义上的"虚拟商务",只能是电子商情、电子合同,而不能成交。

移动支付可以定义为借助移动终端设备(例如,移动电话、PDA 和移动 POS 机等),对所消费的商品或服务进行账务支付的一种服务方式。移动支付是移动金融服务的一种,必须安全可靠,也应该属于电子支付与网络支付的更新方式,主要支持移动商务的开展。移动设备可用于多种付款情况(如图2-21所示),包括购买数字产品(铃声、新闻、音乐和游戏等)和实物产品、公共交通消费(公共汽车、地铁和出租车等)、生活缴费(水、电、燃气和有线电视等)以及现场消费(便利店和超市等)。

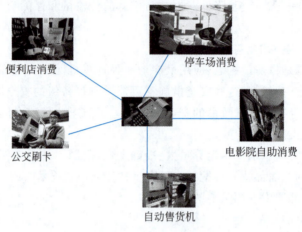

图2-21 移动支付应用

移动支付可以在移动设备、自动售货机、票务机和POS机等多种移动或固定终端上实现。例如,招商银行的手机银行服务(Mobile Banking Service)就包括移动支付的业务,可查询和缴纳手机话费、水、电、燃气等各类日常费用,也可直接用手机完成商户消费的支付结算,是当今继信用卡之后最新的支付手段之一。

移动支付目前可以通过扫二维码支付和刷脸支付。扫二维码支付是一种基于账户体系搭起来的新一代无线支付方案。在该支付方案下,商家可把账号、商品价格等交易信息汇编成一个二维码,并印刷在各种报纸、杂志、广告、图书等载体上发布。刷脸支付是基于人工智能、机器视觉、3D传感、大数据等技术实现的新型支付方式,具备更便捷、更安全、体验好等优势。

2.4.2 移动支付流程

移动支付与一般的网络支付行为相似,都要涉及消费者、商家和金融机构等,移动支付与普通支付的不同之处在于交易资格审查处理过程,因为移动支付过程涉及移动网络运营商及交易所使用的浏览协议,例如WAP和HTML、信息系统SMS或USSD等。下面将介绍在消费者和商家在某金融机构中都拥有账户的情况下,一种预付款形式的移动支付流程,如图2-22所示。

(1) 注册账号:在进行移动商务交易之前,消费者和商家都需要在移动支付平台注册账号,用于关联自己在交易中的付款与收款账户。

(2) 发布商品信息:商家利用移动交互平台发布自己的商品信息,这里的商品可以是实物形式,也可以是数字文件形式等。

(3) 浏览商品:消费者通过终端设备进入移动交互平台,浏览商品信息。

(4) 订单:消费者可以通过短消息服务或其他服务方式向移动交互平台提出自己的

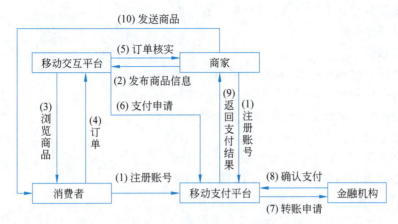

图 2-22　移动商务支付流程

购买意向。

（5）订单核实：商家对消费者提交的订单进行核实，订单被确认后，移动交互平台将发送消费者支付申请的消息。

（6）支付申请：移动交互平台首先根据服务号对消费者的支付申请进行分类，然后把这些申请压缩成 CMPP(China Mobile Peer to Peer，中国移动点对点协议)格式，最后把它们转交给移动支付系统。

（7）转账申请：系统会处理消费者的申请，并把相关的、经过加密的客户支付信息等转发给金融机构。

（8）确认支付：金融机构会对转账申请的合法性进行验证并给出系统反馈。

（9）返回支付结果：在收到金融机构的反馈之后，移动支付系统就会向商家发出转账成功的消息和发送商品的要求。

（10）发送商品：商家将商品发送给消费者。

以上所讨论的流程是一种成功支付的方式，即消费者、商家和金融机构能在支付网关的支持下进行移动支付。如果其中某一个环节发生错误，整个流程就会停滞，并且系统会立刻向用户发出消息。

2.4.3　移动支付的类型

移动支付就是允许用户使用其移动终端(通常为手机)，对所消费的商品或服务进行账务支付的一种服务方式。移动支付按业务模式可以分为电话账单交费、手机银行、手机钱包和手机信用平台 4 类，这也是一种常见的分类形式。以下将详细介绍各种业务模式。

1. 电话账单交费

电话账单的移动支付(如图 2-23 所示)操作简单，大大压缩了成本，在一定程度上不需要银行或信用卡公司的介入，因此被广泛使用，但是这种方式必须有一个重要的前提，那就是移动运营商的电话账单必须具备良好的信誉。适用于缴费的额度较小且支付时间、额度固定；用户所缴纳的费用在移动通信费用的账单中统一结算，例如个人用户的

E-mail 邮箱服务费代收。目前,这种服务在手机支付服务中居首要地位。

2. 手机银行

手机银行又称移动银行,即通过移动通信网络将客户的手机连接至银行,实现通过手机界面直接完成各种金融理财业务的服务系统。手机银行是货币电子化与移动通信业务的结合,以无线通信技术为手段,在人们应用无线通信手段进行信息交流的基础上,将银行业务应用到手机功能中,特别是通过短消息、WAP 等方式,使移动通信真正成为人们身边的银行,随时随地办理银行业务。无论什么样的银行业务,都要有移动支付系统作为重要的技术支撑。手机银行所提供的功能如图 2-24 所示,这种银行使得人们可以随时随地通过手机终端完成日常的支付业务。

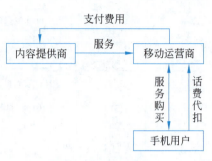

图 2-23　手机话费账单

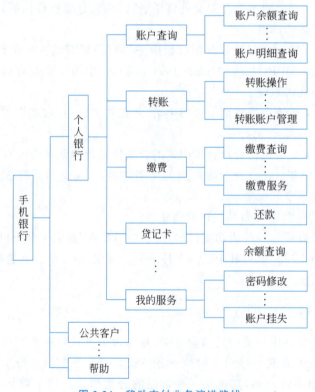

图 2-24　移动支付业务演进路线

在我国,很多商业银行都推出了手机银行业务,主要通过 WAP 和短信方式进行操作,例如,中国工商银行、中国农业银行等的用户可通过 WAP 形式进行账户管理、投资理财(基金、证券、黄金、外汇)、缴费业务和信息查询等金融服务,也可通过短信进行账户查询、转账汇款、缴纳话费、网上购物支付和手机捐款等操作。图 2-25 描述了一种短信支付的流程。

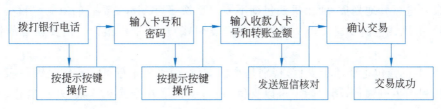

图 2-25　移动银行短信支付流程

3. 手机钱包

手机钱包是综合了支付类业务各种功能的一项全新服务，如图 2-26 所示。它是以银行卡账户为资金支持、手机为交易工具的业务，具体就是将用户在银行的账户和用户的手机号码绑定，通过手机短信息、IVR 和 WAP 等多种方式，允许用户对绑定账户进行操作，实现购物消费、转账和账户余额查询等功能，并可以通过短信等方式给用户发送交易结果通知和账户变化通知。

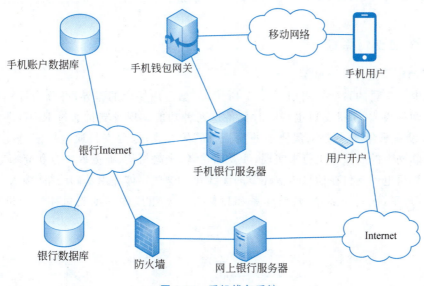

图 2-26　手机钱包系统

手机钱包是中国移动和银行系统合作推出的为客户提供移动金融服务的业务。这项业务的主要功能就是通过将用户的手机号码和其银行信用卡账户绑定，使用户通过手机就能随时随地对其银行信用卡账户进行查询、转账、缴费和交易等操作。实际上，手机钱包并非中国独创，国外很早就已经开始了这方面的尝试和商业应用。很多欧美国家已经在小型购物、支付交通费用和购买水电方面引入了手机钱包方式，在一些地区手机钱包甚至已经占据了与现金支付和信用卡同等重要的位置，成为最流行的支付方式之一。

手机银行和手机钱包的主要区别如下。

(1) 手机钱包由移动运营商与银行合资推出，以规避金融政策风险；手机银行由银行联合移动运营商推出，移动运营商为银行提供信息通道，它们之间一般不存在合资关系。

(2) 申请手机银行需要更换具有特定银行接口信息的 STK 卡，这就容易受到银行的限制,难以进行异地划拨;而手机钱包则不需要更换 STK 卡,受银行的限制也较小。

(3) 手机钱包需要建立一个额外的移动支付账户,而手机银行只需要原有的银行卡账号。

(4) 手机钱包主要用于支付,特别是小额支付;而手机银行可以看作是银行服务方式的升级,利用手机银行,用户除了可以支付,还可查询账户余额和股票、外汇信息,完成转账、股票交易、外汇交易和其他银行业务。

4. 手机信用平台

手机信用平台的特点是移动运营商和信用卡发行单位合作,将用户手机中的 SIM 卡等身份认证技术与信用卡身份认证技术结合起来,实现一卡多用功能。例如在某些场合,接触式或非接触式 SIM 卡可以用来代替信用卡,用户提供密码即可进行信用消费。

现阶段在我国推广手机代缴费和手机钱包比较可行,可接受的用户群体和使用范围比较广泛,中国移动和中国联通也各自独立(或联合银行)推出了这两种方式的业务。但是,我国的信用卡业务尚处于普及阶段,手机信用平台的推广市场准备和技术准备都不足。

2.4.4 移动支付系统

1. 移动电子支付系统框架

移动电子支付的系统架构如图 2-27 所示,根据适用场合的差异,可分为远程支付和现场支付两种模式,手机支付也将同时具备这两种功能。现场支付通过 RFID 芯片/卡、POS 机等设施配合,也就是一般所说的"刷手机"的方式;远程支付通过短信、WAP 等手段接入互联网上的商城和银行来实现,涉及消费者、金融机构、业务提供方和商家等实体,类似于计算机电子支付在信息传输环节的无线化。这些实体在由基础网络、接入平台、安全体系、管理平台、业务平台、营销体系和目标客户等组成的移动支付体系中进行信息流动。

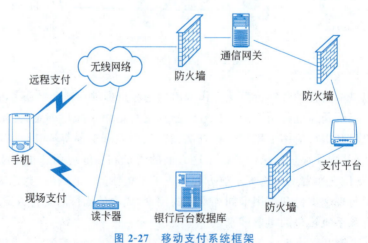

图 2-27 移动支付系统框架

从移动通信体系结构来看,支撑移动支付的技术分为平台层、支撑层、交互层和传输层4个层面,如图2-28所示。

图2-28 移动支付系统技术支持

(1) STK(SIM Tool Kit)。STK卡不是通常使用的SIM卡,而是基于Java语言平台的Simera32K卡片。STK是一种小型编程语言的软件,可以固化在SIM卡中。它能够接收和发送GSM的短消息数据,起到SIM卡与短消息之间的接口的作用,同时它还允许SIM卡运行自己的应用软件。

(2) J2ME。随着Java的移动版本J2ME在移动领域越来越广泛地采用,使得移动支付平台也可以引入Java作为支付平台。

(3) BREW(Binary Runtime Environment for Wireless)。BREW是由高通公司(Qualcomm)提供的一个专门为无线设备设计的、瘦薄而高效的应用程序执行环境。BREW可为无线应用开发、设备配置、应用软件分发、计费和付款提供一个完整、开放的解决方案。

(4) 短信。短消息服务是在移动支付中经常用到的,可用于触发交易支付、进行身份认证和支付确认。在移动支付中按照信息流的流向可以分为上行和下行两种方式。用户使用短信的上行通道,发送特定信息(此信息格式由移动支付运营商提供,一般包括购买商品的编号和数量等)到指定的特服号进行支付;另外,也可以通过下行通道向客户推送一些商品或服务,例如提醒充值用户进行充值,如果用户确认充值,则完成了此次的移动支付。同时下行通道也是进行用户消费确认的渠道,可用于保证支付的安全,避免支付中的欺诈行为。

(5) 自动语音服务(IVR)。自动语音服务技术与短信类似,用户可以通过拨打某个特服号码进行移动支付。在用户支付确认和购买商品确认流程中也会使用到IVR技术。例如,在用户支付前,用户收到一个由移动支付平台外拨的自动语音电话,用户根据电话提示进行支付;支付成功后,商户也会收到一个由支付平台外拨的语音电话,通知商户支付成功,可以提供商品或服务。

(6) WAP。面向连接的浏览器方式,可实现交互性较强的业务,也可实现网上银行的全部功能。

(7) I-Mode。I-Mode是日本电报电话公司移动通信公司(NTT DoCoMo)推出的专有协议,采用该协议后,用户可以使用移动电话访问因特网。I-Mode完全基于目前

HTML W3C 建议,即 cHTML 具有标准 HTML 的灵活性。

(8) USSD。非结构化补充数据业务,是实时互动的全新移动增值业务平台,为最终用户提供交互式对话菜单服务,是在 GSM 的短消息系统技术基础上的新业务,支持现有 GSM 系统网络及普通手机,提供接近 GRPS 的互动数据服务功能。

(9) GPRS/UMTS。GPRS/UMTS 均支持 IP 协议的数据通信,在此网络上可以开发类似于因特网的支付。

(10) RFID/蓝牙。射频识辨技术(Radio Frequency Identification,RFID)和蓝牙(Bluetooth)技术都是基于射频技术(RF)的通信标准,可以将 RF 技术引入非接触式移动支付服务。一般情况下在手机中内置一个非接触式芯片和射频电路,用户账户支付信息通过某种特殊格式的编码存放在此芯片中,以适应银行或信用卡商的认证规则。用户在支付时,只需将手机在 POS 读卡器前一晃,用户的账户信息就会通过 RF 传输到此终端,几秒钟后就可以完成支付认证和此次交易。

(11) 红外线技术。2002 年由红外线数据协会制定了一个用于移动支付的全球无线非接触支付标准:IrFM(Infared Financial Messaging,红外线金融通信)。2003 年 4 月由 VISA 国际、OMC card、日本 ShinPan、AEON credit 和日本 NTT DoCoMo 等公司将其引入进行移动支付服务的试验,通过红外线通信把信用卡信息下载并存储在手机里,在支付时通过红外线通信将用户的信用卡信息传输到指定设备,以完成支付认证。

(12) 非接触式芯片技术。非接触式芯片技术是使用 IC 智能芯片技术与近距离无线通信技术(蓝牙技术、红外线技术等)相结合的一种新型技术,将用户信息存储在智能芯片中,通过近距离无线通信技术与其他接受处理设备进行通信,将信息按照某种格式进行加密传输。

基于这些通信技术实现的现场支付解决方案中,采用射频识别和红外线技术与非接触式芯片的结合,将是未来手机作为移动支付设备的技术发展主流。

2. 现有移动支付系统

目前,移动支付有 6 种比较典型的系统。

(1) 基于 SMS 的移动电子支付系统。

SMS(Short Message Service)是第一代 GSM 的一部分,一条短消息可以发送 70~160 个字符。GSM 和 SMS 服务主要用于欧洲。SMS 类似于寻呼机,然而,SMS 消息不需要移动电话工作在一定范围,它将保持几天,直到电话在一定领域内开启。SMS 消息可发送给同一网络或者具有漫游服务能力的任何人,也可以从装有 PC 链接的网站发送到数字电话或者从一个数字电话发送到另一个数字电话。

SMS 移动电子支付系统流程如图 2-29 所示,其过程介绍如下。

① 终端用户以短消息形式发送请求服务内容至移动支付服务商/金融服务商。

② 支付服务商/金融服务商收到请求内容后,对终端用户的合法性及账户余额进行认证,如果合法则向商家请求内容,不合法则返回相应错误信息。

③ 商家收到支付服务商/金融服务商的请求后,认证支付服务商/金融服务商,如果合法则商家发送请求的内容给支付服务商/金融服务商,如果不合法用户则返回相应的错误信息。

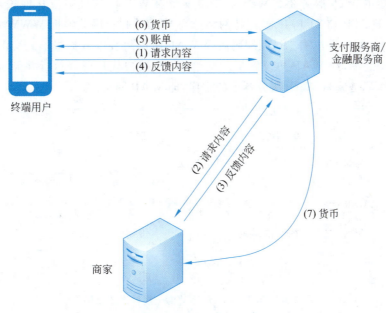

图 2-29　SMS 支付系统

④ 支付服务商/金融服务商把商家提供的反馈内容转发给终端用户。

⑤ 支付服务商/金融服务商把商家提供的账单转发给终端用户。

⑥ 终端用户确认账单后,将货币转给支付服务商/金融服务商。

⑦ 支付服务商/金融服务商将货币转给商家。

(2) 基于 WAP 的移动电子支付系统。

WAP(Wireless Application Protocol)为无线应用协议,是一项全球性的网络通信协议。WAP 使移动因特网有了一个通行的标准,其目标是将因特网的丰富信息及先进的业务引入到移动电话等无线终端之中。WAP 定义可通用的平台,把目前因特网上 HTML 语言的信息转换成用 WML(Wireless Markup Language)描述的信息,显示在移动电话的显示屏上。WAP 只要求移动电话和 WAP 代理服务器的支持,而不要求现有的移动通信网络协议做任何的改动,因而可以广泛地应用于 GSM、CDMA、TDMA 和 3G 等多种网络。

WAP 由一系列协议组成,从上至下依次为 WAE(Wireless Application Environment)、WSL(Wireless Session Layer)、WTP(Wireless Transaction Protocol)、WTLS(Wireless Transport Layer Security)、WDP(Wireless Datagram Protocol)。其中,WAE 层含有微型浏览器、WML 和 WMLScript 的解释器等功能。WTLS 层可为无线电子商务及无线加密传输数据提供安全方面的基本功能。

如图 2-30 所示,一个简单的请求/响应工作过程如下:终端用户通过用户代理向一个指定的 Web 服务器发起压缩二进制的信息请求,该请求经 WAP 协议处理以数据报形式交到 WAP 网关,网关解析 WAP 数据报,得到用户请求数据,并将它以 HTTP 和 TCP/IP(Transmission Control Protocol/Internet Protocol,传输控制协议/网际协议)封装转送到指定的 Web 服务器。Web 服务器按照 WWW 协议栈响应从网关来的请求，Web 内容以 HTTP 和 TCP/IP 经因特网络送到 WAP 网关，网关解析 WWW 协议，得到 Web 内容数据，将其以压缩二进制编码后经 WAP 协议封装以数据报形式交由无线承载业务送至移动终端，经 WAP 协议解析后交给 WAP 用户代理解释执行并显示。编程人员所做的工作就是编写 WAP 服务器上的程序，即 WAP 网页。

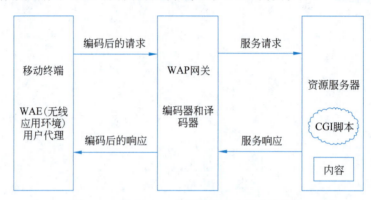

图 2-30　基于 WAP 的移动电子支付系统结构

（3）基于 USSD 的移动支付系统。

USSD（Unstructured Supplementary Service Data，非结构化补充数据业务），是一种基于 GSM（Global System for Mobile Communications，全球移动通信系统）网络的、实时在线的新型交互会话数据业务。它基于用户识别模块 SIM 卡，利用 GSM 网络的信令通道传送数据，是在 GSM 的短消息系统技术基础上推出的新业务，在业务开拓方面的能力远远强于 SMS 系统。

USSD 是在用户终端（GSM 手机）与应用服务之间建立一种基于会话的消息机制。用户终端与应用服务在会话过程中一直保持透明无线连接，用于消息传送，且 USSD 每次发送消息不需要重新建立信道，因此，USSD 的响应时间比较短。USSD 在使用上也非常方便，只需拨打附加了特殊前缀（＊或♯）的服务号码，像拨电话一样进行呼叫，即可获得 USSD 服务。目前，绝大多数 GSM 手机终端都支持 USSD。

USSD 技术可以单独使用或与目前的短消息技术、通用分组无线业务（General Packet Radio Service，GPRS）技术相结合，为客户提供种类繁多的增值业务，例如移动银行、金融股票交易、手机话费查询、气象信息预报和查询、收发电子邮件、航班查询、网上订票以及民意测验等。

如图 2-31 所示，监控中心通过因特网或专线与 USSD 平台建立 TCP/IP 连接，USSD 传输终端通过 GSM 的公用网络与 USSD 平台建立无线连接，再通过 USSD 平台与 GSM 网络、监控中心和现场监控单元建立起一个数据通信的通道。在移动 USSD 平台中有数据库备份数据，监控中心除应用平台外，还可备有有线浏览器进行监测。通过 GSM 网络和 USSD 平台，无线浏览器和手机也可与监控中心建立联系。

其中，USSD 服务器有两个网络接口分别对应归属位置寄存器（Home Location Register，HLR）和局域网。一方面，它通过七号信令 SS7（Signaling System No.7）的移动

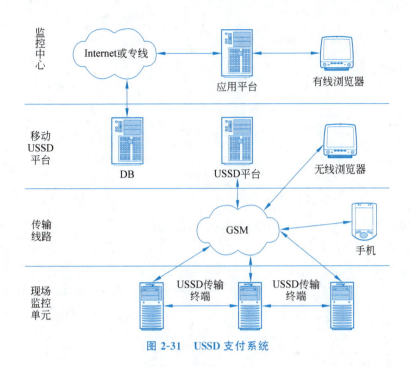

图 2-31　USSD 支付系统

应用部分 Map(Mobile Application Part)与 GSM 系统的 HLR 连接;另一方面,它通过专线以 TCP/IP 与应用监控中心连接。应用监控中心与 USSD 服务器的接口协议可采用短消息点对点(Short Message Peer to Peer,SMPP)或中国移动点对点(China Mobile Peer to Peer,CMPP)。GSM 系统及 USSD 均起到透明通道的作用,监控中心可以发出指令,对终端或手机进行通信控制或发送短消息,手机或终端也可通过 USSD 服务来对监控中心发出请求以得到相应的服务。通信通道建立之后,就可以像一般的产业总线一样,监控中心对远程终端进行远程操作,终端也可以主动上报报警和开机等信息。

(4) 基于 J2ME 的移动支付系统。

J2ME 又称为 Java ME,是一种高度优化的 Java 运行环境,主要针对消费类电子设备,例如蜂窝电话和可视电话、数字机顶盒、汽车导航系统等。Java ME 技术在 1999 年的 JavaOne Developer Conference 大会上正式推出,它将 Java 语言的与平台无关的特性移植到小型电子设备上,允许移动无线设备之间共享应用程序。基于 J2ME 的移动支付系统模型如图 2-32 所示。该系统由用户(手持设备客户端)、商家、移动支付平台和银行端处理设备组成。这里移动运营商起到了传媒的作用,为了简化系统,不作为移动支付的组成部分。

整个交易过程分为以下 10 个步骤。

① 顾客挑选商品后,由商家的服务人员录入所买商品的详细信息,按固定格式形成订单,顾客选择完毕后,告诉商家手持设备 ID。

② 商家对订单和手机号加密、签名后形成账单,通过安全因特网通道,例如 SSL,发送给移动支付平台。

③ 移动支付平台接到账单消息后确认消息的来源,如果消息确实来自指定商家,则

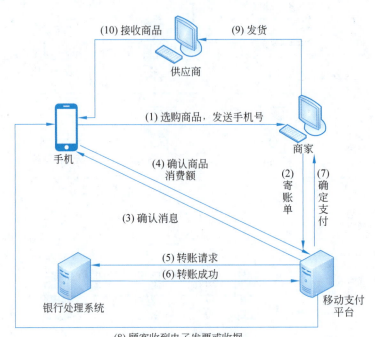

图 2-32　J2ME 支付系统

对消息处理(例如加密签名)后发送给移动用户即客户。

④ 顾客收到消息后输入 PIN 码,统一使用移动支付系统,然后确认所买的商品、消费额、商家标示及消息来源,如果消息正确,则确定支付,消息处理后传送给移动支付平台。

⑤ 移动支付平台在确认消息后向银行发出转账请求,银行进行支付处理。

⑥ 移动支付平台收到转账成功反馈。

⑦ 商家收到支付成功通知。

⑧ 顾客收到电子发票或收据。

⑨ 商家为顾客提供服务或发送货物。

⑩ 顾客接受服务或接收所订商品。

其中,③④步即为手持设备客户和支付平台之间在无线环境下的通信,必须保证客户对此次交易支付所确认的信息的安全性。移动支付平台对商家的认证也很重要,它可防范假冒商家,因为这是在基于因特网的有线环境下,所以很容易做到。

(5) 基于 NFC 的移动支付系统。

NFC(Near Field Communication,近场通信),又称近距离无线通信,是一种短距离的高频无线通信技术,允许电子设备之间进行非接触式点对点数据传输(在 10cm 内)来交换数据。这个技术由 RFID 演变而来,并向下兼容 RFID,最早由飞利浦、诺基亚和索尼公司主推,主要可用于手机等手持设备中。由于近场通信具有天然的安全性,因此,NFC 技术被认为在手机支付等领域具有很大的应用前景。

NFC 将非接触读卡器、非接触卡和点对点功能整合进一块单芯片,为消费者带来了全新体验。这是一个开放接口平台,可以对无线网络进行快速、主动的设置,也是虚拟连接器,服务于现有蜂窝状网络、蓝牙和无线 802.11 设备。

例如,诺基亚 6131i 和诺基亚 6216c 在手机中嵌入 NFC 模块,这项技术在日韩的应用相当广泛和成熟,也深受用户喜爱。这种应用中,NFC 芯片和应用安全芯片是独立于 SIM 卡之外的。但这样会产生很多问题:手机断电怎么办?互操作性问题如何解决?成本如何控制?更换手机如何保持业务的连续性?

针对这些问题,法国非接触芯片厂商 Inside Contactless 就有一个解决方案,即在手机中单独设立安全芯片用于管理 NFC 移动支付相关应用和用户数据,但该芯片没有 SIM 卡的允许便无法激活。因此对于移动运营商来说,SIM 卡就是一个远程的开关。

美国智能读卡器及软件开发商 Vivotech 公司的解决办法是,在 NFC 手机中放置一块应用安全芯片,但是这个芯片不与 SIM 卡相连,运营商可以通过控制该芯片的密钥来控制 NFC 手机。这个方案最妙的就是在这个芯片内,银行和 SP 等组织可以有专属的密钥来控制自己的相关应用。就好比运营商手里拿着大楼的钥匙,而房间的钥匙则掌握在银行等组织手中。

和传统的近距通信相比,NFC 有天然的安全性,以及连接建立的快速性,具体对比如表 2-8 所示。

表 2-8 几种近距离通信对比

	NFC	蓝牙	红外线
网络类型	点对点	单点对多点	点对点
使用距离	≤0.1m	≤10m	≤1m
传输速度	106kb/s、212kb/s 或 424kb/s,规划未来速率可达 868kb/s,721kb/s,115kb/s	2.1Mb/s	~1.0Mb/s
建立时间	<0.1s	6s	0.5s
安全性	具备,硬件实现	具备,软件实现	不具备,使用 IRFM 时除外
通信模式	主动—主动/被动	主动—主动	主动—主动
成本	低	中	低

(6) 基于 RFID 技术的移动支付系统。

RFID 技术,又称电子标签、无线射频识别,是一种通信技术,可通过无线电信号识别特定目标并读写相关数据,而无须识别系统与特定目标之间建立机械或光学接触。RFID 技术可识别高速运动物体并可同时识别多个标签,操作快捷方便,识别工作无须人工干预,可工作于各种恶劣环境。基于 RFID 技术的支付系统由移动通信终端、RFID 读写模块与 IC 卡构成,如图 2-33 所示。

根据应用模式的不同,其核心的应用流程也不一样,该技术的典型应用包括小额电子钱包应用以及银行卡绑定的移动支付应用。小额电子钱包的应用不记名、不挂失,典型的

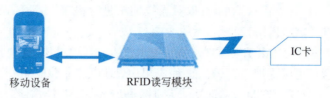

图 2-33　RFID 移动支付的系统结构

应用如公交卡，RFID 模块在小额电子钱包应用中的功能主要包括以下 3 部分。

① 远程充值功能

考虑到充值密钥安全性要求，建议采用后端服务计算充值扇区密钥的方式进行充值操作，如图 2-34 所示，操作步骤如下。

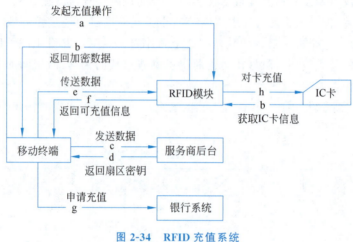

图 2-34　RFID 充值系统

a. 移动终端通过用户界面发起充值操作需求。

b. RFID 模块收到充值指令后，先获取 IC 卡的基本信息，进行加密，再将加密数据返回给移动终端。

c. 移动终端将数据通过无线方式发送到服务商的后台系统。

d. 后台系统收到数据解密，并利用解密结果计算出充值所需要的扇区密钥，然后将此密钥加密，通过无线方式发送给移动终端。

e. 移动终端接收到数据后，传送给 RFID 模块。

f. RFID 模块解密数据，利用解密数据计算出充值所需要的扇区密钥，并告知移动终端充值准备完毕，可以充值。

g. 移动终端向绑定的银行系统申请充值，申请成功后，告诉 RFID 模块可以充值。

h. RFID 模块对卡充值，并向手机返回充值结果。

i. 移动终端向绑定的银行账号返回充值结果。

② 消费功能

消费功能主要有两种模式，分别是通过移动终端对 IC 卡进行扣款操作以及外部的商户终端对 IC 卡进行扣款操作。

通过移动终端对 IC 卡进行扣款操作的过程如下。

a. 采用与充值方式类似的方法从后端服务系统获取 IC 卡消费密钥,或者通过内置在 RFID 读写模块中的密钥计算功能计算出 IC 卡消费密钥;

b. RFID 读写模块对 IC 卡执行扣款操作;

c. RFID 读写模块将扣款操作的执行结果返回给移动终端;

d. 移动终端向后端系统发送交易记录,消费结束。

通过商户终端对 IC 卡进行扣款操作的过程如下。

a. 商户终端获取 IC 卡的基本信息,利用该信息通过 PSAM 卡计算出相关扇区的消费密钥;

b. 商户终端对 IC 卡执行扣款操作;

c. 商户终端将扣款操作的交易记录返回给后端系统,消费结束。

③ 查询功能

查询功能主要是指通过移动终端查询卡上的余额,其基本过程类似于通过移动终端消费的过程,大体如下。

a. 采用与充值方式类似的方法从后端服务器系统获取 IC 卡查询消费密钥,或者通过内置在 RFID 读写模块中的密钥计算功能计算出卡查询消费密钥;

b. RFID 读写模块对 IC 卡执行查询余额操作。

从本质上讲,移动支付就是将移动网络与金融系统结合,把移动通信网络和近场通信技术作为实现移动支付的工具和手段,为用户提供商品交易、缴费和银行账号管理等金融服务的业务。目前,尽管技术上已能够实现基于手机终端的移动支付应用,但是由于产业链整体成熟度有限,支付平台在和银行、商户等环节的衔接上仍存在系统稳定性的问题,这使得移动支付用户体验较差,用户流失率较高。任何一个新事物总会经历从不完善到完善的过程,移动支付同样如此。就现状而言,移动支付市场确实还存在不少问题,但是它也仍然存在诸多发展动力。相信在多方力量的共同驱动下,未来的移动支付市场将会更加炫目、欣欣向荣。

2.4.5 移动支付安全与风险防范

在整个移动支付的过程中涉及的参与者包括消费用户、商户用户、移动运营商、第三方服务提供商和银行。消费用户和商户用户是系统的服务对象,移动运营商提供网络支持,银行方提供银行相关服务,第三方服务提供商提供支付平台服务,通过各方的结合以实现业务。移动支付需要考虑以下安全问题。

(1) 移动终端接入支付平台的安全,包括用户注册时,签约信息的安全传递,以及用户通过移动终端登录系统,其间传递的数据的安全性,例如,签约用户名、签约密码等。

(2) 支付平台内部数据传输的安全,即支付平台内部各模块之间数据传输的安全性。

(3) 支付平台数据存储的安全,涉及签约用户的机密性的银行卡账户、密码、签约用户名和签约密码等的安全性。

1. 移动支付安全技术

目前,移动支付安全技术主要有 8 种。

(1) 加密技术。

加密技术是电子商务采取的主要安全保密措施,也是最常用的安全保密手段。它利用技术手段把重要的数据变为乱码(加密)传送,到达目的地后再用相同或不同的手段还原(解密)。加密技术包括两个元素:算法和密钥。算法是将普通的文本(或者可以理解的信息)与一串数字(密钥)结合,产生不可理解的密文的步骤,密钥是用来对数据进行编码和解码的一种算法。在安全保密中,可通过适当的密钥加密技术和管理机制来保证网络的信息通信安全。密钥加密技术的密码体制分为对称密钥体制和非对称密钥体制两种。相应地,对数据加密的技术分为两类,即对称加密(私人密钥加密)和非对称加密(公开密钥加密)。对称加密以数据加密标准(Data Encryption Standard,DES)算法为典型代表,非对称加密通常以 RSA(Rivest Shamir Adleman)算法为代表。对称加密的加密密钥和解密密钥相同,而非对称加密的加密密钥和解密密钥不同,加密密钥可以公开而解密密钥需要保密。

(2) 安全认证技术。

仅有加密技术不足以保障移动电子商务中的交易安全,而移动终端的计算环境和通信环境都非常有限,这就需要对相应的安全认证做一些特殊要求。身份认证技术是保障移动电子商务安全的又一项重要技术手段。移动电子商务中的身份认证可以和手机 SIM 卡的唯一识别结合起来,实现对移动终端用户的认证,还可以结合数字签名技术和数字证书技术实现用户认证。

(3) 消息认证。

消息认证就是检验数据的完整性,通过对消息或者与消息有关的信息进行加密或签名变换进行认证,目的是为了防止传输和存储的消息被有意无意地篡改,包括消息内容认证(即消息完整性认证)、消息的源和宿认证(即身份认证)、消息的序号和操作时间认证等。它在票据防伪中具有重要应用(如税务的金税系统和银行的支付密码器)。消息认证所用的摘要算法与一般的对称或非对称加密算法不同,它并不用于防止信息被窃取,而是用于证明原文的完整性和准确性,也就是说,消息认证主要用于防止信息被篡改。

(4) 数字签名。

数字签名(Digital Signature,又称公钥数字签名、电子签章)类似于写在纸上的普通的物理签名,但是使用了公钥加密领域的技术,是一种用于鉴别数字信息的方法。一套数字签名通常定义两个互补的运算,一个用于签名,另一个用于验证。数字签名技术是非对称加密算法的典型应用。

(5) 双重数字签名。

在实际商务活动中经常出现这种情形,即持卡人给商家发送订购信息和自己的付款账户信息,但不愿让商家看到自己的付款账户信息,也不愿让处理商家付款信息的第三方看到订货信息。在移动电子商务中要实现该目标,需要双重签名技术:持卡人将发给商家的信息(报文1)和发给第三方的信息(报文2)都生成报文摘要1和2,合在一起生成报文摘要3,并签名;然后将报文1、报文摘要2和报文摘要3发送给商家,将报文2、报文摘要1和报文摘要3发送给第三方;接收者根据收到的报文生成报文摘要3,确定持卡人的身份和信息是否被修改过。双重签名解决了三方参加电子贸易过程中的安全通信问题。

(6) 数字证书。

数字证书就是互联网通信中标志通信各方身份信息的一系列数据,提供了一种在因特网上验证身份的方式,其作用类似于司机的驾驶执照或日常生活中的身份证。它是由权威 CA 机构,又称为证书授权(Certificate Authority)中心发行的,人们可以在网上用它来识别对方的身份。数字证书是一个经证书授权中心数字签名的包含公开密钥及其拥有者信息的文件。最简单的证书包含一个公开密钥、名称以及证书授权中心的数字签名。

(7) 数字信封。

数字信封包含被加密的内容和被加密的用于加密该内容的密钥。虽然经常使用接收方的公钥来加密"加密密钥",但这并不是必需的,也可以使用发送方和接收方预共享的对称密钥来加密。当接收方收到数字信封时,先用私钥或预共享密钥解密,得到"加密密钥",再用该密钥解密密文,获得原文。数字信封技术使用两层加密体系,是公钥密码体制在实际中的一个应用,是用加密技术来保证只有规定的特定收信人才能阅读通信的内容。

(8) 数字时间戳。

对于成功的电子商务应用,要求参与交易各方不能否认其行为。这其中需要在经过数字签名的交易上打上一个可信赖的时间戳,从而解决一系列的实际和法律问题。由于用户桌面时间很容易改变,由该时间产生的时间戳不可信赖,因此需要一个权威第三方来提供可信赖的且不可抵赖的时间戳服务。在各种政务和商务文件中,时间是十分重要的信息。在书面合同中,文件签署的日期和签名一样均是十分重要的防止文件被伪造和篡改的关键性内容。在电子文件中,同样需对文件的日期和时间信息采取安全措施,而数字时间戳服务(Digital Time-stamp Service,DTS)就能提供电子文件发表时间的安全保护。

2. 安全认证与管理

移动电子支付认证消息是在商家与支付网关之间交换的消息。支付认证包括支付授权和支付资金清算两部分。

(1) 支付授权。

支付授权确保这笔交易是经过银行确认的,保障商家能收到钱,并作为向付款人提供服务或商品的凭证,其过程如图 2-35 所示。

图 2-35 支付授权过程

① 商家首先向支付网关发送授权请求消息,消息内容主要包括以下 3 部分。

a. 与购买有关的消息。主要来源于客户,包括 PI、双签名、OIMD 和数字信封。

b. 与授权有关的信息。由商家生成,包括交易标识号、由商家签名并加密的授权数据块以及数字信封。

c. 数字证书。包含持卡人签名证书、商家的签名证书及密钥交换证书。

② 支付网关接收到授权请求后,将进行一系列验证,再向发卡银行提交授权请求,详细的操作过程如下。

a. 验证有关的数字证书。

b. 解开相关数字信封。

c. 验证有关的数字签名、双签名。

d. 验证交易标识号。

e. 向发卡银行提交授权请求。

③ 支付网关得到发卡银行的授权确认。

④ 支付网关向商家返回授权响应消息,消息内容包括以下3部分。

a. 与授权有关的信息,包括支付网关签名、加密的授权数据块和数字信封。

b. 资金清算令牌,这一消息将用于清算支付资金。

c. 数字证书,包含支付网关的签名证书。得到支付网关的授权确认后,商家即可发送货物或提供服务。

(2) 支付资金清算。

支付资金清算是商业活动中金融机构之间办理资金调拨、划拨支付结算款项,并对由此引起的资金存欠进行清偿的行为。资金清算过程如图2-36所示。

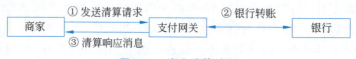

图 2-36 资金清算过程

① 商家首先对支付网关发送清算请求消息,消息内容包括:

a. 清算请求数据块。需要经过商家签名、加密,该数据块包含了支付总额和交易标识号。

b. 资金清算令牌。

② 支付网关收到清算请求后,需要进行如下操作。

a. 对有关加密的数据块进行解密,并进行相关的有效性、一致性检验。

b. 通过银行内部的资金清算网络把款项从持卡人账号划到商家的账号上去。

③ 支付网关向商家返回清算响应消息以通知商家转账结果。商家须保留该响应消息以备日后核对用。

(3) 身份认证。

在整个认证过程中,身份认证是至关重要的环节。CA认证中心颁发数字证书,并履行用户身份认证的责任,在安全责任分散、运行安全管理、系统安全、物理安全、数据库安全、人员安全、密钥管理等方面,需要十分严格的政策和规程以及完善的安全管理机制。主要包括以下4部分内容。

① 产生、验证和分发密钥。主体的密钥对管理必须确保高度的机密性,防止其他方伪造证书。主体密钥对产生的方式有两种,分别是用户自己产生和CA产生,由移动电子支付系统的策略决定。

a. 用户自己产生密钥对。在这种方式下,用户自己选择产生密钥的方法,自己负责私钥的存放,用户还需向CA提交自己的公钥和身份证明,CA对用户进行身份认证,对密钥强度和密钥持有者进行审查,在审查通过的情况下为用户的公钥生成证书,然后通过面对面、信件或者电子方式将证书安全地发放给用户,最后将证书发布到相应的目录服务器。

b. CA 中心为用户产生密钥对。这种方式下,用户应到 CA 中心产生并获得密钥对,产生之后,CA 中心应自动销毁本地的用户密钥对副本,用户获得密钥对后,保存好自己的私钥,将公钥送给 CA,接着申请证书。

② 签名和验证。在移动电子支付体系下,对信息和文件的签名以及对数字签名的认证是很普遍的工作,成员对数字签名和验证是使用多种算法的,包括 RSA 和 DES 等,这些算法可以由硬件、软件或者软硬件结合的加密模块来完成。密钥和证书存放的介质有内存、手机 SIM 卡、IC 卡、UsbKey 和光盘等。

③ 数字证书的获取。在验证信息的数字签名时,用户必须事先获得信息发送者的公钥证书,以对信息进行解密验证,同时还需要 CA 对发送者所发送的证书进行验证,以确定发送者身份的有效性。数字证书的获取有以下方式。

a. 发送者发送签名信息时,附加自己的证书。

b. 单独发送证书信息的通道。

c. 访问发布数字证书的目录服务器。

④ 数字证书的验证。验证数字证书的过程就是迭代寻找证书链中下一个证书和上级 CA 的证书。在使用每一个证书前,必须检查相应的证书列表。用户检查证书的路径,是从最后一个证书所签发的证书有效性开始,检查每一个证书,一旦验证后,就提取该证书的公钥,用于检验一个证书,直到验证完发送者的签名证书,并将证书中包括的公钥用于验证签名。

3. 移动支付的风险防范

移动支付的风险包括政策风险、技术风险、法律风险和信誉风险 4 方面。

(1) 政策风险。

移动支付作为新兴业务,缺乏行业规范,包括准入政策和监管政策,资源共享、服务质量保证、服务规范等都需要有明确的规定,业务才能健康发展。移动支付业务的核心是支付,其相关政策成为各方关注的焦点。移动支付处于电信增值业务与银行增值业务的交叉地带,有不同的业务类型。国内非银行机构推动移动支付的积极性比银行更高,但移动支付设计金融业务必须接受金融监管,这无疑提高了市场准入门槛。由此可以看出,政策风险是移动支付业务发展无法避免的障碍。

(2) 技术风险。

移动支付技术风险主要是支付的技术安全风险和技术开展风险。技术安全风险包括两方面:一是数据传输的安全性风险;二是用户信息的安全性风险。短信支付密码被破译、实时短信无法保证、身份识别困难是移动支付面临的主要技术难题。手机仅作为通信工具时,密码保护并不重要,但作为支付工具时,丢失手机、密码被攻破、病毒木马等问题都会造成用户的重大损失。

(3) 法律风险。

目前,由于移动支付还处于起步阶段,有关法律法规不健全,移动支付涉及的当事人多,法律关系复杂,再加上移动支付使用计算机及通信等先进技术,因此在移动支付过程中可能会产生一些法律纠纷。国内涉及计算机通信领域的立法还相对滞后,目前,用于保护移动支付有效开展的法律除了《电子签名法》和《电子支付指引》,几乎都未涉及移动支付业务,一旦发生支付纠纷,银行、电信和客户将处于尴尬境地。

(4) 信誉风险。

可靠的服务平台对于开展移动支付至关重要。金融机构要能够持续提供安全、准确、及时的移动金融服务,通信运营商服务质量也要有保障。如果客户在移动支付过程中遇到严重的通信网络故障或由于银行信息系统的不完善而造成客户资金的流失,将会造成客户对移动支付的不信任,引发信誉风险。

客户在交易过程中,银行会采用多重方式有效保障客户资金安全:一是手机银行的信息传输、处理采用高强度加密传输方式,实现移动通信公司与银行之间的数据安全传输和处理,防止数据被窃取或破坏;二是手机银行对客户对外转账的金额有严格限制;三是将客户指定的手机号码与银行账户绑定,并设置专用支付密码。

为防范移动支付的潜在风险,必须在以下各方面建立完善的技术安全机制。

① WAP 应用的安全。
② 手机终端软件的安全。
③ 手机与商家之间通信安全。
④ 商家与 SP 平台之间的通信安全。
⑤ 手机与 SP 平台之间的通信安全。
⑥ 手机与银行之间的通信安全。
⑦ SP 平台与银行公共平台之间的通信安全。

2.5 本章小结

本章着重介绍了移动商务通信技术、移动通信终端设备的技术特征和操作系统、移动商务安全技术现状以及移动支付等基础知识,并且对移动通信的发展历程、特点和无线通信系统进行了系统介绍。随着互联网的普及,人们创造了很多电子商务的应用形式,再加上信息的发布、搜索和商务活动的便捷化,降低了信息的不对称程度,使商品的生产者与消费者有更多直接接触的机会,这将给传统商务活动带来很大冲击。随着无线数据通信网络的发展,移动商务在技术、商业管理、商业模式以及市场规模上都将有巨大进步。

练习与思考题

1. 对比几种无线网络,简要说明各自的优缺点以及适用的场合。
2. 移动终端设备有哪些?
3. 简述移动终端设备的技术特征和发展趋势。
4. 在无线网络中,移动商务所面临的主要威胁有哪些?

5. 请简述移动电子商务平台下的交易信任机制。
6. 试说明移动终端软件下载认证的必要性及其基本流程。
7. 除了手机病毒之外,让用户最反感的移动安全及隐私问题有哪些?
8. 请阐述移动电子支付的含义,描述一下移动支付流程。
9. 有哪些移动支付系统,它们各有什么特点?
10. 移动支付的安全技术有哪些?如何做好风险防范?

第3章 基于 O2O 模式的移动电子商务

本章要点

- 了解 O2O 商务的起源和分类
- 学习 O2O 商务的优势
- 学习 O2O 商务发展现状
- 学习移动 O2O 商务及其典型应用
- 掌握本地生活服务 O2O 的类型

本章知识结构图

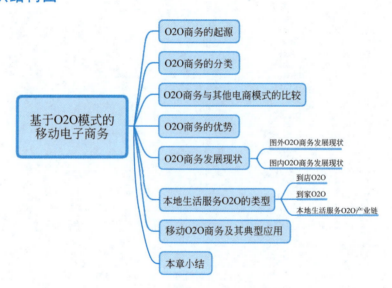

3.1 O2O 商务的起源

O2O 是由 Alex Rampell 于 2010 年 8 月在美国著名科技博客网站 TechCrunch 上的一篇访谈文章中首次提出的概念。Alex Rampell 在分析美国的几个互联网科技创新公司的业务时,发现他们有一个共同的特点:他们都成功地将线下商务机会与线上互联网结合在一起,使互联网成为用户线下交易的前台,促进了"线上-线下"商务的发展。为了将它与其他电子商务术语(如 B2C、B2B 和 C2C)保持一致,Alex Rampell 将该模式定义为线上-线下商务(Online to Offline),简称为 OntoOff(O2O)。

Alex Rampell 认为,O2O 商务的核心是：在网上寻找消费者,然后将他们带到线下的实体商店中。Alex Rampell 指出,O2O 商务是一种在线支付模式和线下门店客流量的结合。对消费者而言,它也是一种发现线下营销的渠道,可实现对线下的商品或服务的购买。O2O 商务本质上是可计量的,因为所发生的每一笔交易(或预约,例如在 Restaurant.com 上预约)都发生在网上,而这些交易都记录在系统数据库中。这与以往那些以目录模式为主的各种商户点评和本地搜索服务网站有明显不同(例如 Yelp 大点评网站和 CitySearch 本地搜索服务网站等),因为通过在线支付可以帮助量化公司业绩并完成相关交易。

自从 Alex Rampell 提出 O2O 商务这个概念以来,各领域学者对其展开了广泛的研究,将其拓展到众多领域,并根据自己的理解给出了不同的定义,例如：O2O 是指把线上消费者带到现实的商店中去——在线购买线下的商品和服务,再到线下去享受服务；或者,在移动互联网时代,生活消费领域通过线上(虚拟世界)和线下(现实世界)互动的一种新型商业模式。

从本质上来说,O2O 是信息平台的整合和调配,实现了需求、价值、服务的传递(如图 3-1 所示)。消费者的需求通过各类 O2O 商务软件传递给 O2O 商务平台,并进行支付,O2O 商务平台转移支付给线下服务商家,实现价值传递,商家在线下为消费者提供服务,实现实体经济与虚拟经济的打通。这其中,从线下到线上,最后再从线上导入线下,形成一个商务的闭环,有效地提升了社会的效率。从线下商家到线上的整合,是一个传统行业和互联网行业的有机结合,看似简单的平台,却能给消费者、用户带来巨大的方便。

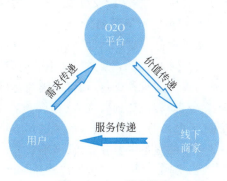

图 3-1　O2O 基本结构

3.2　O2O 商务的分类

自 O2O 商务这一新型互联网商业模式提出以来,国内外都掀起了一股实践和讨论的热潮,各种围绕线上和线下商务机会相结合的商业模式创新不断涌现。目前,O2O 的概念早已脱离了 Alex Rampell 最原始的仅仅是线上-线下(Online to Offline)的定义,增加了"线下-线上"(Offline to Online)、"线下-线上-线下"(Offline to Online to Offline)、"线上-线下-线上"(Online to Offline to Online)等多个新的方向。根据不同的分类方法,O2O 可分为多种类型。

1. 根据服务前端的先后顺序划分

根据线上和线下作为服务前端的先后顺序不同,O2O 可以分为以下两类。

(1) Online to Offline(线上交易线下消费体验)：用户在线上购买或预订服务或商品,然后到线下商家那里享受服务或取货。这是 O2O 最常见的一种类型,目前各类本地生活服务类团购网站的营销模式都属于这一类。例如,国外的相关网站有家政服务点评网站Angie's Lists、在线订餐网站OpenTable、生活服务点评网站Yelp和团购网站Groupon；国内的相关网站有美团网、拉手网、大麦网和携程网等。

（2）Offline to Online（线下营销线上销售）：利用各种线下推广活动及信息展示渠道（例如，线下体验店、街边二维码等）等，将用户引导到线上，随后可能还有线上到线下的反向转移，促进线下销售。例如，苏宁电器的线下体验店模式、1号店在地铁站张贴的二维码商品海报模式都属于这一类。

2. 根据应用领域划分

根据应用领域的不同，O2O可分为以下两类。

（1）本地生活服务O2O：以本地生活服务为主的O2O商务，这是O2O应用最广泛也是最主要的一种模式，例如，各种在线销售餐饮、优惠券、汽车服务、家政、教育培训、婚庆摄影和票务演出等的销售模式。

（2）实物商品O2O：以销售实物商品为主的O2O商务。例如，国外的沃尔玛公司曾经提出的Site to Store商务模式，即通过B2C完成订单的汇总及在线支付，顾客到4000多家连锁店取货的商业模式；国内的苏宁电器、天虹商场等早期推出的线下体验线上购买的线下体验店模式，以及目前流行的餐饮外卖、商超宅配等。

3. 根据交付场景划分

根据商品/服务交付的场景不同，O2O可以分为以下3种。

（1）到店O2O：聚焦店铺中的商品/服务交付，于团购时期发展壮大。消费者通过线上平台在线购买并支付/预订某类商品/服务，体验/消费在线下店中完成，包括线上餐饮（不含外卖）、商超、到店洗衣、到店美容美护、线上休闲娱乐、线上婚庆线上亲子、线上教育、线上电影等。到店服务的关键环节包括导流、获客、客流转化、服务交付，对应于到店服务环节的服务主要分导流、精准获客、客流转化、店铺服务、会员服务。

（2）到家O2O：聚焦上门商品/服务交付，商品交付/服务产生的场所在社区（包括商区、校区）之内，且必须同时涉及线上流程及线下产品消费或服务体验，配送效率和服务质量是消费者关注的重点。主要包括餐饮外卖、家政维修、上门美护、送洗服务、商超宅配服务等。到家O2O存在实物与服务两大运营模式：对于实物类，物流是"根"；对于服务类，内容是"本"。到家服务关键环节包括配送和服务交付，对应于到家服务环节的内容主要分为配送服务、上门服务、社区服务。

（3）出行O2O：聚焦于用户出行业务，是一个由公共空间向私有空间的过渡过程。目前，出行O2O的细分领域包括综合打车、拼车、专车、代驾和租车5大类。可以通过4个维度来阐述并覆盖人们全部出行需求的出行O2O类别，分别是B2C、C2C、自驾和代驾。其中，自驾和代驾对应出行方式，B2C和C2C代表商业类别。

3.3　O2O商务与其他电商模式的比较

目前，电子商务模式主要有B2C（Business to Customer，企业对消费者）、B2B（Business to Business，企业对企业）、C2C（Customer to Customer，个人对个人）等。Alex Rampell提出O2O这一概念，最初是为了同上述电子商务术语一致，成为电子商务的一种标准模式。

B2C电子商务是指企业(Business)与消费者(Customer)之间以互联网为主要服务提供方式开展的商务活动。根据经营品类的不同,B2C电子商务可分为垂直型B2C电子商务模式和综合型B2C电子商务模式。垂直型B2C电子商务模式是指专门经营某一类别商品的B2C模式,典型代表有麦包包、韩都衣舍、china-pub网上书店等。综合型B2C电子商务模式是指经销多个种类、各种类商品较齐全的B2C模式,典型代表有淘宝天猫商城、当当网、京东商城、卓越网等。

B2B电子商务是商家对商家的电子商务,即企业(Business)和企业(Business)之间通过互联网进行产品、服务及信息交换。B2B平台通过发布信息来撮合买卖,构建一个企业之间的买卖者群体,为企业之间的战略合作提供基础。根据其经营范围,B2B电子商务也可分为:①面向制造业或商业的垂直型B2B电子商务。根据产业链的上下游关系,生产商企业和零售商企业可分别与其上游的供应商企业之间通过B2B电子商务平台开展商品或零部件采纳业务。例如,Dell公司与其上游芯片或主板生产企业之间通过企业自建的B2B电商网站进行网上采购。②面向中间交易市场的水平型B2B电子商务,将各行业中相似或相近的交易过程集中到一个线上平台,为采购方企业和供应方企业提供一个交易场所,同样也可细分为综合型B2B平台(例如,Alibaba、慧聪网、环球资源网等)和面向特定行业的B2B平台(例如,中国服装网、河北建材网、中国化工网等)。

C2C电子商务是消费者与消费者之间的电子商务,通过C2C电子商务网站为买卖双方(个体用户)之间的交易行为提供一个线上交易平台,类似于现实世界中的跳蚤市场,而C2C在线交易平台就类似于现实世界中跳蚤市场场地的提供方和管理员,典型的代表有淘宝网、拍拍、易趣、有啊等。

从以上对B2C、B2B和C2C的分析可以看出,它们主要是根据交易双方类型(企业或个人)的不同来进行区分的,从买方的类型来说,除了B2B,B2C、C2C和O2O是一致的,其买方都是个体消费者。它们之间的主要区别是:

(1) B2C和C2C商务模式中,用户在线购买并支付后,所购买的商品会装入包装箱里,通过物流公司送达消费者手中,是一种"电子市场+物流配送"的模式。而O2O商务模式是用户通过线上交易平台对线下的商品或服务进行预定或购买,然后再到线下的实体店中享受或体验商品或服务。O2O商务特别适合于需要"产品+服务"或者通过非标准化服务才能完成的生活类消费或体验式消费,相对传统的电子商务,O2O大多采用"电子市场+到店消费"模式。

(2) B2B和B2C一般更侧重于实物商品消费,例如服饰、图书、电器、家居、汽车用品等。O2O更侧重于生活服务性消费,例如,餐饮住宿、旅游、票务演出、健身美容、租车租房等。

(3) 不同于传统电子商务中线上商店与线下商家的竞争关系,O2O商务强调线上与线下的结合,即线上为线下服务,将线上线下的竞争关系转化为互助关系,成为促进传统企业互联网化的有效途径,其本质是将线上用户引导到线下消费。O2O商务将现实的体验与服务融入电子商务中,在满足消费者便捷、实惠、体验需求的同时,也为传统行业的线下商家带来了新的营销渠道。

此外，在电子商务领域还有一个模式与这几个概念相关联，这就是网络团购。网络团购在国际上也被称为 B2T(Business To Team)，是继 B2B、B2C 和 C2C 后的又一电子商务模式，O2O 商务的兴起也是从网络团购被大众接受开始的。网络团购是指一定数量的消费者通过互联网渠道组织成团，以较低的折扣价共同购买同一种商品，商品价格随团购者数量的增加而不断降低。网络团购的根本特征在于借助互联网的凝聚力来汇聚大量资金，加大与商家的谈判能力，进而取得价格上的优惠。

O2O 和网络团购的区别体现在：网络团购是一种采用较低折扣出售商品或服务的临时性在线促销模式，对于线下商家而言，这种营销策略没有可持续性，无法作为线下商家长期的经营方式，所以商品和服务提供商只能成为某一团购平台上的被动参与者，无法成为团购模式的主导者。而 O2O 通常采用网上商城的形式，能为商家和服务业企业带来真实的客流，可较好地实现线上虚拟经济同线下实体经济的结合，线下商品和服务提供商可成为 O2O 平台的主导者。

3.4　O2O 商务的优势

O2O 商务作为一种电子商务模式，是支付模式和为商家创造客流量的结合，对消费者而言，是一种新的商品或服务发现机制。O2O 商务在推动消费者购买线下生活服务类消费的过程中，逐渐表现出相对于传统电子商务模式更多的优势，主要体现在以下 3 方面。

（1）对消费者而言：通过 O2O 商务应用平台可以较全面地了解线下商家的信息，获得更丰富的服务内容信息，节约了找寻商家的时间成本，还能通过方便快捷的方式与线下商家进行实时的在线交流，通过在线预订可获得相比线下基于商圈模式的客流更优惠的销售价格。

（2）对线下商家而言：利用互联网传播速度快、用户多的特性，通过 O2O 商务应用平台网上营销，可以帮助线下商家扩大宣传和展示机会，吸引更多潜在客户到店消费，有效降低其营销成本，扩大了商务的推广力度。通过客户的在线支付，可跟踪每笔交易，实现推广效果可查。通过 O2O 商务应用平台，可获取大量用户消费数据，在与用户的沟通过程中可了解用户消费数量，有效提升对已有老客户的维护和营销效果。通过 O2O 商务应用平台的在线支付获得有效的预订，可帮助其合理安排库存或经营，有效节约库存成本。此外，通过 O2O 商务应用平台实现网上吸引客源，可降低线下商家对店铺地段区位的依赖，降低租金等经营成本。

（3）对 O2O 应用平台运营商本身而言：由于 O2O 应用平台上运行的业务通常都是与人们日常生活息息相关的，因此，通过为用户带来更大优惠和便利可吸引大量高黏性用户。通过为线下商家提供有效的推广，并且根据消费者的预订情况实现可衡量的推广效果，从而吸引大量线下商家加入，获得巨大的广告收入。在获得一定的用户规模后，还可为 O2O 平台运营商开拓更多的盈利模式。

3.5 O2O 商务发展现状

3.5.1 国外 O2O 商务发展现状

O2O 这一概念虽然是到 2010 年 8 月才由 Alex Rampell 提出,但此种模式早已出现。2006 年沃尔玛公司提出了 Site to Store 的 B2C 战略,即通过 B2C 模式在网上完成订单的汇总及在线支付,顾客在线订购后可到 4000 多家连锁店的任意一家取货,通过这一方式大幅降低企业运营成本、物流成本,同时节省用户 POS 机刷卡排队的时间,并进一步提升店内关联销售。该模式其实就是早期的实物交易类 O2O 商务模式。

随着 Groupon(团购网络)火爆全球,O2O 商务模式越来越被业界所关注,大量互联网创新公司都开始布局 O2O 领域,越来越多 O2O 商务应用类型开始出现,并在本地生活服务领域获得空前发展,其中最具代表性的是美国 4 家成功上市的本地生活服务 O2O 上市企业:家庭服务点评网站 Angie's List、在线订餐网站 OpenTable、生活服务点评网站 Yelp 和团购网站 Groupon。

此外,还有美国知名科技博客 TechCrunch 列出的 7 家(6 类)O2O 模式的新兴代表企业:Uber(通过手机预订私人轿车接送服务的 App)、J Hilburn/Trunk(两个为客户提供服装设计或订制的电子商务网站)、Getaround(提供汽车租赁服务手机 App)、Jetsetter(为客户提供高价位的精致旅游服务的网站)、Airbnb(在线短租网站)、Zaarly(以需求为驱动的本地化实时交易平台)。

另外,还有一类值得关注且广泛应用的 O2O 商务应用就是打车软件,目前各国都针对这一领域设计开发了众多手机应用产品,例如美国的 Uber、ZabCab、Lyft、SideCar、Flightcar、Silvercar 等,英国的 Hailo,希腊的 Taxibeat。

3.5.2 国内 O2O 商务发展现状

随着 O2O 概念的引入,国内产业界掀起了一股实践和讨论的热潮。追溯我国的 O2O 商务,携程旅游和大众点评网可看作中国最早的 O2O 模式,但其早期主要是进行信息流的传递,资金流和服务流都在线下实现。此后,随着网络团购在中国的兴起,大量互联网团购网站出现,同时实现了在线信息流和资金流,而商业流和服务流在线下进行。网络团购的火爆,推动了我国 O2O 产业的全面发展,并起到了良好的用户教育作用,使人们逐步了解了 O2O 这一新型的商务模式。

目前,国内 O2O 商务主要聚焦于本地生活服务领域,将当地、线下、具有实体店铺的餐饮、生活服务、休闲娱乐等商家服务信息,以网店的方式呈现给网民。中国生活服务 O2O 市场起步可追溯到 2003 年,在经历了以点评、口碑、信息发布等方式为主的市场探索期以及千团大战的市场培育期之后,2015 年起,陆续发生了滴滴与快的合并、58 与同城赶集合并、美团与大众点评合并、携程与去哪儿合并、滴滴与优步合并 5 大并购交易,腾讯、百度、阿里巴巴等大型互联网公司加大投入力度,生活服务 O2O 进入行业深耕期,生活服务 O2O 市场加速增长。

狭义的生活服务是指为人们日常生活提供的家庭服务,例如看护婴幼儿、护理老年人、家庭秘书、钟点工等。广义上的生活服务行业要广泛得多,它包含人们日常生活中的方方面面,餐饮、娱乐、租房、买房、工作、旅游、教育培训等生活相关的"衣、食、住、行、用"都属于这类服务的范畴。近年来随着共享经济的兴起,生活服务共享市场也快速发展,2019年中国生活服务共享市场规模达17 300亿元,较2018年增加了1406亿元,同比增长8.85%,2020年受新冠肺炎疫情影响,中国生活服务共享市场规模有所下滑,2021年开始恢复增长,2021年中国生活服务共享市场规模达17 118亿元,较2020年增加了943亿元,同比增长5.83%,如图3-2所示。

图 3-2　2017—2021 年中国生活服务共享市场规模统计

(数据来源:智研咨询《2022—2028 年中国共享生活服务行业发展模式分析及投资前景预测报告》)

3.6　本地生活服务 O2O

从我国 O2O 市场的应用领域来看,其分布较为广泛,但主要集中在生活服务型领域,包含餐饮外卖、生鲜、医药、快消品、家政、社区、房产经纪、教育等,如图 3-3 所示。根据 O2O 模式的特点,可将 O2O 市场划分为到店和到家两部分。随着移动支付对用户生活场景覆盖度的不断提升,到店 O2O 市场规模持续增长,而在 2020 年新冠肺炎疫情的影响下,在线买菜成为这一时期的刚需,为本地生活服务注入新活力,伴随着消费者习惯的不断转变,外卖、家政等上门服务在高补贴刺激下爆发式增长,到家 O2O 市场得到快速发展。

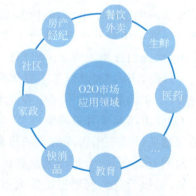

图 3-3　O2O 市场应用领域分布

3.6.1 到店O2O

到店O2O由于起步较早,且不受设备场景等方面限制,目前的市场规模大于到家O2O。到店O2O业务中,生活服务商家服务的痛点从最早的获取客流、增加订单的流量服务,逐步演变到提高客流转化率、店铺运营效率、客户重复消费率、客户满意度和忠诚度的效率服务,因此,到店O2O更关注商户赋能,主要表现在以下方面。

(1) 内容导流:为商家打造线上店铺并进行品牌互动,提升品牌认知和到店流量。

(2) 商家获客:基于线上用户行为和线下位置大数据,针对不同目标的顾客,基于不同消费场景、不同的商圈范畴精准获客。

(3) 客流转化:在客户进入店铺、等位点单、完成支付时,把客户发展成为会员,建立与客户的长期关系。

(4) 店铺运营:完整的店铺服务体验,提升商家和消费者的满意度。

(5) 会员运营:持续进行会员服务,提升重复消费率和忠诚度。

对到店O2O平台而言,其发展战略是加强商家端拓展和服务能力,可以从以下3方面进行。

(1) 商家拓展:依靠优势服务快速拓展合作商家,针对不同垂直领域商家的特点,为商家提供行业一体化解决方案。

(2) 商家服务:帮助商家系统解决免费导流、精准获客、客流转化、供应链等商家服务的难题。

(3) 生态构建:接入流量入口、商家第三方服务商,打通变现渠道,共同服务商家。

3.6.2 到家O2O

到家服务市场包括配送服务、上门服务和社区服务。到家O2O更关注用户服务,当前到家O2O平台的竞争,正从服务资源争夺转向服务体验提升,主要表现在以下方面。

(1) 流量获取:从线上引流转向线下引流。

(2) 服务资源:从专业服务资源转向社会化资源争夺。

(3) 服务场景:从单一服务场景转向多元服务场景覆盖。

(4) 服务效率:从及时服务响应到可覆盖成本的服务响应速度。

(5) 服务体验:从标准化服务到个性化服务。

对到家O2O平台而言,其发展策略应是从单一服务体验到全面服务体验提升。可以从以下3方面展开。

(1) 做好优势服务:做好物流配送服务,提高配送效率、降低配送成本,或者做好最后一千米服务,包括提供代收快递、便民缴费等便民服务,确保极致的单一服务体验。

(2) 拓展多品类专业服务:快速覆盖垂直服务商、物业、社区电商等多品类专业服务商,平台化与专业化相互促进,提升全面的服务体验。

(3) 充分挖掘社区需求场景:基于对社区用户行为习惯的了解,挖掘更多社区需求场景,实现到家服务平台价值最大化。

3.6.3 本地生活服务 O2O 产业链

当前,中国本地生活服务 O2O 经过十余年的发展,形成了较为丰富的业态,构成了如图 3-4 所示中国本地生活 O2O 产业链①。由图可见,除了 O2O 平台本身外,移动支付和即时物流成为支撑 O2O 商务发展的重要基础。目前,无论是到店 O2O 还是到家 O2O,都产生了众多综合类平台和垂直类平台。其中,综合类平台具备建立场景消费关联的优势,通过发展较为成熟的细分领域,不断扩大业务范围,将休闲娱乐、运动健身等其他更多细分场景串联起来,建立一站式生活服务生态。而垂直类平台则深入某一细分领域,不断向产业链上下游延伸,探寻更多增长可能。当前,综合类平台巨头凭借其强大流量基础形成了规模优势,在 O2O 市场中占据了绝对领先地位。

图 3-4 中国本地生活 O2O 产业链图谱

目前,我国本地生活服务头部平台不断发展,现阶段的行业在到家及到店服务覆盖场景上已趋于完善,但面对消费者多样化需求,行业服务面仍将进一步扩大,商家赋能及快递场景是拓展方向。未来随着政府大力推动城镇化建设,下沉市场发展潜力将被进一步激发。

3.7 移动 O2O 商务及其典型应用

与传统互联网电子商务相比,移动互联网拥有更庞大的用户基础,具有更贴近市场和消费者的显著优势。在移动商务时代,生产企业和线下商家能以更低成本接触和赢得更

---

① iMedia Research 艾媒咨询. 2017 年中国本地生活 O2O 行业研究报告,http://report.iresearch.cn/report_pdf.aspx? id=3024.

多客户,把生意做到消费者的手掌上。O2O 侧重的生活服务领域具有天然的位置相关性,决定了移动终端更有利于 O2O 商务的发展,手机的随身性与用户的实时性生活需求吻合,利用手机的随身性、用户身份的唯一性和位置的可追踪性等特征,可帮助线下商家抓住大量潜在的即兴消费用户,开拓更大的市场空间,因此,移动终端更适合 O2O 商务应用。随着移动通信技术的发展,手机超越台式机成为第一大上网终端,"工作在 PC,生活在手机"已成为很多人的生活习惯,移动端也已成为 O2O 商务最重要的发展方向。

随着移动互联网的普及,各种基于智能终端的购物类和生活服务类 App 开始迅速占据用户的手机屏幕,移动电子商务在线上线下的互动中落地生花,众多移动 O2O 商务应用开始在智能手机等终端设备上大行其道。移动 O2O 商务模式的优势多体现在线下有实体店的生活服务类领域,例如美食、住宿、旅游、租车和票务等。目前,国内外各类典型的基于智能手机的移动 O2O 商务应用如表 3-1 所示。

表 3-1 国内外典型移动 O2O 商务应用

	类 型	典型移动 O2O 商务应用
国外	出行服务类	Uber、ZabCab、Lyft、SideCar、FlightCar、Hailo、Getaround、Silvercar、Taxibeat
	购物类	Zaarly、Woolworths、GoodRx、Walk.by
	社交餐饮类	Vemii-Night、GlubWithUs、Smeeters、Foursquare
	线下返利类	Mokacn、Punchcard
	餐饮娱乐健身类	Storific、Delivery Hero、Fitmob、StyleSeat
	旅行规划	Jetsetter
	旅行房屋租赁	Airbnb、HotelTonight、Onefinestay
国内	餐饮娱乐团购类	美团外卖、饿了么、百度外卖、口碑
	购物	盒马鲜生、京东到家、爱鲜蜂、闪电购
	演出票务类	布丁电影票、团 800 电影票、猫眼电影
	电子优惠券类	布丁优惠券、丁丁优惠、免费达人、豆角优惠券、麦当劳优惠券
	出行服务类	快的打车、滴滴出行、易到用车、打车小秘、摇摇招车、嘟嘟叫车、易打车、手机扬招
	旅游类	携程旅游、途牛旅游、同程旅游、驴妈妈、去哪儿
	在线短租类	蚂蚁短租、游天下、好租房、爱日租
	家政服务类	好慷在家、云家政、无忧保姆
	社区服务	万科物业、保利物业、绿城服务、长城物业

移动互联网时代的移动 O2O 商务具有以下 5 个特点。

(1) 随时随地随身。移动 O2O 商务使得商品、门店、消费者在任何时候都能通过移动互联网连接在一起,线下商家的商务营销不再受到物理空间的限制,用户离开门店后可随时随地与他们进行沟通。

（2）数字化客户关系管理。通过打通用户信息、支付、积分和会员卡体系，将线下用户沉淀在线下商家的公众账号，线下商家可以方便地开展 CRM（Customer Relationship Management，客户关系管理）数字化管理。

（3）基于地理位置服务。移动互联网时代，O2O 商务平台可以根据用户地理位置信息，自动推送附近门店的信息，结合线下优惠券，引导用户到店进行消费。

（4）大数据。在大数据时代，商家获得用户数据、运营数据、商品数据之后，可以进行需求调研和品牌分析，指导商品研发、生产，并以此来开展按需定产的 C2B 模式。

（5）延伸线下服务场景。通过手机的用户唯一性，商家不再像过去那样，在客人离开后就再也不知道他是谁了，在移动 O2O 商务环境下，当用户通过手机购买商品或服务后，商家将有机会将线上的许多运营模式真正地搬到线下去，有效地延伸线下服务的场景。

3.8 本章小结

基于对 O2O 商务的分析，结合移动商务的定义，我们将移动 O2O 商务定义为：通过移动通信网络进行数据传输，利用智能手机等移动终端，开展线上线下互动，将移动互联网用户带到线下商家处进行消费的一种新型电子商务模式。与传统互联网电子商务相比，移动互联网拥有更加庞大的用户基础以及更加贴近市场和消费者的优势，生产企业和线下商家能以更低成本接触和赢得更多客户，利用手机的便携性和用户身份的唯一性可帮助线下商家抓住大量潜在的即兴消费用户，开拓更大市场空间。

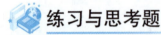
练习与思考题

1. 什么是 O2O 移动商务？
2. O2O 商务的主要类型有哪些？总结其各自的特点。
3. 当前有哪些主流的 O2O 商务模式？各有什么代表性产品？
4. 分别查找到店 O2O 及到家 O2O 的典型代表平台，分析其商业模式及其核心竞争力。

第 4 章

互联网金融

本章要点

- 了解互联网金融定义及模式
- 了解金融互联网化的主要表现
- 掌握第三方支付及股权众筹的主题架构及运营模式
- 掌握 P2P 网络借贷及大数据网络贷款的架构及主要模式
- 开展我国互联网金融发展展望

本章知识结构图

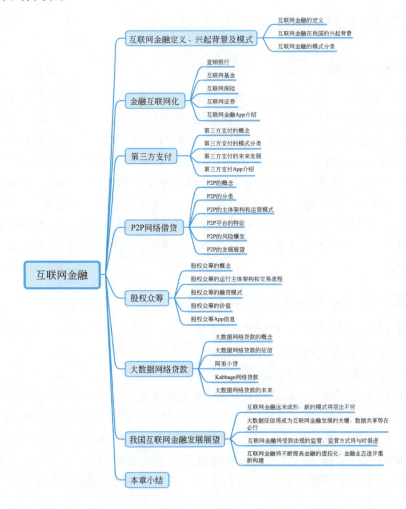

现代信息与互联网技术的不断进步,深刻改变甚至颠覆了众多传统行业。近年来,金融业成为继商业分销、传媒之后受互联网影响最为深远的领域,许多基于互联网的金融服务模式应运而生,正逐步改变传统金融业的价值创造和实现方式,重构金融业竞争格局,对传统金融业的经营和管理带来了深远影响。2013年6月13日,电商巨头阿里巴巴与天弘基金推出国内首支互联网基金,并嵌入支付宝中的余额宝进行直销,用户可以通过手机支付宝钱包一键购买。余额宝只花了九个月的时间,市场规模就蹿升到5412亿,与经营了十年的浙商银行总资产相当,名不见经传的天弘基金惊世一跃成为我国规模最大的基金公司,余额宝净资产规模名列全球货币基金第三名。此次互联网与金融深度融合的惊艳表演,极大程度地颠覆了民众对传统金融的价值观、服务模式和产品形态的认识,并强力带动了互联网金融其他模式,例如,网络小贷、众筹和直销银行等的发展。因此,2013年也被称为互联网金融元年。互联网金融本着"开放、平等、协作、分享"的互联网精神,打破金融行业的高门槛限制,以灵活、快捷、低成本的方式,为传统金融的"长尾市场"——中小客户群体和小微企业资金需求服务,彰显出强烈的普惠金融价值,在我国开始受到政府和全社会前所未有的高度关注。

4.1 互联网金融定义、兴起背景及模式

4.1.1 互联网金融的定义

互联网金融(Internet Finance)的概念最早是由谢平教授在2012年提出的,谢平教授认为互联网金融是既不同于商业银行间接融资、也不同于资本市场直接融资的第三种金融融资模式。但由于互联网金融的快速发展和演变,学术界和行业对互联网金融存在不同的理解,其定义也未统一。比较典型的有"马云说",马云认为传统金融要利用互联网开展金融业务是金融互联网,而互联网企业做金融业务是互联网金融;还有"媒体说",多数新媒体认为互联网金融是指依托于支付、云计算、社交网络以及搜索引擎等互联网工具,实现资金融通、支付和信息中介等业务的一种新兴金融。笔者认为互联网金融是秉持"开放、平等、协作、分享"的互联网思维,在有把握进行风险控制的条件下,开展金融服务的一种新金融模式。

4.1.2 互联网金融在我国的兴起背景

互联网金融在我国的爆发,貌似偶然,实则必然,背后有着深刻的原因。在这些原因中,有些是全球性的,有些则为我国所特有的。

1. 全球互联网金融的快速发展

在国外,无论是经济发达的欧美和澳洲,还是经济欠发达的非洲和亚洲部分国家,互联网金融均得到快速的发展和应用。在欧洲,英国是互联网金融最发达的国家,2005年3月全球第一个P2P网络贷款Zopa就诞生在英国,它也是最早允许股权众筹的国家,因此,英国金融行为监管局(FCA)制定了大量互联网金融监管规则。在美国,互联网金融可追溯到1994年的全球第一家网络银行SFNB(安全第一网络银行),后来陆续涌现出全

球著名的第三方支付公司Paypal、P2P公司Lending Club、商品众筹Kickstarter和股权众筹平台AngelList。在非洲,肯尼亚M-PESA、南非的Wizzit,以及在亚洲马来西亚的G-cash手机银行堪称利用互联网金融推进普惠金融服务的典范。毋庸置疑,国外互联网金融的快速发展对我国互联网金融的兴起起到了强烈的示范作用并提供了宝贵的经验。

2. 国家政策的大力支持

在我国,金融行业是一个政府高度管制的行业。互联网金融的本质还是金融,其火爆的背后离不开国家政策的支持和宽松的监管环境。2013年3月13日,央行行长周小川在出席十二届全国人大一次会议时,表示对于以阿里巴巴为代表的互联网企业开创的新型金融模式将给予支持;2013年8月12日,国务院办公厅发布了《国务院办公厅关于金融支持小微企业发展的实施意见》。意见提出,"充分利用互联网等新技术、新工具,不断创新网络金融服务模式";2013年11月12日,第十八届三中全会通过了《中共中央关于全面深化改革若干重大问题的决定》,决定正式提出,"发展普惠金融,鼓励金融创新,丰富金融市场层次和产品";2014年3月5日,李克强总理在第十二届全国人大会议中指出,"促进互联网金融健康发展,完善金融监管协调机制",这是互联网金融首次被写入政府工作报告;2014年5月,央行发布《2014年中国金融稳定报告》,以"互联网金融的发展与监管"为题进行了专题阐述;同月,国务院发布了《进一步促进资本市场健康发展的若干意见》(简称"新国九条"),新国九条指出,"要促进互联网金融健康发展,支持有条件的互联网企业参与资本市场";2014年8月14日,国务院办公厅发布了《关于多措并举着力缓解企业融资成本高问题的指导意见》。意见提到"尽快出台规范发展互联网金融的相关指导意见和配套管理办法,促进公平竞争"。此外,中央电视台也先后多次正面报道互联网金融的动态。2013年5月11日,央视新闻联播以"小微金融:网络新生态,融资新模式"为专题,报道了P2P网贷公司"翼龙贷";2013年9月1日,以"经济新动力"为题报道了理财产品搜索平台"91金融超市";2013年11月1日,以"改革发展新景象"为题报道了国内众筹平台"天使汇"。由此可见,政府层面对互联网金融的认可和支持,无疑为互联网金融创造了极好的发展氛围。

3. 互联网企业积累的海量数据和技术创新可以用于金融活动

我国的互联网企业,特别是以BAT(百度、阿里巴巴和腾讯)为代表的电子商务企业,其业务与其他行业之间的界限日渐模糊,进而形成网络共享经济。网络共享经济与互联网金融两者有天然的紧密联系。网络共享经济为互联网金融提供了应用场景,也为互联网金融打下了数据和客户基础,而互联网金融又进一步加快了网络共享经济的发展,在这两种模式良性的螺旋上升发展过程中,互联网企业积累了海量的用户活动数据。互联网企业利用云计算和大数据等新一代信息技术,对其积累的海量活动数据进行深度数据分析与挖掘,用于对客户快速准确地进行信用评估、风险定价和风险控制。另一方面,互联网企业初期都投入了大量的沉没成本,通过互联网理论上可以无限吸纳用户,而在此过程中边际成本几乎为零,这样就使得互联网企业能够低成本、高速率地为传统金融机构无法覆盖的个人客户和小微企业提供服务。

4. 我国金融体系中的扭曲因素为互联网金融发展创造了空间

长期以来,我国的正规金融企业得益于政策红利,坐享高额垄断收益,没有动力去服务中小微客户。因此,个人、小微企业和"三农"的金融需求被强烈抑制,以银行为核心的正规金融机构根本无法有效支持经济结构调整产生的大量信贷需求。另一方面,众所周知,金融业利润极高,例如,2011 年、2012 年、2013 年连续 3 年,在沪深两市 16 家上市银行的净利润与沪深两市所有上市公司总净利润之比均超 50%,所以各类资本都有进入银行业的积极性。个人和小微企业有贷款需求,创意项目有股权融资需求,百姓有投资理财需求。在这样的环境下,互联网金融发展有广阔的空间。

4.1.3 互联网金融的模式分类

互联网金融在我国发展迅猛,新的业务模式不断推陈出新,而且诸多业务模式之间不存在清晰的界限。为了便于讨论,我们将互联网金融划分成 5 种类型。

1. 金融互联网化

金融互联网化体现在利用互联网渠道优势,结合便捷化和可得性创新来提供金融服务,体现为对传统金融中介的物理网点和人工服务的替代,包括①直销银行;②理财产品网络销售;③网络保险公司;④网络证券服务。

2. 第三方支付与移动支付

第三方支付起源于电子商务信用保证环节,第三方支付为电商交易提供信用保证。根据易观分析近期发布的《中国第三方支付互联网支付市场季度监测报告 2021 年第 3 季度》数据显示,2021 年第 3 季度中国第三方支付互联网支付市场交易规模为 7.23 万亿元,环比增长 1.86%。2021 年第 3 季度,第三方互联网支付市场格局保持稳定,银联商务以 26.13% 的市场占有率位居行业第一位,支付宝以 20.15% 的市场占有率占据次席,腾讯金融以 18.22% 的市场占有率位列第三。

移动支付主要指通过移动通信设备,利用无线通信技术来转移货币价值以清偿债权债务关系。2021 年第 3 季度,我国移动支付业务量延续 2 季度的稳健增长态势。其中,占据主导地位的银行移动支付业务金额为 126.81 万亿元。根据易观分析发布的《中国第三方支付移动支付市场季度监测报告 2021 年第 3 季度》数据显示,作为我国移动支付业务重要补充力量的第三方移动支付,其 2021 年第 3 季度市场交易规模 77.46 万亿元,环比增长 2.55%。

3. 网络借贷

网络小额贷款是一种基于互联网,以个人或企业为核心的小额借贷模式,由于较强的金融属性,是互联网金融的核心模式之一。在我国,网络贷款又分为网络小额贷款和 P2P 借贷。

4. 互联网众筹模式

互联网众筹是通过互联网向众人筹集小额资金为某个项目或企业融资的模式。在我国主要分为商品众筹和股权众筹。

5. 基于大数据的网络贷款

基于大数据的网络贷款是指运用大数据和云计算等新一代信息技术,对客户海量的网络行为数据进行分析和挖掘,对客户进行快速征信、评级和放贷的一种网络贷款模式。

4.2　金融互联网化

4.2.1　直销银行

1. 直销银行的概念

直销银行是一个名副其实的舶来品，国内学者从不同角度对其进行了定义。较为代表性的有：韩刚（2010）从组织形态的角度将直销银行定义为几乎不设实体分支，通过多种媒介工具实现业务中心与终端客户直接进行业务往来的银行；梁丽雯（2013）从运营的角度认为直销银行是主要通过电子渠道提供金融产品和服务的银行经营模式和客户开发模式。笔者认为直销银行是主要或完全通过网络渠道为客户提供覆盖全生命周期的直销金融产品或服务的扁平化手机银行。

2. 国内外直销银行的发展

直销银行起源于欧洲，世界上第一家真正的直销银行是诞生于 1989 年位于英国的 First Direct（第一直销银行），属于 Midland Bank（米德兰银行）的一个子公司，1992 年被汇丰银行收购并成为其全资子公司。First Direct 完全不设物理分支机构，早期采用呼叫中心 24 小时为客户提供服务，从 1997 年开始通过互联网渠道提供服务。随着业务的逐渐扩张，目前为全世界 116 万客户提供直销金融产品和服务。

美国直销银行的出现晚于欧洲，其中第一个真正的直销银行是成立于 1994 年的全球第一家网络银行 SFNB（安全第一网络银行）。SFNB 结束了美国不受 FDIC（联邦存款保险公司）保护的电子货币线上银行时代，开创了受 FDIC 保护的、与线下银行相互流通的电子货币网络银行时代，为用户提供在线直接登录、查看电子账单、存款、电子货币和电子支票支付等目前非常普遍的网络银行服务。到 1996 年，SFNB 的用户数突破了 1100 万，但在 1998 年，因巨亏而被 RBC（加拿大皇家银行）收购更名为 RBC Centura。虽然 SFNB 存活的时间很短，但是它的存在却证明了一种理想的实现：银行可以通过因特网，无物理网点、低成本地为不同的客户提供不同的金融服务。目前，美国著名的直销银行还有 Capital One 360（原来是 ING Direct 在美国的直销银行分支）和 Ally Bank 等，主要通过互联网和移动终端为客户提供银行、投资和退休资金管理计划等金融服务。

亚洲第一个直销银行是隶属于 OCBC（新加坡华侨银行）的 FintiQ。FinitQ 在 2000 年开始营业，历经 11 年的发展后，成为亚洲最著名的直销银行。在 2011 年，母公司 OCBC 制定了多渠道（包括支行、ATM、网上银行、移动银行等）协调服务的互联网银行发展战略，而不再需要一个独立的直销银行，FinitQ 因此被关闭。

2013 年 9 月 18 日，北京银行与境外战略合作伙伴荷兰 ING 集团联袂推出国内首家直销银行，标志着国内第一家直销银行破土萌芽，开启了国内直销银行的新时代。随后，民生银行与阿里巴巴开展战略合作，宣布在淘宝网开设直销银行网店，并将其直销银行电子账户系统与支付宝账户系统互通；浦发银行与腾讯公司通过战略合作开展互联网金融业务，直销银行初见雏形。国内商业银行接连与互联网企业形成非竞争异业联盟的方式开展直销银行服务，来抢夺我国互联网金融市场。截至 2022 年，国内外公布的直销银行的商业银行已达到 70 家。随着浙江网商银行和前海微众银行的正式营业,我国直销银行将进入纯互联网银行阶段。2017 年 11 月,国内首家独立法人直销银行百信银行成立。截至 2021 年 12 月,中国境内直销银行共有 20 余家。

3. 直销银行的特征

(1) 直销银行由金融集团控股。

直销银行虽然运营模式与传统银行不同,但经营货币的本质没有改变,如果没有雄厚的资本规模支撑,是难以长期应对金融市场上各种起伏不定的风险的。直销银行经历几十年的发展,早期非金融集团成立的直销银行都被收购或兼并。目前,世界上著名的直销银行都由较大的金融集团控股。

(2) 直销银行是一种学习型组织。

直销银行充分依托互联网开展业务,在组织结构上不设或少量设有实体分支网点,组织团队人员较少,组织结构趋于扁平。近几年,国外直销银行数量不断增加,竞争愈显激烈,客户对直销银行的产品和服务方式不断提出多元化和个性化需求。剧烈变化的外部环境要求直销银行团队横向有效地沟通想法和共享知识,敏捷响应市场及客户的需求与变化,通过不断创新来满足客户各种需求,这些都是学习型组织的典型特征,因此直销银行是一种学习型组织。例如,First Direct 的发展过程中,一直采用开放式的办公环境,平均每个员工管理 388 名客户,在业务品种和服务方式上不断推陈出新,从单纯的电话银行发展成以电话银行、网络银行和移动银行为主要运营渠道的"立体式"直销银行。在产品组合上,从简单的储蓄账户、按揭贷款和支付服务,扩展到股票、基金、保险、养老金账户和企业储蓄账户等跨领域的金融服务。

(3) 低成本运营及差异化的市场定位。

直销银行通过网络渠道直销产品和服务,节省物理网点的投入和大量员工薪水的开支,从而大幅削减了运营成本。INTERNETBANK 统计显示,网络银行与其他形式的金融机构相比,在降低交易成本上具有明显优势。例如,单笔金融交易成本在传统柜台的服务成本为 \$1.07,而网络银行仅需要 \$0.01。直销银行将节省的运营成本按比例回馈给客户,所以客户始终能获得优惠的产品。在市场定位上,由于销售渠道的特殊性,直销银行将目标客户定位于能熟练操作互联网、对资本匹配收益较为敏感、追求高效的中等收入人群。早期直销银行受到技术限制,主要为个人客户提供简单、透明和优惠的存、贷、汇为主的直销金融产品和服务。随着信息技术的发展,特别是数据分析和挖掘的应用,急剧降低了直销银行为客户提供个性化服务的成本,近几年针对客户个性化的证券、保险、基金等直销金融产品快速增加,通过个性化服务提高客户的黏度。

直销银行低成本运营及差异化的市场定位,开辟了一条与实体银行相互补充的发展道路。以 ING Direct 为例,它将目标客户定位在 30~50 岁受过良好教育的上班族,具有网络消费习惯、收入水平高于市场平均水平、乐于自助理财的人群。在产品方面,与传统银行相比,客户在存款上能获得更高的利息,在贷款上能获得更优惠的利率,而且服务过程简单高效。

(4) 采用整合营销战略。

直销银行采用整合营销战略,将各种营销工具和手段系统化结合并形成一个整体以产生协作效应。在营销方法上,重点采用直复营销、病毒营销、客户参与营销和情感营销。

在营销渠道上,将电子邮件、电话、互联网网站、移动 App 和社交媒体等多种渠道媒介结合起来,不受时空限制与客户进行互动营销沟通,与客户形成强大的媒体关系。在产品销售模式上,直销银行采用线上自助服务为主,操作便捷、业务没有最低金额限制、无账户管理费用,尽可能扩大产品的目标受众。以 First Direct 为例,主要利用网络和电话进行直复营销,采用"现金回报老用户推荐新用户"等为"病原体"的方式进行病毒营销,根据 First Direct 官网数据,116 万客户中超过 25% 来自个人的推荐。First Direct 还在官网上开设了一个实验室网站以及在 Twitter 开通官方账号,方便客户提出关于改进银行服务的任何想法和建议。First Direct 通过客户参与营销和情感营销来进行产品设计和改善服务,提高客户的参与度、认同感和品牌忠诚度。在账户管理费用上,First Direct 在 2006 年出于绩效及为忠诚客户提供更优惠服务等因素的考虑,开始对账户采用付费管理模式,成为目前为数不多的收取账户管理费用的直销银行之一。

4. 直销银行的运营模式

(1) 自主线上综合平台模式。

自主线上综合平台是指直销银行不设任何实体分支,利用电话银行、互联网综合营销平台、网上银行、移动银行等多种电子化服务渠道为客户提供金融服务。客户可以将其他银行的资金转入自己的直销银行账户,当客户需要支取现金时,可以先将直销银行账户的资金转到其他银行的实体卡上,然后在 ATM 上取款。First Direct、Ally Bank 和 NetBank 等直销银行都是属于这种运营模式。

(2) 自主线上综合平台+线下客户自助门店模式。

直销银行在管理好自主线上综合平台的同时,建设线下客户自助门店。线下客户自助门店是通过精心选址并采用全新理念打造的线下客户自助渠道。自助门店为客户提供智能银行机(VTM)、自动取款机(ATM)、自动存取款机(CRS)、自助缴费机等多种智能自助服务终端设备。德国直销银行 ING-Diba 及北京银行直销银行均属于这种模式。

(3) 自主线上综合平台+线下精简版分行模式。

直销银行在管理好自主线上综合平台的同时,开设线下精简版分行。线下精简版分行开设在客户较为密集的大城市,这些分行与客户在线下面对面交流并提供服务,拉近客户与直销银行的距离,增强客户对直销银行的品牌信任度与忠诚度。例如,西班牙 ING Direct 在西班牙主要的大城市建立 29 家精简版分行网络以覆盖西班牙 83% 的人口;Captial One 360 在美国的八大城市中客户较集中的地方开设咖啡馆,咖啡馆的店员也是金融顾问,与客户通俗友好地交流并提供相关的金融服务咨询与建议。

(4) 自主线上综合平台+第三方互联网企业模式。

直销银行在管理好自主线上综合平台的同时,再与第三方互联网企业形成战略同盟,例如,利用战略伙伴在网络流量和数据分析等方面的优势,对客户和产品进行共同开发。民生银行与阿里集团战略合作就属于此模式。民生银行直销银行在淘宝开设直销银行店铺并将电子账户系统与支付宝账户系统互通,利用淘宝和支付宝的网民流量及数据分析优势,快速吸纳客户并为其提供针对性的直销金融产品与服务。

4.2.2 互联网基金

1. 互联网基金的概念

目前,学术界对互联网基金没有明确的定义,但互联网基金属于互联网金融模式产品范畴,具有互联网金融产品的主要特征。谢平、邹传伟和宫晓林等学者提出了互联网金融及其模式的定义。笔者认为互联网基金是以云计算、大数据、社交网络等现代信息技术为支撑,通过互联网渠道实现交易,参与资金门槛低,费用低廉,并具有民主金融性质的新型基金销售模式。

2. 互联网基金的特征

(1)效率高,成本低。互联网基金依靠互联网平台交易和大数据分析为基础开展业务,比以商业银行为主要销售渠道的传统基金销售模式效率更高且成本更低,提高了投资人的收益率。

(2)操作便捷,人人参与。互联网基金业务操作过程便捷流畅,给予客户极佳的交易体验。互联网基金业务的资金交易门槛很低,有效缓解了金融排斥,提高了社会金融福利水平。

(3)信息对称,供求匹配。互联网基金模式实现了基金销售的金融脱媒,基金公司通过互联网平台公司将基金产品直接送达海量的互联网客户群体面前。同时,互联网客户可以通过网络平台自行完成对基金信息的对比、甄别、匹配和交易,有效激活市场存量资金,提高了社会资金的使用效率。

3. 互联网基金的主体架构

互联网基金涉及3个直接主体:互联网平台公司、基金公司和互联网客户。互联网平台公司是掌握一定互联网入口的第三方机构,为其互联网客户提供基金购买的平台和接口;基金公司是基金发行和销售者;互联网客户是互联网平台公司的注册客户,是基金的购买者。以余额宝为例,余额宝在运营过程中涉及的3个直接主体分别为支付宝公司、天弘基金公司和支付宝客户。其中,支付宝公司是天弘增利宝基金的一个直销平台和第三方结算工具的提供者,与客户的接口是支付宝,与增利宝的接口是余额宝;天弘基金公司发行和销售货币基金增利宝,并将其嵌入余额宝直销;支付宝客户是基金的购买者,通过支付宝账户备付金转入余额宝和余额宝转出到支付宝,实现对增利宝基金的购买和赎回交易,如图4-1所示。

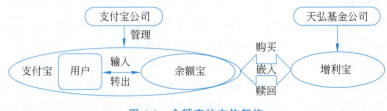

图4-1 余额宝的主体架构

4. 互联网基金的业务流程

互联网基金业务流程完全通过互联网平台操作实现,主要包括用户注册申请(对于非互联网平台公司的注册客户)、利用银行卡进行实名认证、绑定银行卡、用户申购、申购确定和用户赎回。在余额宝的业务流程中,余额宝为支付宝客户搭建了一条便捷、标准化的互联网理财流水线。其业务流程包括实名认证、转入、转出3个环节。

(1) 实名认证。支付宝是一个第三方电子商务销售基金的平台,根据监管规定,第三方电子商务平台经营者应当对基金投资人账户进行实名制管理。因此,未实名认证的支付宝客户必须通过银行卡认证才能使用余额宝。

(2) 转入。转入是指支付宝客户把支付宝账户内的备付金余额转入余额宝,转入单笔金额最低为1元,最高没有限额,为正整数即可。在工作日(T)15:00之前转入余额宝的资金将在第二个工作(T+1)日由基金公司进行份额确认;在工作日(T)15:00后转入的资金将会顺延1个工作日(T+2)确认。余额宝对已确认的份额开始计算收益,所得收益每日计入客户的余额宝总资金。

(3) 转出。余额宝总资金可以随时转出或用于淘宝网购支付,转出金额实时到达支付宝账户,单日/单笔/单月最高金额100万元,对于实时转出金额(包括网购支付)不享受当天的收益。

5. 互联网基金的创新点

互联网基金从推出开始,就获得网民的高度认同和青睐,仅余额宝就以每天约3亿规模增长。究其原因,是互联网基金在多方面进行了创新。

(1) 互联网基金对基金业态进行跨界创新。

互联网基金摆脱了以商业银行为单一销售渠道的束缚,依托互联网平台进行直销,接近一般均衡定理描述的无金融中介状态,实现基金销售渠道的"脱银行化",客户数量却呈现指数级增长。第三方互联网平台机构与基金公司并非简单的基金代销服务关系,而是一种深度跨界融合的状态,在符合监管部门的各种约束下,全面革新基金产品的服务体验。以余额宝为例,余额宝是第三方支付业务与货币基金产品的组合创新,开创了基金公司在跨界电商平台直销基金的"触电模式"。目前,增利宝是余额宝唯一对接的基金产品。增利宝利用支付宝的渠道优势,在零推广成本下,将产品直接推送到8亿支付宝客户群体面前,独享近200亿规模的市场。余额宝上线之后,引发了违规争议,因为支付宝公司只有基金销售支付结算资格牌照而没有基金销售资格牌照,根据《证券投资基金销售管理办法》支付宝公司不得代销基金。为了实现余额宝规避监管风险,支付宝公司和天弘基金公司合作并经过一系列的设计与安排,实现了支付宝利用余额宝直销增利宝基金的模式,从而成功地规避了监管风险。余额宝的另一大新亮点就是将基金融合成为客户电子商务整体解决方案的重要一环。通过支付宝平台,余额宝给客户提供了集现金管理、理财增值、购物交费、提现转账功能于一身的电子商务流动资金管理一揽子解决方案。

(2) 互联网基金在产品服务和客户体验上的创新。

基金公司通过共享互联网平台的客户资源信息,有效分析其互联网平台客户资金理财管理需求风险偏好,并通过互联网平台帮助客户构建理财方案,为特定客户群体定制产品并主动推送。互联网基金依托互联网平台完美地解决了困扰基金销售多年的客户体验难题。以余额宝为例,天弘基金公司准确地把握了支付宝客户备付金的理财需求,即在保证备付金安全性和流动性的条件下,尽可能获取收益。余额宝针对以上理财需求在产品服务和客户体验上进行了诸多创新。例如,余额宝首次将客户基金资产融入客户即时消费场景,为客户提供理财增值的同时,又不影响客户的支付体验;余额宝在产品设计上突出为每一位支付宝客户服务的理念,余额宝转入资金门槛仅为1元,是所需资金门槛最低的一只基金。余额宝让客户每天看见备付金"每1元"按天复利增值,不少客户通过余额宝尝试了人生的第一次理财,享受到人人理财带来的魅力和增值感。在客户体验上,余额宝为客户提供了一个极佳的服务体验。支付宝公司和天弘基金公司在后台系统为余额宝提供了大量技术支持,为支付宝客户提供了"一键开户"流程,尽可能转化每一个支付宝客户。客户将钱转入余额宝,就即时购买增利宝,而客户如果选择将资金从余额宝转出或使用余额宝资产进行购物支付时,则相当于赎回增利宝基金份额,所有流程操作即时生效,便捷流畅。

(3)互联网基金在技术应用方面的创新。

目前,互联网基金都是货币型基金。货币基金投资管理的核心是流动性管理,因为流动性会极大地影响到产品的收益性和安全性。互联网基金共享互联网平台积累的海量用户活动数据,利用大数据、云计算等信息科学技术建立流动性评估模型,对流行性进行科学预测,以实现流动性和收益的高效匹配。以余额宝为例,余额宝的客户数已经突破400万,客户全部为个人,每日交易量(转入、消费支付及转出)接近百万笔,还有大促和节前消费等影响流量巨幅波动的节点,对货币基金流动性管理提出了更高的要求。天弘基金与支付宝公司合作,利用大数据、云计算建立量化的流动性评估模型,对余额宝的流动性做出较准确预测,实现余额宝流动性与收益性的良好匹配,让客户的备付金增值得到充分的安全保证。

4.2.3 互联网保险

1. 互联网保险的概念

互联网保险是新兴的一种以计算机互联网为媒介的保险营销模式,有别于传统的保险代理人营销模式,互联网保险是指保险公司或新型第三方保险网以互联网和电子商务技术为工具来支持保险销售的经营管理活动。

2. 互联网保险的发展

2000年8月,国内两家知名保险公司太平洋保险和平安保险几乎同时开通了自己的全国性网站。太平洋保险的网站成为我国保险业界第一个贯通全国、连接全球的保险网络系统。平安保险开通的全国性网站PA18,以网上开展保险、证券、银行和个人理财等业务,被称为"品种齐全的金融超市"。

众安在线财产保险股份有限公司(以下简称"众安保险")于2013年9月29日获得中国保监会的同意开业批复。据了解,众安保险所获得保监会审批的牌照是国内第一家也是全球第一个网络保险牌照,公司注册资金10亿元人民币,标志我国进入了纯网络保险公司时代。众安保险业务范围包含与互联网交易直接相关的企业/家庭财产保险、货运保险、责任保险、信用保证保险;上述业务的再保险分出业务;国家法律法规允许的保险资金运用业务以及其他经中国保监会批准的业务。

3. 互联网保险的优势

互联网保险的优势主要体现在以下 4 方面。

（1）个性透明。

相比传统保险推销的方式,互联网保险让客户能自主选择产品。客户可以在线比较多家保险公司的产品,保费透明,保障权益也清晰明了,这种方式可让传统保险销售的退保率大大降低。

（2）服务便捷。

互联网保险在服务方面更便捷。网上在线产品咨询、电子保单发送到邮箱等都可以通过轻点鼠标来完成。

（3）理赔轻松。

理赔更轻松。互联网让投保更简单,信息流通更快,也让客户理赔不再像以前那样困难。

（4）效率提高。

保险公司同样能从互联网保险中获益良多。首先,通过网络可以推进传统保险业的加速发展,使险种的选择、保险计划的设计和销售等方面的费用减少,有利于提高保险公司的经营效益。据有关数据统计,通过互联网向客户出售保单或提供服务要比传统营销方式节省 58%～71% 的费用。

4.2.4 互联网证券

1. 互联网证券的概念

互联网证券是证券业以因特网等信息网络为媒介,为客户提供的一种全新商业服务。网上证券包括有偿证券投资开户、资讯推送(国内外经济信息、政府政策、证券行情)、网上证券投资顾问、股票网上发行、买卖与推广等多种投资理财服务。随着互联网和移动通信的发展,证券市场将逐渐地从有形的市场过渡到无形的市场,现在的证券交易营业大厅将会逐渐失去其原有的功能,远程终端交易、网上交易将会成为未来证券交易方式的主流。2015 年 2 月,国金证券与腾讯合作之后推出的首支互联网证券服务产品"佣金宝"正式上线,其"万 2.5"(即万分之 2.5)的低佣金率在市场一时间掀起不小的风浪。

2. 互联网证券的现状

随着网上证券业务的不断推广,证券市场将逐渐地从"有形"的市场过渡到"无形"的市场,现在的证券交易营业大厅将会逐渐失去其原有的功能,远程终端交易、网上交易将会成为未来主流的证券交易方式。网上证券作为证券市场创新的一种新形式,发挥了积极的推动作用。主要表现在:第一,证券市场的品种创新和交易结算方式的变革,为网上证券建设提出了新的需求;第二,网上证券建设又为证券市场的发展创新提供了技术和管理方面的支持,两者在相互依存、相互促进的过程中得到了快速发展。

截至 2022 年 7 月,41 家上市券商 2021 年前三季度业绩已全部披露完毕,合计实现营业收入 4698.47 亿元,同比增长 22.55%;合计实现净利润 1484.41 亿元,同比增长 22.85%。其中,30 家券商实现营业收入、净利润同比双增长。

随着资本市场改革不断深化,券商也在寻求差异化发展的道路上不断探索。2021 年前三季度,"大而强"的头部券商仍保持业绩稳定增长,有 15 家上市券商的营业收入跻身"百亿元俱乐部",合计实现营业收入 3675.12 亿元,占所有上市券商总和的 78.22%。

3. 互联网证券的未来发展方向

(1) 搭建网络平台:金融与互联网的融合。

券商和互联网可以依托各自在金融服务领域的行业优势和互补性,在业务创新、品牌推广、资源共享等方面展开深度合作。券商可以依托互联网建成一个借助搜索技术、移动技术、支付技术、数据挖掘技术,上承专业机构、下接大众市场的集网上证券开户、财经资讯服务、理财产品销售、网上交易、投资者社区于一体的开放式第三方金融信息与交易服务平台。

(2) 移动终端:发展"一站式"金融管理服务。

如今,地铁、餐厅及街头等地方随处可见的"低头族",已经说明了消费者对于手机、平板计算机等移动终端的热情及依赖。也有越来越多的投资者通过这些移动终端来随时随地进行投资和接受理财服务。而移动互联私密、及时、方便的特性也注定了移动终端将是投资者接触证券公司最方便的途径。行业统计数据显示,通过移动交易终端下单数量已经占据证券公司非现场交易的 15% 以上,在日韩等移动网络发展较快的国家更是超过了 30%。可见,伴随移动互联网技术的进步和应用普及,这一比例在全球范围内还将继续提高。

(3) 网上开户:助推经纪业务转型。

网上开户可能是券商在进军互联网众多创新尝试中,眼下是最受欢迎、容易实施的一项。早已在市场中发展壮大的大券商已经办理了一些客户的开户业务。中国证券经纪业务当前正处在从传统经纪向网络经纪业务转型的阶段,对照美国网络经纪业务引发的佣金自由化后的服务升级,以美国嘉信理财为例,其抓住互联网革命契机,在竞争中实现华丽转型。也许,网上开户也能对我国券商传统经纪业务的发展起到带头作用。

(4) 与银行对接:分业经营下的混业服务模式。

理财和财富管理业务的竞争将是证券业内部以及各金融业态之间对于客户、产品、服务和投资业绩的竞争,这实际上是分业经营下的混业服务模式。券商在资讯、投资等领域是专家,而银行的强项是贷款和结算等领域。长远考虑,双方正在探索合作方式和合作领域。

4.2.5 互联网金融 App 介绍

互联网金融 App 信息如表 4-1 所示。

表 4-1 互联网金融 App 信息

App 名称	二维码	官网下载地址	LOGO	备注
民生银行直销银行		www.mszxyh.com	中国民生银行 CHINA MINSHENG BANKING CORP., LTD.	国内最早的直销银行开拓者

续表

App 名称	二 维 码	官网下载地址	LOGO	备 注
中国平安移动保险		u.pingan.com	中国平安 PINGAN 保险·银行·投资	主要是移动车险服务
佣金宝		www.yongjinbao.com.cn	佣金宝	国金证券与腾讯公司的合作的产品

4.3 第三方支付

4.3.1 第三方支付的概念

第三方支付(Third-Party Payment)狭义上是指具备一定实力和信誉保障的非银行机构,借助通信、计算机和信息安全技术,采用与各大银行签约的方式,在用户与银行支付结算系统间建立连接的电子支付模式。

4.3.2 第三方支付的模式分类

从发展路径与用户积累途径来看,目前市场上第三方支付公司的运营模式可以归为两大类:一类是独立的第三方支付模式,是指第三方支付平台完全独立于电子商务网站,不提供担保功能,仅仅为用户提供支付产品和支付系统解决方案,以快钱、易宝支付、汇付天下、拉卡拉等为典型代表;另一类是以支付宝、财付通为首的依托于自有 B2C、C2C 电子商务网站提供担保功能的第三方支付模式。

第三方支付盈利模式主要来源于 4 部分:收单手续费、预付卡、备份金利息和平台建立带来潜在收益。收单业务按交易量的 0.08%～0.22%收取手续费;预付卡作为一种辅助性货币,提前锁定未来收入,消费者获得一定返利;存在第三公司的备付金能获取利息收入;平台公司初期不以营利为目的,其注重客户积累、客户需求和客户黏性等指标,目的就是实现平台潜在价值的提升。第三方支付的兴起,不可避免地给银行在结算费率及相应的电子货币/虚拟货币领域带来挑战。随着第三方支付平台走向支付流程的前端,并逐步涉及基金、保险等个人理财金融业务,银行的中间业务正在被其不断蚕食。互联网支付、移动支付等新兴支付业务呈现旺盛的发展势头,业务规模不断扩大。2020 年第 1 季度中国第三方互联网支付市场交易份额如图 4-2 所示。

2021 年第 3 季度,第三方支付行业在 GDP 增速放缓、疫情影响下线下餐饮消费低位徘徊等不利局面影响下,受益于线上消费的持续火热,社会消费品零售总额保持稳定,第

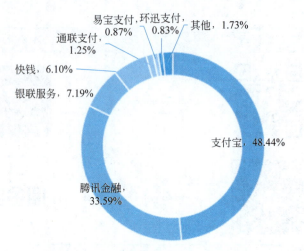

图 4-2　2020 年第 1 季度我国第三方互联网支付市场交易份额

资料来源：前瞻产业研究院

三方支付移动支付行业基本盘稳固。对外贸易高位运行，跨境电商方兴未艾，助力第三方移动支付行业行稳致远，如图 4-3 所示。

图 4-3　我国第三方支付移动支付市场交易规模

2021 年第 3 季度，在复杂多变的内外部环境下，历经疫情、汛情等不利因素考验，加之基数抬升影响，我国线下消费需求端整体承压，但在消费代际变迁叠加国货品牌崛起的驱动下，整个线下消费市场依然保持着抗压韧性。统计显示，2021 年第 3 季度，第三方支付行业线下交易场景仍旧保持稳定增长的态势，线下扫码支付市场的交易规模达到 13.95 万亿，环比增长 3.95％，如图 4-4 所示。

图 4-4　线下扫码市场交易规模

4.3.3　第三方支付的未来发展

随着支付行业参与者不断增多，在银行渠道、网关产品以及市场服务等方面的差异性越来越小，支付公司的产品会趋于同质化，这意味着第三方支付企业需要不断寻找新的业绩增长点。移动支付、细分行业的深度定制化服务、跨境支付、便民生活服务将成为新的竞争领域，拥有自己独特竞争力及特色渠道资源成为众多第三方支付企业生存及竞争的筹码。

随着我国第三方移动支付行业的监管政策不断改革趋严的情况下，例如，将第三方支付的直联模式强制转为网联模式、将第三方支付的备付金100%转入央行监管专用备用金账户、信息保护的诸多法规及政策出台，我国第三方移动支付机构的进入资质变得更加规范，再加上长时间支付对市场用户的不断渗透，以及未来央行还将推出数字人民币，我国第三方支付交易规模的高速增长状态将转为平缓发展态势。

4.3.4　第三方支付 App 介绍

国内知名的第三方支付 App 信息如表 4-2 所示。

表 4-2　国内知名的第三方支付 App 信息

App 名称	二 维 码	官网下载地址	LOGO	备 注
支付宝		www.alipay.com		全世界最大的互联网支付平台

续表

App 名称	二 维 码	官网下载地址	LOGO	备 注
财付通		www.tenpay.com		腾讯公司的第三方支付平台

4.4　P2P 网络借贷

4.4.1　P2P 的概念

P2P 网络借贷（Peer to peer lending）指通过第三方互联网平台进行资金借、贷双方的匹配。需要借贷的人群可以通过网站平台寻找到有出借能力并且愿意基于一定条件出借的人群，帮助贷款人通过和其他贷款人一起分担一笔借款额度来分散风险，也帮助借款人在充分比较的信息中选择有吸引力的利率条件。P2P 平台的盈利主要来源于从借款人处收取一次性费用以及向投资人收取的评估和管理费用。贷款的利率是由放贷人竞标确定或者是由平台根据借款人的信誉情况和银行的利率水平提供参考利率。

4.4.2　P2P 的分类

P2P 网贷按借款端可以分为个人对个人的借款（P2P）和个人对企业的借款（P2B）。无论是 P2P 还是 P2B，为了提高投资人的投资信心，都是风险备付金或引入第三方的担保来承诺对本息进行"刚性兑付"。P2B 网络借贷在模式上源于 P2P 网络借贷，在理念上继承传统信托。通过 P2B 网络借贷与上述两者的比较，能清晰地认识和理解 P2B 网络借贷的优势。P2B 网络借贷与传统信托相比，风控体系类似，但投融资双方门槛显著降低，投资期限大幅缩短，流动性明显增强，投资人本息能得到保障且收益率不逊于信托。因此，P2B 网络借贷被称为"互联网信托"实至名归，也为传统信托开展互联网营销提供了参考。P2B 网络借贷与 P2P 网络借贷相比，平均收益率较低，但其融资方是企业，并提供有足额抵押物和第三方担保，风险远低于依靠个人信用担保的 P2P 网络借贷。特别是在资金管理上，P2B 网络平台采用第三方支付平台托管投融资双方的资金，比 P2P 网络借贷平台自我管理投融资双方的资金，更安全可靠。P2B 网络借贷为 P2P 网络借贷丰富其业务结构或平台转型升级提供了有益借鉴。

4.4.3　P2P 的主体架构和运营模式

P2P 网络借贷在运营过程中涉及 5 个直接主体：个人投资者、融资企业、P2P 网络借贷平台、第三方支付平台和担保机构，如图 4-5 所示。

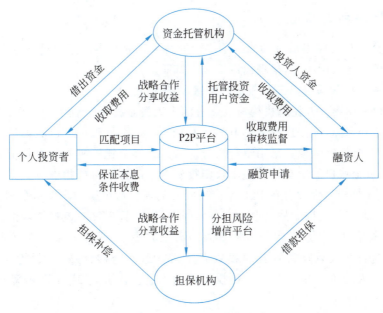

图 4-5　P2P 的运营模式

1. P2P 平台是借贷双方的一个信用中介

P2P 平台采取专业风险管理方式，负责审核借款人融资信息的真实性、抵（质）押物的有效性，评估借款的风险性，通过第三方资金托管和第三方担保来分散平台经营风险。P2P 平台一般对投资者承诺本息安全，一旦融资人违约，P2P 平台则立即采取多种措施来保证投资者的本息安全。

2. 个人投资者是投资主体

投资者首先在 P2P 平台网站实名注册成为注册会员，然后通过绑定银行卡进行实名认证，认证通过后，则成为具有投资资格的会员。投资者在平台自行匹配投资项目，匹配成功后，向与平台合作的第三方资金托管账户充入资金并向匹配的融资项目投标，如果实时获得平台投资确认的电子信息记录和电子合同，说明投资成功。

3. 借款人是融资主体

借款人首先在 P2P 平台网站实名注册成为平台的注册会员并完成身份认证（包括但不限于银行卡），认证通过后，可以向 P2P 平台提出融资服务申请，经 P2P 平台审核通过后，就允许在平台上发布融资信息，如果在融资期限内所有投资人的投资资金总额达到融资人的要求，则借款人融资成功。

4. 资金托管机构是 P2P 平台的战略合作伙伴

资金托管机构全程为 P2P 平台投资者的资金进行第三方托管，对投资者资金安全进行全程保障。

5. 担保机构是 P2P 平台的战略合作伙伴

担保机构是 P2P 平台的战略合作伙伴，与 P2P 平台一起审核和分担借款人还款风险并增加 P2P 平台的信用度，是投资者资金安全的第三方屏障。

4.4.4　P2P 平台的特征

P2P 平台是 P2P 网络借贷的核心主体。虽然各 P2P 平台的运营机制各有不同，但价值主张与运营理念大同小异，呈现出以下 3 点特征。

1. P2P 平台一般采用第三方托管和担保，属于信用中介

P2P 平台采用第三方托管机构对投资者的个人资金提供全程资金托管，对投资者资金安全进行全程保障，确保投资者的利益。目前，绝大多数 P2P 平台的第三方资金托管机构是第三方支付平台，少数采用银行托管。第三方资金托管机构根据投资者的操作指导资金流向，资金账户的所有权和使用权归投资者。P2P 平台的担保方式采用第三方担保，第三方担保机构为投资者在 P2P 平台所投资的项目提供逾期全额本息担保。P2P 平台通过与第三方担保机构的战略合作有效增强自身信用，为每一位投资者的资金安全树立了一道安全屏障。P2P 平台是借贷双方的第三方中介，采用专业风险控制体系对企业融资项目进行全程风险管理并对投资者承诺本息安全，当融资人不能及时还款时，还要充当追债人的角色并要先行垫付投资者的本息。因此，P2P 平台的复合型中介特征显著。

2. P2P 平台秉承信托理念，确保平台理财信誉

P2P 平台秉承"受人之托，代人理财"的传统信托服务理念，操作原理与传统信托非常相似。借款方的融资人（受益人）在 P2P 平台申请融资，P2P 平台（受托人）通过线下严格的评级辅助线上审批。线下评级从融资人的偿债能力、信用记录等方面进行考察，涉及财务状况、抵押担保情况构成等诸多方面，将融资人的债权管理信息、债务管理和合同履行信息、财务信息以及公共记录信息收集起来，对融资人的诚信等级和融资偿付能力进行全面科学评估。融资人在通过审核后方可在 P2P 平台上发布融资标及信息。投资者（委托人）基于对 P2P 平台的线下征信服务的信任，通过 P2P 平台对自选的融资人投标（委托）完成投资。一旦融资人违约不还款，P2P 平台则立即采取备付金偿、抵质（押）物变现处理和担保方补偿方式等类似信托风控措施来"刚性兑付"投资者的本息，确保平台稳健理财的信誉。

3. P2P 借贷服务中小微企业，支持实体经济

从目前我国的 P2P 平台的金融服务定位来看，是针对中小微企业的经营生产性融资服务，有力地支持了我国实体经济的发展。P2P 平台开展这种差异化的金融服务具有广阔的前景：一方面，政策上国家大力支持服务实体经济的金融创新。实体经济是社会生存和发展的基础，我国始终强调金融服务要围绕实体经济开展。2012 年我国发布的《金融业发展与改革"十二五"规划》中更是明确提出将"坚持金融服务实体经济的本质要求"作为我国金融改革的主要目标，说明我国政府必将对服务实体经济的金融创新进行鼓励和支持。另一方面，中小微企业的经营生产性融资需求市场巨大。据《中华工商时报》对数千家中小企业调研发现，95% 以上的中小微企业面临的第一难题是资金问题，商业银行借贷只能满足中小企业 5% 左右的融资需求，这导致大部分中小微企业通过高于银行利率数倍的民间借贷方式融资。P2P 平台多为中小微企业提供便捷的融资服务，融资人可以快速在 P2P 平台向互联网个人投资者融资，在 P2P 平台上最终能以远低于民间借贷的利息借到企业中短期发展需要的资金。因此，P2P平台必将受到有融资需求的中小微企业的青睐。

4.4.5　P2P的风险爆发

在2013之前，P2P的合法身份存在不确定性，参与网贷的人数很少，也有少量的问题平台（出借人无法按约收回本息）出现，主要以跑路收场，但是涉案规模较小，也没有引起社会关注。在2013年，互联网金融获得政府认可，网贷获得了明确的法律地位，而且在余额宝激发民众互联网金融理财观念后，普通民众在网贷平台出借人数和规模快速增加，与此同时网贷平台数量也不断增加。由于当时网贷处于"无门槛、无标准、无监管"的三无状态，网贷平台龙蛇混杂、良莠不齐，打着网贷旗号行诈骗之实的平台不断出现，网贷不时出现危机，跑路、无法提现的网贷平台开始增加，这也引起了国家层面的关注。由于问题平台暴露的风险危害性有限，又逢国家正在积极促进互联网金融的发展，网贷获得了包容和宽松的发展环境。可是，网贷却继续裹挟着风险，无序野蛮地发展到2015年，此时的平台成为全牌照的神奇金融中介，标的资产从高息活期理财，到规模十亿的地产融资，再到海外资产配置，甚至到高风险的股票期货配资等让人眼花缭乱、瞠目结舌，另一方面网贷还成为不法分子诈骗敛财的乐土，网贷平台上午上线、下午跑路的事件不时被媒体报道。网贷的疯狂发展导致行业风险敞口急剧扩大，在2015年年底发生的震惊全球的涉案高达762亿的"e租宝"资金诈骗案，给115万投资人造成了严重的财产损失。习近平主席还对e租宝案件做出指示，"要加快网络立法进程，完善依法监管措施，化解网络风险"。

4.4.6　P2P的发展展望

我国P2P网贷在发展过程中问题和风险不间断地暴露，但国家监管层始终没有"一刀切"全面取缔，这说明我国P2P网贷具有服务小微企业和践行普惠的社会价值，而并非一无是处。根据2018年出台的《关于做好网贷机构分类处置和风险防范工作的意见》的精神，P2P网贷的发展前景在理论上有3条存活路径可以选择：一是转型助贷。可是，2019年监管层多次发文要求传统金融机构的风险审核和定价环节禁止外包并且联合公安机关重拳打击利用数据爬虫等技术侵犯用户数据隐私的用于网络放贷的行为，在此背景下，P2P网贷机构企图在无相关牌照的前提下转型助贷的希望已经破灭。二是获得个体网络借贷备案，成为信用性质的P2P网贷机构。这个选择路径明显与国际上P2P网贷去中心化的纯信息中介模式背道而驰。按照2019年出台的《网络借贷信息中介机构有条件备案试点工作方案》，P2P网贷机构自有风险备付资金是贷款余额的9%，但是并没有网贷机构能确保其未来的坏账低于9%，如果未来有备案P2P网贷机构的坏账超过9%，那么网贷行业仍然无法跳出整治和清退的轮回。我国P2P网贷行业信用化备案，从根本上无法化解其不确定性风险，所以网贷机构备案也被排除。三是转型为网络小额贷款公司。在征信体系不健全、催收成本高企、出借人明显劣势和金融科技基础设施羸弱的客观条件下，暂时砍掉P2P中资金端的"P"，将风险外溢收缩是目前最现实的结果。因此，P2P网络借贷转型为网络小额贷款公司是未来短期内唯一的路径选择。

虽然，P2P网贷机构转型为持牌的网络小贷机构已经尘埃落定，标志着我国P2P网贷的阶段性存在窗口已经关闭,但是,随着我国将区块链技术作为核心技术自主创新的重要突破口,区块链技术完全可以实现我国社会体系的可信化,通过智能合约与数字资产自动划转交易可以极大地保证出借人的本息安全并改变出借人的劣势地位,而且区块链技术给所有借贷利益相关都提供了全透明、可溯源和难篡改的交易账本,非常有利于监管层开展科技监管,这些金融基础设施的完善和创新性生态制度的保证才能让P2P网贷作为信息中介稳健可控和持续健康发展。可以预见,未来P2P网贷在我国还会再次兴起,也将会真正成为个体和机构的重要投融资方式。

4.5 股权众筹

2013年12月23日,美国证券交易委员会(下称SEC)全票通过延宕日久的以JOBS法案中的第三篇众筹法案为基准的众筹监管法规。新法规使得初创公司和小企业可以通过众筹方式向普通美国公民发行股票融资的提案进入实施阶段,再次引起了全球对股权众筹融资的高度关注。股权众筹作为一种新兴的为初创企业进行互联网融资的工具,在欧美已初具规模,对活跃经济、繁荣市场的作用日益明显。在我国,股权众筹发展的环境并不成熟,但在巨大的民间投融资需求和国际示范效应下,2013年,我国股权众筹开始蹒跚探路,并在与相关政策和法规的不断博弈中缓慢发展,股权众筹平台形成"南北双极"格局。2014年,促进互联网金融健康发展被首次写入政府工作报告,股权众筹也被认定为我国多层次资本市场的重要组成部分,证监会也开始对股权众筹模式进行调研,并着手制定其发展监管意见。因此,股权众筹在我国即将面临重大的历史发展机遇。

4.5.1 股权众筹的概念

股权众筹(Equity-based Crowdfunding)融资模式起源于美国,与非股权众筹不同,是一种风险较高、期限较长的投资行为,在我国公开性证券融资的体系中处于金字塔的底部(如图4-6所示)。广义的股权众筹是指通过中介机构撮合融资企业和投资者的权益性融资方式。狭义的股权众筹是指初创企业通过众筹网络平台(下称众筹平台)将所需融资项目情况、融资需求及出让股份公布在众筹平台上,由注册的合格投资者认购股份,支持创业项目的发展并获得一定的股权(而非实物)作为回报。互联网股权众

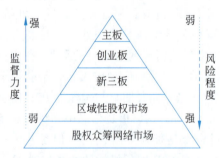

图4-6 我国公开性股权交易市场

筹降低了融资成本,提高了融资效率,但是作为一种创新性的融资模式,由于整体制度缺失,存在诸多的不确定性,值得深入的讨论和研究。

4.5.2 股权众筹的运行主体架构和交易流程

股权众筹在运营过程至少有项目融资人(创业者)、公众投资人和众筹平台三个主体,

大多数还具有资金托管机构。

1. 项目融资人

项目融资人一般是试图通过众筹平台为自主具有但缺乏资金支持的项目进行融资的小微企业创业者,其融资的项目具有高新技术、创新商业模式和市场高成长预期等特征,并且尚处于种子期或初创期。同时,项目融资人必须成立公司,遵循现代公司治理制度,建立可对外售股权的制度,还必须具备众筹平台规定的条件,例如国籍、年龄、资质和学历符合规定等,并且必须在众筹平台注册和签订服务合约,明确权利和义务之后,经众筹平台审核通过才能进行项目融资。

2. 公众投资人

公众投资人是众筹平台上注册的众多的"草根天使",通过众筹平台选取项目,但是投资之前,必须通过众筹平台的资格审核,成为合格的投资者,才能对中意的项目进行规定额度内的投资并获得项目公司的对应股份,享受普通股东的权利,甚至对创业者的决策施加影响,如果公司盈利就能获得回报。

3. 众筹平台

众筹平台是平台的搭建者和运营方,又是项目融资人的审核者、辅导者和监督者,还是公众出资人的重要利益维护者,同时还为投融双方提供财务审核、技术咨询、法律文档、交易撮合等各种支持服务。因此,众筹平台的多重身份特征决定其流程复杂、功能全面、责任重大。

4. 资金托管机构

资金托管机构是众筹平台的战略合作伙伴,其功能类似于P2P中的资金托管机构,全程为公众投资人的资金进行第三方托管及分期支付,对投资者的资金安全进行全程保障,参见图4-7。

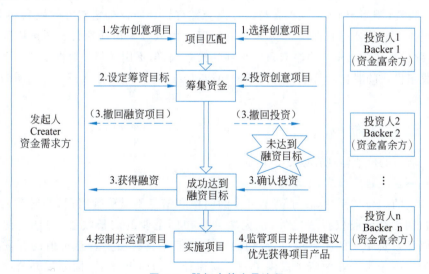

图4-7 股权众筹交易流程

4.5.3 股权众筹的融资模式

股权众筹的融资模式主要有个人直接股东模式、基金间接股东模式和集合直接股东模式3种。

1. 个人直接股东模式

个人直接股东模式是出资者直接在众筹平台上浏览列出的可投资项目，然后挑选他认为有潜力的企业进行投资。筹资项目成功后，出资者通过众筹平台的电子化程序签订转让协议、股权凭证在内的文件并在公司登记注册，在收到纸质的股权证书（通常分为A股和B股两种）、投资协议书等文件后，投资者则直接成为该融资企业的股东，持有B股的投资者对公司的决策具有投票权。这种模式主要存在于英国，例如，英国著名的股权众筹平台Crowdcube和Seedrs。

2. 基金间接股东模式

投资者直接在众筹平台上浏览可投资项目，然后挑选他认为有潜力的项目进行投资，资金并不经过众筹平台，而是转入到一家风投基金，由风投基金把所有投资人募集的资金注入项目公司。投资者是众筹平台中项目个股的基金持有者，基金的面值和项目公司的股票的价值是等值的。在这种融资模式中，投资者是项目公司的间接股东，其所有投票权被基金代理，投资者对融资项目公司基本上没有影响力。美国著名股权众筹平台Fundersclub即采用此模式。

3. 集合直接股东模式

集合直接股东模式又被称为"领投＋跟投"模式和辛迪加模式，在该模式中执行"领投人"制度，通常由众筹平台指定一名具备一定的行业资源、影响力、丰富投资经验和很强风险承受能力的人充当投资的领导者与协调人（相当于VC中的GP），其他的投资人追随领投人进行投资（相当于LP），领投人与跟投人会签订管理协议确定双方的权利和义务，领投人和跟投人都是公司的直接股东，但通常情况下由领投人担任项目公司重要股东并参与管理，跟投人作为出资方也享有重大事项的投票权，但不用参与一般性事务。著名的集合直接股东模式的股权众筹平台有美国的AngeList、澳大利亚的ASSOB、我国的天使汇和大家投等。

4.5.4 股权众筹的价值

股权众筹的价值体现在以下3方面。

1. 创新性的融资模式，推动普惠金融发展

在传统的融资体系中，由于高不可及的门槛和信息不对称等因素，普通个人投资者被排除在初创企业股权投资之外，也无法分享初创企业的成长收益。同时，初创企业多囿于风险投资单一的融资渠道，成功的概率较低。具有明显普惠价值的互联网金融的发展为缓解小微企业融资难提供了一条新途径。2013年8月，国务院办公厅发布的《关于金融支持小微企业发展的实施意见》指出，要"充分利用互联网等新技术、新工具，不断创新网络金融服务模式"。股权众筹作为互联网金融的核心模式之一，是一种依托众筹平台，针对高成长预期的小微企业初创期的、独立于正规金融体系之外的新兴投融资形式,其最大的创新在于完全打破传统证券融资的体系和流程,普通民众可以通过众筹平台直接参与初创企业的股权投资,与企业共担风险和共享收益。同样,初创企业借助众筹平台通过互联网直接融资,其融资渠道被有效拓宽,融资成功率明显提高。由此可见,股权众筹对有效促进金融公平、推动普惠金融发展、增进社会公平感具有重大的社会价值。

2. 扶持小微创新企业发展,提高国家竞争能力

我国正处于经济结构调整和转型升级的特殊时期,中央制定了"用好增量、盘活存量"的金融业方针和政策,引导大量民间金融资源转向支持实体经济的发展,特别是新经济的发展。小微企业是新经济增长点的重要潜在元素,更是深化改革的主要推动力量。但是由于小微企业的先天性缺陷,很难从银行等正规金融渠道以合理价格获得融资。股权众筹作为一种专门针对创新型小微企业的互联网权益融资形式,打开了"微天使"的大门,给予普通群众投资创新型小微企业的权利、机会和渠道。从创业板和新三板的发展来看,存量资金明显钟爱于创新型小微企业的投资,特别是新三板,在不到半年的时间里,相关挂牌公司已经达到了 740 家,总市值已经达到了 1434 亿。股权众筹由于极大地降低了初创企业的准入门槛,必定引爆小额闲散民间资金对新型小微企业的投资热情,大幅降低小微企业的股权融资的成功率。同时,由于股权融资不需要定期支付利息和本金,小微企业没有负债压力,能将全部募集的资金投入产品创新之中,有利自身快速发展,提高创业的成功率,进而促进经济结构转型升级。因此,股权众筹在一定程度上能推动我国从储蓄型社会向投资型社会转变,加速中国制造向中国创造的转变,提高国家竞争能力,促进经济市场繁荣。从这个角度上来说,股权众筹具有重要的战略价值和经济价值。

3. 激发全民创新创业,形成创新创业传统

俗话说"万事开头难",创业者在创业初期的融资尤其困难。通常创业者虽然拥有很好的商业思路,但商业计划和融资需求只能在行业内的天使投资人和风险投资等圈子里小范围传播。受困于融资渠道的匮乏和高额的融资成本,许多创业项目在吸引到资金前就已经夭折。而股权众筹通过互联网技术以更加迅速、直接和社会化的融资方式,既能拓宽创业者融资渠道,有效解决初创企业"融资难"和"融资贵"的困扰,也让每一个普通人都可以基于情感、喜好或商业眼光参与创业投资,同时,让更多的投资人为创业企业提供除资金以外的其他资源(智力资源、客户资源、人力资源等)帮助,有效降低创业风险,提高创业的成功率。显然,股权众筹能明显改善创业环境和营造创业氛围,也将造就一大批新的创业企业家,新的企业家自然会感染、鼓励和支持年轻一代创新与创业,进而在我国逐渐构建一个创新创业的良性循环生态,最终将创新创业沉淀为中华民族的宝贵传统和精神追求,具有深远的内在价值。

4.5.5 股权众筹 App 信息

国内知名的股权众筹 App 如表 4-3 所示。

表 4-3　国内知名的股权众筹 App 信息

App 名称	二 维 码	官网下载地址	LOGO	备 注
天使汇		www.angelcrunch.com	ac天使汇	国内最早的股权众筹平台之一
浙里投		www.zhelitou.cn	Z	浙江股权交易中心旗下平台
36Kr		www.36kr.com	36Kr	专注于互联网、科技和 TMT 的平台

4.6　大数据网络贷款

4.6.1　大数据网络贷款的概念

大数据网络贷款是指运用大数据和云计算等新一代信息技术，对客户海量的网络行为数据进行分析和挖掘，对客户进行快速征信、评级和放贷的一种网络贷款模式。它最能体现出互联网金融相对传统金融在风控、定价和成本方面的优势。

4.6.2　大数据贷款的征信

信用是一切金融交易的生命和基础，而大数据贷款与传统贷款的征信存在诸多不同。相比传统的征信系统，互联网征信是全新的领域。相比之下，央行的征信系统更新速度较慢，而大数据征信则是实时数据，尤其是在社交方面的数据很有优势。把这些数据与央行数据相结合，风险评判将更为有效。例如，一个人申请了几张信用卡，央行更新系统较慢，用户申请信用卡还没有相关记录，而通过互联网征信则实时显示，从而保证了时效性。信用评判很大程度上是对用户风险能力的判断，而大数据征信可以观察到用户各种各样的行为，例如，是否经常上网以及金钱之外的各种社会行为等，而这恰恰是大数据的优势所在。金钱只是一个维度，而互联网征信则可以观察到用户的几百个、上千个维度，从而做到更加全面、立体、及时。

4.6.3　阿里小贷

成立于 2010 年的阿里小贷是大数据网贷的典型代表，其主要针对的是阿里闭环圈中的诚信通、淘宝和天猫三个平台客户。利用大数据网络贷款,阿里小贷在成立 3 年半的时间里,累计放贷 65 万户,累计投放贷款超过 1600 亿元,户均贷款余额低于 4 万元,不良贷款率控制在 1％左右。阿里小贷最高授信金额为 100 万元,期限 1 年,客户利率及手续费合并后在 18％～27％,无须担保,按月分期还款。业务受理范围为阿里巴巴网站上的收费会员(或历史上曾经收费的会员),且注册地须位于江浙沪(除温州)、广东、山东、北京、天津(上述区域客户占阿里巴巴网站客户总量的 70％)。阿里小贷的客户准入标准与其他经营免抵押小微信贷的金融机构类似,包括客户最低经营年限、最高销售额、财务指标、征信准入、禁入行业等。阿里小贷业务流程中的客户申请与放款都通过网络完成,最大区别在于阿里小贷贷款前需委托客户经营所在地的第三方机构进行现场资料搜集及调查。这些受聘于第三方机构的外访人员的主要工作职责为按照阿里小贷初审人员要求搜集资料,包括身份证、征信查询授权书、营业执照、银行流水、缴税凭证、租赁合同、购销合同等,最重要的是现场了解借款主体的真实性、借款意愿的合理性及经营是否正常。为打造程序简便的形象,阿里经常对外宣称贷款仅需借款人身份证、征信查询授权书、银行流水、缴税凭证四件套,但实际操作时所需资料远不止于此。

外访人员将所有资料扫描上传到阿里信贷管理系统,需客户亲笔签名的申请表、征信查询授权书等则另外通过快递公司提交。根据客户配合程度,外访流程大概持续 3～15 天,平均时间约 7 天。初审人员在系统中接收到外访人员上传的资料后,填写调查表,必要时与客户进行电话核实,再将完备资料提交信贷审批车间审批。审批人电话核实客户信息,并根据客户基础资料、征信情况、信用评级、授信公式测算额度等综合判断是否授信及可授信额度、贷款方式,从初审到终审完成一般需要 2 个工作日。

4.6.4　Kabbage 网络贷款

Kabbage 是一家为网店提供营运资金支持的企业,由 Marc Gorlin、Kathryn Petralia 和 Rob Frohwein 于 2008 年年底创立于美国亚特兰大。如同中国的淘宝网店一样,美国电商平台 eBay、Amazon 上也有众多形形色色的网店,它们的特点都是规模小且几乎没有固定资产,在发展过程中常常遇到资金短缺问题,从传统银行很难得到贷款支持。Kabbage 发现,这是一个巨大的潜在市场。

Kabbage 通过向这些网店提供类似贷款的商业预付款而实现收费,提供预付款的决策依据是这些网店的营运数据,包括从 Google Analytics 等得到的网络信息、从网店使用的记账软件 Quickbooks 等得到的记账信息,以及从 UPS 等物流企业得到的发货信息。Kabbage 通过自己独特的信用风险评分模型,号称能够在 7 分钟内做出付款判断。

4.6.5　大数据网络贷款的未来

近年来,随着互联网尤其是移动互联网的高速发展,人们所积累的各类数据正在指数级增长,大数据也逐渐被应用到各行各业。中国央行于 2015 年 1 月 5 日批准了阿里、腾讯等第一批 8 家征信公司,国内征信和评分体系将出现百花齐放的大好局面。网络平台和网店很可能是利率市场化的第一批受益者。1986 年,美国在完成利率的市场化之后,存款利率的市场化直接催生出 20 世纪 90 年代网络直销银行的兴起,像 INGDirect、

AllyBank 以及 BOFI 等直销银行都是基于网络运行，能够提供比传统银行更高的存款利率。贷款利率方面，市场化是以对风险进行精准定价为基础，互联网为这一切提供了条件，互联网积累的数据使我们迅速进入一切数据皆有价值的时代，大数据网络贷款成长空间巨大。

4.7 我国互联网金融发展展望

4.7.1 互联网金融远未成形，新的模式将层出不穷

互联网金融是一个弹性很大、极富想象空间的概念，是一片新兴的蓝海，其发展远未成形，新的模式将层出不穷。笔者认为这主要有3个原因：一是信息科学技术，特别是人工智能技术将不断得到突破，并不断推动金融创新。例如，计算机人脸识别技术在2014年就获得重大突破，其人脸识别能力已超过人类肉眼，这有可能解决互联网金融中身份认证难题；智能穿戴的发展进一步推动互联网金融业务的即时化。以支付手环为例，未来用户挥挥手就能完成支付。二是互联网金融服务细分市场将被不断挖掘。互联网金融在我国大爆发后，传统金融机构和互联网企业都在积极布局互联网金融市场，并利用自身优势，开始深耕细分市场，形成差异化竞争。例如，民生电商推出的"票据贷"P2P模式；阿里小微金融推出的"招财宝"平台金融模式；团贷网推出的"房宝宝"众筹买房模式。三是互联网金融将不断挖掘并满足个人和中小微企业个性化和快速多变的金融服务需求。众所周知，由于我国金融体系的结构性问题，传统银行无法覆盖众多个人和中小微企业个性化和快速多变的金融服务需求，而互联网金融则能通过快速的迭代创新来满足这些客户的金融需求，这也将不断产生出新的互联网金融模式。

4.7.2 大数据征信将成为互联网金融发展的关键，数据共享势在必行

互联网金融的本质是金融，信用是金融的根基和生命。互联网金融的主要优势在于利用云计算、大数据技术对用户活动数据进行挖掘和分析，进行快速准确的信用评估及风险定价。但是，我国征信体系还相当不完善，央行征信系统也不向互联网金融企业开放，同时，互联网金融企业之间交易数据也没有实现共享。由于缺乏足够的可靠数据，大多数互联网金融企业只能线下征信，导致极大地提高了运营成本，并没有发挥互联网金融的技术优势。所以，互联网金融企业在主观上有强烈的数据共享的愿望，以尽可能地消除投融双方的信息不对称，有效降低投融双方的风险，但是因为缺乏公平有效的数据共享的机制和平台，互联网金融企业数据共享暂时陷入了"囚徒困境"。在另一方面，监管层也意识到"征信难"成为互联网金融发展的核心障碍，也在积极准备将互联网金融的交易信息逐步接入央行征信系统，推动互联网金融企业之间数据共享，引导互联网金融企业将竞争着力于产品、风控和用户体验上，而非通过隐藏信息、重新构建信息不对称而获得竞争优势，这既能促进互联网金融的透明化、阳光化，又能健全和完善社会信用数据。

4.7.3 互联网金融将受到法规的监管，监管方式将与时俱进

由于监管缺失，互联网金融的市场准入与市场监管的成本极低，有利于互联网金融企

业利用用户体验至上的原则和理念,不断变向突破传统金融业诸多"审慎稳健"为基准的业务规则框架,从而进行监管套利。但无规矩不成方圆,互联网金融过于强调互联网精神,急剧增加了互联网金融的风险,特别是 P2P 网贷和股权众筹业务。我国政府亦非常关注互联网金融发展初期暴露的问题,在 2014 年 7 月出台的《关于加快发展现代保险服务业的若干意见》明确指出,"尽快出台规范发展互联网金融的相关指导意见和配套管理办法,促进公平竞争",因此,可以预见互联网金融即将受到明确的法律规范和监管,监管套利空间会被极大压缩,线上线下将公平竞争。在监管方式和手段上,监管层面对互联网金融企业数量的迅猛攀升、业务发展的快速多变和风险传播迅速的现实情况,唯有及时乃至实时掌握互联网金融的交易和行为信息,并采用差异化、算法化、自动化的监管方式才能对互联网金融进行有效监管,所以基于大数据的科技化监管是互联网金融监管方式的重要发展方向。

4.7.4　互联网金融将不断提高金融业的虚拟化,金融业态逐步重新构建

马云曾说过"银行不改变,那就改变银行",互联网金融企业对传统金融业挤压造成的经济损失是浅层面的,最大的损失在精神层面。普通民众开始意识到传统金融不但没有小客户价值意识,而且极度缺乏人文关怀,所以传统金融业在一片危机和批评声中开始改变,并深刻反思"跑马圈地"的发展模式和"二八"客户服务理念,纷纷将互联网金融作为重要的发展战略,加快自身的民主化、网络化和人文化的金融服务和产品,同时与互联网企业进行积极融合,参与和分享互联网共享经济。可以预见,互联网金融将在近几年内重构金融业形态,包括管理理念、发展战略、产品设计、服务流程和业务模式,让整个金融业得到重生。以谢平为代表的学者认为商业银行等传统金融中介机构最终将消失,所有账户只需要中央银行开设和管理。但笔者认为这不可能,原因有两点:其一,无论技术如何发展,信息不对称总是会存在,既然存在,就需要中介,只不过成本和形式不同而已;其二,金融中介本身也在不断地变革和创新来适应时代的要求和发展,加之其强大的风控、资源和信誉优势,技术不可能完全取代。所以,我们认为未来的以商业银行为核心的金融中介一定存在,但给客户的认识将逐步演变为云服务形式而不是实体网点。

4.8　本章小结

本章从以下 4 方面介绍了互联网金融。

1. 介绍了互联网金融的定义,分析了互联网金融在我国的兴起背景,总结了互联网金融的模式分类。

2. 讨论了金融互联网模式中的直销银行、互联网基金、互联网保险和互联网证券;介绍了第三方支付的概念、模式分类和未来发展;介绍了 P2P 网络借贷概念和分类,分析了 P2P 的主体架构和运营模式,展望了 P2P 网络借贷的未来;介绍了股权众筹概念,分析了股权众筹的运行主体架构和交易流程,讨论了股权众筹的融资模式和价值;介绍了大数据网络贷款的概念,分析了大数据贷款的征信,剖析和展望了阿里小贷和 Kabbage 网络贷款,展望了大数据网络贷款的未来。

3. 列举了互联网金融各种模式的知名 App。
4. 展望了我国互联网金融的未来发展。

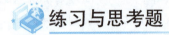练习与思考题

1. 选择题

(1) 以下理解更为准确的是(　　)。
　　A. 互联网金融的核心在于互联网
　　B. 互联网金融是传统金融的线上化
　　C. 互联网金融的核心是用互联网思维开展金融服务
　　D. 互联网金融的核心是用金融思维开展互联网服务

(2) 互联网金融在(　　)年被写入国务院政府工作报告。
　　A. 2011　　　　B. 2012　　　　C. 2013　　　　D. 2014

(3) 目前,在移动第三方支付市场中,支付宝钱包和(　　)市场份额排前两名。
　　A. 汇付天下　　B. 财付通　　　C. 拉卡拉　　　D. 中金支付

(4) (　　)不是互联网金融在我国爆发的原因。
　　A. 全球的互联网金融发展远落后于中国
　　B. 国家政策的大力支持
　　C. 互联网企业积累的海量数据和技术创新可以用于金融活动
　　D. 我国金融体系中的扭曲因素为互联网金融发展创造了空间

(5) 直销银行起源于(　　)。
　　A. 英国　　　　B. 美国　　　　C. 德国　　　　D. 意大利

(6) (　　)不是余额宝成功的因素。
　　A. 以支付宝的海量用户为基础
　　B. 合作的基金公司在金融界中强大的品牌效应
　　C. 便捷的开户流程和与购物支付相关联
　　D. 良好的安全性并且收益要远高于活期利率

(7) 全球第一家 P2P 网络借贷的网站名为(　　)。
　　A. Lending Club　　B. Prosper　　　C. Zopa　　　　D. Seer

(8) 美国成交规模最大的 P2P 平台是(　　)。
　　A. Lending Club　　B. Prosper　　　C. Usap2P　　　D. Seer

(9) 我国股权众筹被划归(　　)监管。
　　A. 中国人民银行　　B. 证监会　　　C. 银监会　　　D. 保监会

(10) 股权众筹的融资模式主要有三种,我国股权众筹主要采用(　　)。
　　A. 个人直接股东模式　　　　　　B. 基金间接股东模式
　　C. 集合直接股东模式　　　　　　D. 领头代持模式

(11) 美国最为著名的大数据贷款平台是(　　)。
　　A. Kabbage　　B. ASSOB　　　C. Seers　　　D. EquityOnline

(12) 由阿里巴巴为主发起人成立的民营银行名称为（　　）。
　　A. 浙江网络银行　　　　　　　　B. 浙江小贷银行
　　C. 浙江网商银行　　　　　　　　D. 蚂蚁微服银行
(13) 由腾讯为主发起人成立的民营银行名称为（　　）。
　　A. 前海网络银行　　　　　　　　B. 前海小贷银行
　　C. 前海网商银行　　　　　　　　D. 前海微众银行
(14) 截至2021年12月，中国境内直销银行共有（　　）余家。
　　A. 10　　　　　　B. 20　　　　　　C. 30　　　　　　D. 40

2. 名词解释

(1) P2P
(2) 股权众筹
(3) 第三方支付
(4) JOBS法案
(5) 大数据微贷

3. 简答题

(1) 什么是互联网金融？
(2) 互联网金融的典型模式有哪几种？
(3) 网络小额贷款相较于传统线下小额贷款有何优势？
(4) 闭环式大数据微贷的优点和缺点是什么？
(5) 将来第三方发展趋势如何？

4. 思考题

(1) 余额宝的推出极大地推动了我国互联网金融的发展，请你谈谈余额宝有哪些创新点？其对商业银行产生了哪几方面的影响？商业银行从余额宝中能获得哪些启示？

(2) 2015年两会上，李克强总理在政府工作报告中提出了"互联网＋"概念，并把"大众创业、万众创新"打造成推动中国经济继续前行的"双引擎"之一。在此背景下，你认为股权众筹有什么价值？股权众筹有哪些风险？你对完善股权众筹有哪些建议？

(3) 我国P2P网贷在发展过程中，问题和风险不间断地暴露，但国家监管层始终并没有"一刀切"全面取缔，这说明我国P2P网贷具有服务小微和践行普惠的社会价值，而并非一无是处。那么，根据2018年出台的《关于做好网贷机构分类处置和风险防范工作的意见》的精神，P2P网贷的发展前景在理论上有3条存活路径可以选择，分别是哪3条？

第 5 章

社交类移动应用

本章要点

- 了解主要的社交 App
- 学习基本社交 App 主要功能分类
- 学习陌生人社交 App 的特色功能
- 学习兴趣社交 App 的特色功能
- 学习社交软件的未来发展趋势
- 掌握基本社交 App 的功能解析方法

本章知识结构图

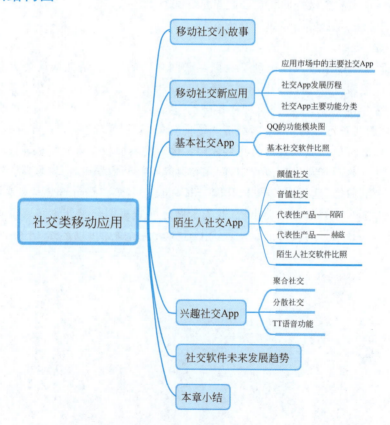

5.1 移动社交小故事

2014年,很多人习惯性地刷一次微博才去睡觉,习惯性地用手机淘宝来买东西,习惯性地在吃饭前给美食拍照然后发朋友圈、发微博,习惯性地出门吃饭前先查查哪家店离自己又近又好吃,也习惯性地在朋友聚会时掏出手机玩,习惯性地用手机来和老友煲电话粥……

2014年,用手机拍完照后,很多人要先美图秀秀一下然后再分享到网络上;以前拜年是短信群发,2014年开始大家拜年都是发微信了。互联网的出现改变了人们原有的社交习惯,移动社交软件的出现将新的社交习惯推向了高潮——从熟人社交转向陌生人社交,参见图5-1。

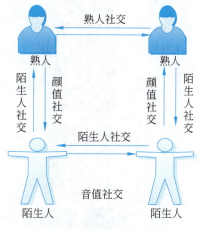

图5-1 社交关系图谱

一则小故事:小明一个人从南昌来到上海工作,刚来到上海,人生地不熟觉得很孤单,他拿起手机,打开微信跟朋友发了段语音,聊了聊自己在上海的生活。他觉得不能老是一个人,应该找些志同道合的朋友。小明喜欢长跑,于是他打开QQ里面的"附近的群"功能,加入了长跑群,找到了喜欢一起跑步的小伙伴,大家约着周末去跑步。下了班回到住的地方,小明一个人想和朋友出去走走逛逛却发现朋友们也不在身边,想敲邻居家的门,但又觉得有点冒昧。他打开"陪我"App,随机和天南海北的陌生人聊了聊天,感觉其实没有熟人在身边,也没有那么孤单。聊熟了以后才发现大家就住在附近,以后可以一起相约去打球。

相对于传统社交应用,移动社交应用的优势相当明显:LBS定位、陌生交友、语音聊天、图片分享、兴趣群组、"摇一摇"交友等。更重要的是,社交的不确定性、随机性,使得交友的便利性大大提高。线上交流与线下见面相结合的方式,更容易推动陌生人向熟人的转变。从维系关系的角度来说,移动社交App也使得我们以更轻松的方式与熟人进行互动。这些App是否满足了用户的需求?答案是肯定的,至少你无聊时,可以通过它们偶遇一个与你处于同样状态的人。

5.2 移动社交新应用

5.2.1 应用市场中的主要社交App

我们在应用市场中可以看到大量人们在日常生活中使用的社交类App,其中常见的App如表5-1所示。

表 5-1　常用社交 App 信息

App 名称	二维码	官网下载地址	LOGO	备注
QQ		im.qq.com/index		服务超过 5.7 亿的月活跃用户
微信		weixin.qq.com/		用户覆盖 200 多个国家。微信支付用户 4 亿左右
微博		c.weibo.cn		分享简短实时信息的社交网络平台
陌陌		www.immomo.com/		基于地理位置的移动社交工具
派派		www.17paipai.cn/		基于手机聊吧的陌生人交友工具
探探		www.tantanapp.cn/		首个配对成功后才可聊天的交友软件
TT 语音		www.52tt.com		超 1 亿年轻人都在用的游戏语音工具
知乎		www.zhihu.com		知乎是一个真实的网络问答社区
豆瓣		www.douban.com		豆瓣擅长从用户的行为中挖掘、创造价值，并返还给用户

续表

App 名称	二维码	官网下载地址	LOGO	备注
小恩爱		www.xiaoenai.com/		小恩爱所定位的需求，是二人世界
赫兹				基于声音社交的陌生人交友工具

5.2.2 社交 App 发展历程

社交 App 中有一类是由网页端的社交软件衍生发展而来，例如，QQ、微博等。还有一类 App 是直接基于手机端开发出来的，例如，微信、陌陌等。图 5-2 展示了国内社交 App 的发展历程。

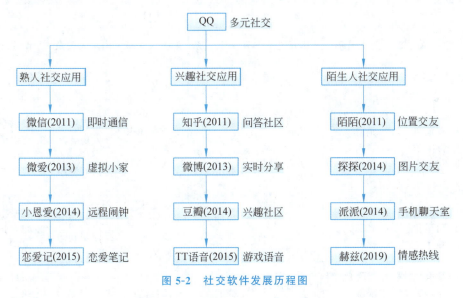

图 5-2 社交软件发展历程图

1. 腾讯 QQ

QQ 是腾讯公司基于互联网开发的社交软件。它是目前国内最为流行、普及面最广的社交软件。QQ 支持在线文字、语音和视频聊天、文件传送、认识附近人、漫游各地交朋友、娱乐和购物等多种功能。同时，它还可以与 2G、3G、4G、5G 移动通信终端等通过多种方式相联通，是一种实用、便捷、高效的社交软件。凭借其简单的操作、良好的设计、强大且丰富的功能以及高效、安全、稳定的系统赢得了人们的喜爱。

2. 新浪微博

新浪微博是由新浪公司开发的社交 App。微博用户可以通过互联网或手机客户端建立自己的个人社区,发布文字内容、图片和视频,@好友即时分享心情、美食、运动、旅游等方面的信息。它是国内最早、最有影响力、最受瞩目的一种信息传递和网络社交工具。

3. 微信

微信是腾讯公司于 2011 年 1 月推出的新型网络社交软件,它为手机提供免费的即时通信服务,支持跨手机操作系统、跨通信运营商通过网络快速发送语音短信、视频、图片和文字,支持多人群聊。用户可以通过微信与好友进行语音对话以及文字、图片传输等,形式上比短信、彩信等联系方式更加丰富。

5.2.3 社交 App 主要功能分类

社交类 App 对不同的用户有着不同的定位,所以功能上也有不同的侧重领域。表 5-2 展示了社交 App 的一些基本功能。

表 5-2 社交 App 主要功能分类

	QQ	微信	微博	陌陌	知乎	豆瓣	微爱
年份	2005	2011	2009	2011	2011	2005	2011
用户关系	熟人关系	熟人关系	熟人关系	陌生人关系	陌生人关系	陌生人关系	情侣关系
隐秘程度	中	高	低	低	中	中	高
功能	1. 发消息 2. 打电话 3. 互传文件	1. 发送语音消息 2. 聊天 3. 关注朋友动态	1. 获取各种资讯 2. 分享互动 3. 关注明星动态	1. 认识陌生人 2. 加入不同群组	1. 分享知识 2. 提问 3. 认识牛人	1. 认识朋友 2. 发现电影、书籍、音乐 3. 加入群组	1. 发消息 2. 打电话 3. 存纪念日 4. 存照片
用户核心需求	1. 即时通信 2. 同步化圈子	1. 即时通信 2. 隐私化圈子	1. 开放式媒体平台 2. 了解最新资讯	1. 找朋友 2. 找兴趣	1. 满足求知欲 2. 满足提问欲	1. 培养兴趣 2. 同城娱乐	1. 私密空间 2. 纪念日提醒
优势	1. 继承 PC 端 QQ 功能 2. 认识陌生人	1. 摆脱 PC 端限制 2. 即时信息 3. 种群用户	1. 拉近距离 2. 快捷资讯 3. 范围更广	1. 找朋友 2. 找兴趣	1. 质量高 2. 参与度高	线上与线下结合	1. 用户群稳定 2. 用户忠诚度高

5.3 基本社交 App

满足了人们日常基础社交需要的 App,我们称其为基本社交 App。QQ 方便了同事、同学之间的日常交流,特别是其与文件有关的一些功能,用户使用得非常频繁。微博把人们身边最新鲜的事情放在网络上，人们可以随时查阅自己感兴趣的事情，虽然用户使用微博没有 QQ 那么频繁，但是当用户想搜索最新的事物时，第一时间还是会选择微博。微信提供了一个非常私密的朋友圈空间，一些只想让少数人知道的事情，可以选择在微信朋友圈公开。

QQ 为我们提供了一个密切联系的空间，很多消息的传递、文件的接收都依赖它。微博为我们提供了一个非常开放的空间，可以联系到其他不认识的人。微信为我们提供了一个相对来说比较私密的空间，可以选择性地在朋友圈表达自己的心情。联系空间、开放空间、私密空间，这 3 种空间组成了我们基本的社交空间，如图 5-3 所示。

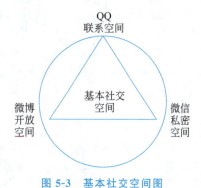

图 5-3　基本社交空间图

5.3.1　QQ 的功能模块图

QQ 是目前国内用户数量最多的社交 App 之一，可以按功能简单地分为 5 部分，分别是：

① 聊天消息管理，我们和朋友们聊天时的消息列表；
② 用户系统信息管理，管理用户的个人文件信息，例如，相册、文件等；
③ 用户信息设置，用来更改自己 QQ 号的一些基本设置，例如聊天记录管理等；
④ 动态管理，用户经常看的 QQ 空间动态消息；
⑤ 联系人管理，用户的好友列表，同时还可以根据昵称搜索好友。

功能模块图如图 5-4 所示。

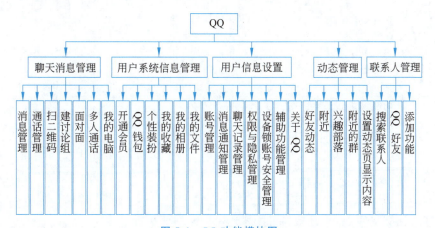

图 5-4　QQ 功能模块图

QQ V8.8 版本特色功能有"游戏消息盒子""美体效果""智能美颜""视频通话新特效"，如图 5-5 所示。其中，"游戏消息盒子"是指在 QQ 中可以收到 QQ 好友或游戏好友在游戏中发送的消息。"美体效果"和"智能美颜"是指在使用拍摄功能时对人物身形修饰以及男女同框拍照时自动推荐专属美颜效果。而"视频通话新特效"是指在进行视频通话功能中新增多款挂件，给视频聊天增添乐趣。

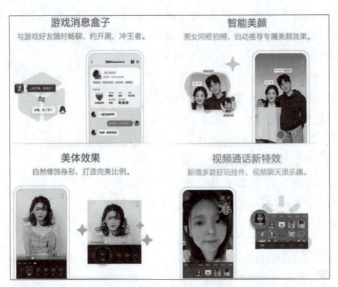

图 5-5　QQ V8.8 版本特色功能

5.3.2　基本社交软件比照

基本社交软件优缺点对比，如表 5-3 所示。

表 5-3　基本社交软件优缺点对比

	QQ	微博	微信
优点	1. 强社交 2. 弱媒体 3. 双向关注 4. 用户忠诚高	1. 强媒体性 2. 弱社交关系 3. 单向关注 4. 注重"弱关系"	1. 强社交关系 2. 弱媒体 3. 双向关注 4. 注重"强关系" 5. 私密分享 6. 黏性和留存率较高
缺点	1. 功能繁杂 2. 部分娱乐功能多余	1. 信息繁杂 2. 部分信息良莠不齐	信息冗余度高

5.4　陌生人社交 App

在基本社交空间之上，还有陌生社交空间，如图 5-6 所示。基本社交空间里面的软件，不管是 QQ 还是微博，人与人之间总是有些关联的。其中，QQ 可以理解为强关联，微博是弱关联，即使是粉丝在微博上关注他们喜欢的明星，这中间也是弱关联。而在陌生社交空间里面，就不是这样的强关联或者弱关联了，而是完全没有关联，即全部都是陌生的，这就是陌生人被 App 所创造出的社交空间。

图 5-6　陌生社交空间

陌生人社交 App 为我们提供了一个完全陌生的社交空间,在这个社交空间里,你不知道对方是谁,对方也不知道你是谁。这样的社交空间就如同黑夜,而每一个用户都如同一颗星星,散发着自己神秘的光线,互相吸引。正因为如此,用户可以隐蔽自己的身份,寻找真正聊得来的人。

5.4.1 颜值社交

颜值简单地说就是给长相打分。在一些陌生人社交 App 中,许多用户找朋友的标准就是颜值高。这种交友方法简单粗暴,虽然匹配率不一定高,但匹配后的交友成功率较高。"陌陌"可以说是颜值社交的典型例子。

5.4.2 音值社交

音值简单地说就是给声音打分。一般的评判标准为女生的声音的甜美度、温柔度等,男生的声音是否有磁性,是否低沉等,不一而足。在一些陌生人社交 App 中,许多用户找朋友的标准与音值挂钩。这种交友方法适合于聊天中注重声音的用户。"赫兹"就是音值社交的典型范例。

5.4.3 代表性产品——陌陌

陌陌是中国第一款陌生人移动社交软件,它基于地理位置,为用户提供其周围任意范围内的陌生人信息,包括对方的个人信息和位置,同时可以向对方免费发送短信、语音、照片以及精准的地理位置。其主要功能和 QQ 类似,都有消息管理、联系人管理、个人管理等。陌陌的功能模块图如图 5-7 所示。

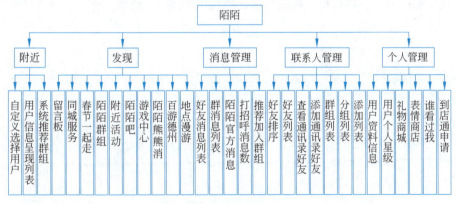

图 5-7 陌陌功能模块图

陌陌主要特色功能如图 5-8 所示。

"实时距离"可以发现并分享你与朋友当前位置的距离,掌握在手中,走到哪里都能够找到朋友。"一起去玩闹"可以加入"陌陌吧",还可以邀请朋友参与附近的活动,迅速找到志同道合的朋友。

图 5-8　陌陌主要特色功能

5.4.4　代表性产品——赫兹

赫兹是国内一款即时语音社交应用,通过赫兹 App 可以听声音交朋友。赫兹软件无须在冗长的陌生人列表里等人回应,告别 3 分钟匹配的焦虑,让你随时有人聊,随时有话说。赫兹 App 独有氛围构造出舒适的聊天环境,漫步海边、看篝火、乘火车,真实还原环境音,让你们的声音不再孤单。赫兹的功能模块图如图 5-9 所示。

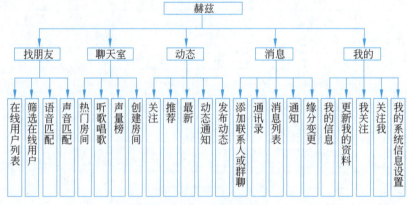

图 5-9　赫兹功能模块图

赫兹主要特色功能如图 5-10 所示。

找朋友功能有在线匹配、语音匹配和声音匹配 3 种模式。其中,在线匹配系统会为你找到同频的朋友,可以点击查看其相关资料,然后选择是否成为好友;语音匹配系统会自动显示一段温馨语录,用户点击"录音"按钮后进行朗读,朗读完毕后系统会给出声音的鉴

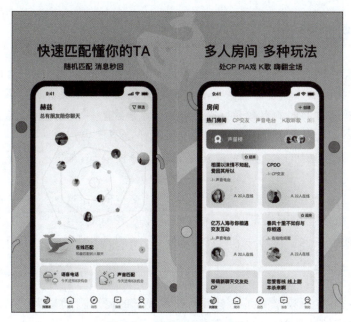

图 5-10 赫兹主要特色功能

定,有主音色、辅音色以及心动值、桃花值、魅力值,还会给出音色的评级;声音匹配系统随机匹配的用户会以图片以及语音介绍的形式出现,点击"不喜欢",系统会继续进行匹配,点击"喜欢",即可立即和对方打招呼开聊。

在聊天室功能中,用户可以自己建立房间等待其他人的加入,房间的类型有处对象、聊天、听歌、故事社、声控灯等。当然,使用者也可以进入他人创建的房间进行声音的互动。在互动的过程中,同样可以与房间里的成员加为好友。

5.4.5 陌生人社交软件比照

这里将软件陌陌与赫兹进行了对比,如表 5-4 所示。

表 5-4 陌生人社交软件优缺点对比表

软件名称	优　　点	缺　　点
陌陌	1. 社交模式:线上关系-线下关系 2. 递送状态:"送达、已读"等 3. 个人资料:8 张照片、职业、爱好等	1. 其他方面无新意 2. 广告定位不当 3. 通信录自动匹配
赫兹	1. 社交模式:匿名通话 2. 安全度高 3. 隐私度高 4. 趣味性高	1. 语音消息中的违禁敏感词检测不到位 2. 举报反馈机制待完善

5.5　兴趣社交 App

在陌生社交空间之上，还有兴趣社交空间。陌生社交空间里，用户之间完全是陌生的，即使两人有共同的兴趣爱好也需要双方成为朋友或者互相关注以后聊天才得知。那么如果用户希望通过共同的兴趣爱好来交友时，就需要有一个兴趣社交空间来为人们服务。陌生社交空间带给用户的是新鲜感，而兴趣社交空间可以让用户就轻松维持自己的兴趣。兴趣社交空间有两种模式，如图 5-11 所示。

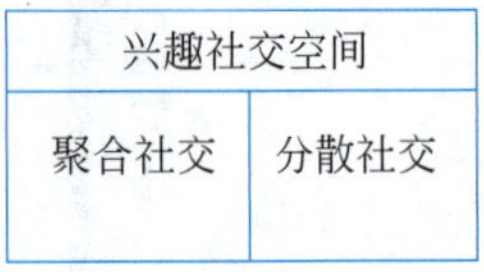

兴趣社交 App 提供了一个基于用户兴趣的社交空间，在这个社交空间里，虽然互相不认识，但是都拥有同样的兴趣爱好，因此可以很方便地在这里找到一个与自己志同道合的人。

兴趣社交空间	
聚合社交	分散社交

图 5-11　兴趣社交空间

5.5.1　聚合社交

聚合社交指开发商频繁举办线上活动或者线下的同城活动来吸引用户参与社交空间。例如，豆瓣同城就是典型的兴趣聚合社交 App。

5.5.2　分散社交

分散社交指在线上把用户们聚集在一起，且并不打算做线下活动营利的、分散开来的社交空间，只靠兴趣把用户们聚集在一起，这就是兴趣分散社交。"知乎"就是典型的兴趣分散社交 App。

5.5.3　TT 语音功能

TT 语音是一个国内大型的游戏社交平台，为玩家提供组队开黑、队友匹配、娱乐互动、电子竞技等多种趣味娱乐化的游戏互动场景。主要功能模块有连麦开黑、队友匹配、趣味小游戏、语音直播、广场动态、电子竞技等。TT 语音功能模块图如图 5-12 所示。

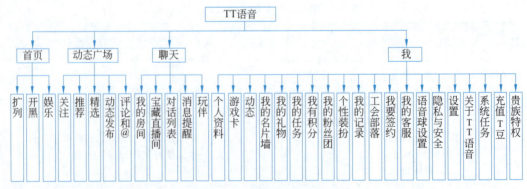

图 5-12　TT 语音功能模块图

TT 语音的主要特色功能有"扩列"和"连麦开黑"。其中，扩列功能是指软件系统通过记录用户年龄、兴趣标签和最喜欢的游戏,为用户定制一张"扩列卡片",帮用户快速找到合拍的伙伴。连麦开黑功能是指系统记录用户常玩的游戏,生成个性游戏卡片,有助于用户精准匹配到游戏房间,与默契队友快速组局,更容易在游戏中取得胜利,如图 5-13 所示。

图 5-13　TT 语音主要特色功能

5.6　社交软件未来发展趋势

　　基本社交:微信作为基本社交工具的典型性越来越弱化,作为个人通信工具的作用则越来越强。也正因为微信通信特性加强,它才会有更加基础的业务和条件来构建强大的生态圈。微信在其生态圈布局中,吃喝玩乐已和大众点评网合作,金融理财则采用腾讯官方理财平台——理财通,衣食住行同美丽说、火车票机票、滴滴出行、京东精选等合作。未来在生活缴费平台等更贴近居民生活的方面会更加细分。例如生活缴费这方面,现在有水费、电费、燃气费、宽带费、固话费,未来可能加其他功能。

　　陌生人社交:定位广告(Location Based Advertising,LBA)业务在陌生人社交中一直被看好,但是发展却并不顺利。随着二维码业务和 LBA 业务标准的逐渐统一,且具有了更强的业务承载平台——陌陌,LBA 将会在陌生人社交中得到更加广泛的应用。人们在出门旅游或长假回家时,利用陌生人软件提供的 LBA 业务将会更加方便地找到当地的特色美食与娱乐活动。

　　兴趣社交:传统社交网络(如 Meta)是基于"我认识你"(I know U)的社交图谱,多是线下社交关系在线上的直接反应或延伸,故范围非常有限;而兴趣社交则基于"我喜欢它"(I like it)展开,是直接关注点、甚至话题的高度瞄准。"人"从对话中抽离出来了,双方无须认识,这也就意味着更开放更高效的交流。兴趣社交在未来大数据发展中也有其优势。兴趣社交将运用大数据分析每个用户分享、收藏和点赞的文章及图片,自动分析匹配每个用户之间的关联度。根据关联度高低来推送好友消息，方便用户找到更加志同道合的朋友。

5.7 本章小结

本章主要介绍了近年来主要的社交类移动应用，并描述了这些主要的社交类应用的发展历程。同时，对比了社交类移动应用的主要功能。在社交类移动应用中重点分为3类进行了介绍，即基本社交App、陌生人社交App和兴趣社交App。在文字介绍的同时，给出了功能模块图。

基本社交App可满足人们日常基础社交需要，陌生人社交App为我们提供了一个完全陌生的社交空间，兴趣社交App为我们提供了一个基于用户兴趣的社交空间。

练习与思考题

1. 陌生人社交软件的广泛使用，会给我们的生活带来哪些影响？
2. 列举现有社交软件的盈利模式。
3. 以任一手机应用市场为例，调查统计其社交App热门榜的下载量，并对它们进行分类。
4. 分析兴趣社交App TT语音的优势与劣势。

第6章

服饰类移动应用

本章要点

- 了解服饰类 App 的发展历程及主要模式
- 掌握服饰穿搭 App 的主要模式
- 掌握服饰销售 App 的主要模式
- 预测服饰软件未来发展趋势

本章知识结构图

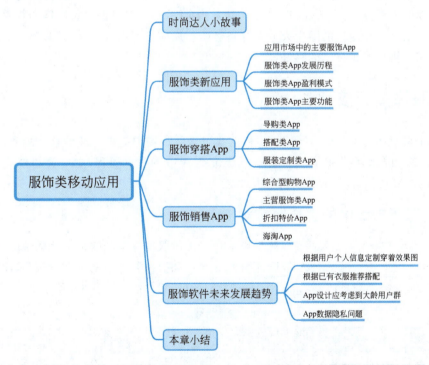

在过去的短短几年中,电子商务已经深入人心,购物地点的选择已不再局限于商场、商业街,更多的人选择在网上进行交易,甚至是通过手机进行交易。中国作为全世界最大的服装消费国和生产国,服装领域的移动商务应用带来的商机无疑是巨大的。

随着移动商务的推广,人们开始追求更便利的购物方式。手机上的服饰类 App 能够随时随地满足人们对时尚、便捷的需求,去固定地点逛街购买衣服与随时随地有海量衣服款式可以浏览购买相比，显然后者更方便快捷。

爱美是女人的天性，女性天然地成为服饰领域最大的主力消费群体。从青春少女到中年妇女，从职场穿着到日常休闲，女性永远是主导时尚潮流的群体。然而什么样的服饰类 App 好用呢？什么样功能的 App 更能迎合女性的喜好、吸引她们的目光呢？不会搭配衣服想要寻求时尚达人指点的时候该怎么办呢？针对不同购物群体，不同的服饰类 App 也竞相出现在消费者眼前。

6.1 时尚达人小故事

27 岁的艾美丽是一家商业银行信贷部客户经理，平时十分注意个人形象。上班时不仅妆容靓丽，穿着的职业装也是时尚与端庄兼备。节假日不论是和闺蜜相聚还是和男友约会，都要打扮得光彩夺目、仪态万方。这日她和闺蜜们约好一起逛街，用在聚美优品上购买的化妆品化好妆，穿上穿衣助手推荐的今日适宜的衣服，拎起从美国海淘的包包就出门了。几人来到百盛，一边试穿衣服，一边在淘宝上查看比价。在闺蜜试衣服的时候，艾美丽忽然想起春天就要到了，需要添置新的职业套装，便上"美丽说"看看今年的流行服饰。

相较于传统的服装零售行业，移动服饰软件的优势非常明显：方便快捷，无须到实体店去，可随时查看商品，多方比价，并且有专人教穿搭，也可以根据穿衣风格和穿衣需求搜索衣服，和众多品味相近的陌生人分享穿搭经验。即使不购物，也可以随时关注时尚潮流的方向，满足用户不买只逛的喜好。

6.2 服饰类新应用

从 21 世纪初移动 App 兴起至今，目前我国软件市场中提供下载的移动服饰 App 有上百种之多。因此，我们有必要了解一下服饰类 App 的发展历程、主要盈利模式以及服饰 App 的主要功能，分析其优势和特色功能。

6.2.1 应用市场中的主要服饰类 App

应用市场中提供众多人们日常生活中应用较多的服饰穿搭和购买类移动 App，相比较而言，淘宝、天猫、美丽说、折 800 等服饰销售类 App 和折扣类 App 的下载量较高，而穿搭有范、男人帮等穿搭类和海淘类 App 下载量则相对较低，相关信息如表 6-1 所示。

表 6-1 服饰类 App 信息

App 名称	二维码	官网下载地址	LOGO	备注
美丽说		http://www.meilishuo.com/	美丽说	一款非常适合女生实用的购物利器

续表

App 名称	二维码	官网下载地址	LOGO	备注
小红书		https://www.xiaohongshu.com		专业海外购物笔记,网罗全球大牌折扣及私家分享,各种海淘血拼秘籍为你精选
穿衣助手		https://ichuanyi.com		一款为你提供日常穿衣搭配方案的软件,旨在帮助爱美的用户更了解搭配和时尚
得物		https://www.dewu.com/		一款潮牌电商平台
蘑菇街		https://www.mogu.com/		优质的女性购物电商平台
唯品会		https://www.vip.com/		专门做特卖的网站
天猫		https://www.tmall.com/		一款超级火爆的网络购物软件,属于阿里巴巴旗下
手机淘宝		https://www.taobao.com/		亚洲最大、最安全的网上交易平台
亚马逊		https://www.amazon.cn/		美国最大的网络电子商务公司
拼多多		https://www.pinduoduo.com/		一款集食品、包包、家居等为一体的网络购物软件

续表

App 名称	二维码	官网下载地址	LOGO	备注
折 800		https://www.zhe800.com/		国内优质折扣商品推荐平台
有货		https://www.yohobuy.com/		一个专注于年轻潮牌的网站
识货		http://www.shihuo.cn/		虎扑体育旗下的运动生活购物导购 App
考拉海购		https://www.kaola.com/		阿里巴巴旗下以跨境海淘业务为主的会员电商

6.2.2　服饰类 App 发展历程

中国移动购物正式兴起于 2008 年。随着 2009 年淘宝推出第一款手机购物软件，各种手机服饰购买 App 也如雨后春笋般纷纷出现在消费者的视野中。随着各大综合型销售平台和主营服饰平台的蓬勃发展，各种衍生服饰 App 也相应推出，例如各种折扣类 App、海淘类 App 以及服饰穿搭类 App。服饰类 App 的发展历程如图 6-1 所示。

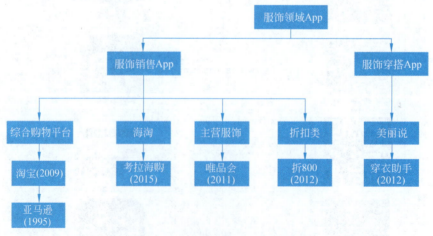

图 6-1　服饰类 App 发展历程

1. 综合型购物 App

作为最早推出手机 App 的大型综合性购物平台，淘宝无疑是国内电子商务界的领军者，其业务跨越 B2C、C2C 两部分。同时，手机淘宝在移动服饰销售领域也是领军企业，开创了移动服饰销售的先河，成为国内移动服饰销售领域最有影响力的 App。除此之外，亚马逊、京东、当当等综合型购物平台也占据了国内移动服饰销售的大量份额。

2. 主营服饰 App

从 2011 年开始，不少主营服饰销售的移动 App 也争相登上移动电商的舞台。例如，唯品会、优衣库等进行品牌服饰销售的移动 App，由于其销售对象的专一性和平台搭建的专业性，得到了服饰消费人群的喜爱。

3. 折扣类 App

折扣类 App 最初是基于各综合购物平台伴生的一种专门收集和提供折扣服饰信息的软件，能方便地为消费者搜寻所需的折扣服饰信息，并提供相应链接，例如，折 800、卷皮、楚楚街等。然而经过几年的发展，许多折扣类 App 也发展出自己独立的商品销售渠道。

4. 服饰穿搭类 App

移动服饰销售软件在经过几年的发展之后，在移动购物已深入人心的环境下，人们购衣不再只满足于自己穿搭，而是希望更多地听取他人意见，跟上流行的趋势。服饰穿搭类 App 应运而生，为消费者介绍时尚的穿衣风格，推荐潮人的搭配方案。服饰穿搭类 App 在早期主要针对淘宝等大型综合性购物平台上销售的衣服进行导购、推荐。从 2014 年起，服饰穿搭类也纷纷开始向 B2C、C2C 模式转型，开始运营自己的服饰。

5. 海淘类 App

海淘类 App 兴起于 2012 年，随着在各种 C2C 平台上进行海外代购的电商活动日益增加，蜜淘、洋码头等海淘 App 纷纷崛起，专营海淘各种海外商品，其中衣服、鞋、包、表等奢侈品的海淘销售量更是逐年攀升。

6.2.3 服饰类 App 盈利模式

各类服饰销售及穿搭软件的主要盈利模式有服饰销售、交易平台费用、广告费、代购费、导购分成等。

1. 服饰销售

采用 B2C 模式的 App 的商家采用与品牌代理商及厂家合作的形式，从厂家和代理商处进货，在移动平台上销售给消费者赚取差价从而盈利。

2. 交易平台费用

交易平台费用即 C2C 移动电商平台中卖家的店铺租金或租用交易平台的费用。

3. 广告费

采用 C2C 模式的 App 在主页或热门模块显眼处开辟广告区，按时段计费的方式租给卖家以盈利。

4. 代购费

随着消费者对商品质量要求的提升，以及对奢侈品消费需求的增长，专柜代购和海淘代购逐渐兴起成为服饰消费的一个重要组成部分。部分 App 及商家通过为消费者提供国内外服饰专柜代购服务并收取代购费的手段进行盈利。这种方式已经成为服饰销售 App 的一个重要盈利模式。

5. 导购分成

以美丽说、蘑菇街等为代表的服饰导购类 App 从 2011 年起开始成为移动服饰购买的热门软件,他们针对各种综合性销售平台(例如淘宝、天猫)销售的服饰进行推荐并获得销售分成,收入高度依赖淘宝,被称为"淘宝客"。由于此种盈利模式近年来遭到淘宝的打压,美丽说、蘑菇街等导购类 App 也开始转型向 B2C、C2C 平台发展。

6.2.4 服饰类 App 主要功能

1. 服饰销售类 App 主要功能

(1)分类搜索:根据关键字(如:对衣服的描述)找到相应服饰。
(2)服饰销售:包括服饰详细信息及图片展示、购物车、结算付款等。
(3)买卖双方即时通信:买方和卖方能够即时通信,进行咨询和解答。
(4)折扣:发布折扣、团购信息,吸引消费者购买。
(5)积分:签到、购物能够获得积分并可使用积分购物或享受相应优惠。
(6)商品推广:提供商品推广页,供卖家为衣服做广告。
(7)个人信息管理:用户可管理个人资料、地址信息、喜欢的服饰及店铺信息、个人购物历史信息等。
(8)物流查询:消费者可对已付款订单实时跟踪查询物流信息。
(9)售后:消费者如对自己购买的商品不满意,可通过售后进行退/换货或投诉。

2. 服饰穿搭类 App 主要功能

(1)购物体验分享:用户可在 App 上分享自己的购物体验,推荐喜欢的服饰。
(2)流行推荐:跟踪当前流行的服饰及搭配,并提供购物链接。
(3)穿衣风格分类:根据穿衣风格和个人体型推荐适合的服饰搭配。

服饰 App 的主要功能如上所述,然而不同的 App 根据其侧重方向不同,相应的功能也有所不同,具体区别如表 6-2 所示。

表 6-2 服饰 App 基本功能对比表

	美丽说	穿衣助手	手机淘宝	唯品会	得物	拼多多	考拉海购
年份	2011	2012	2009	2011	2015	2015	2015
运营模式	采用社会化电子商务分享的模式,由"淘宝客"向 C2C 平台转型	由自拍社区到导购平台,最终转型为穿衣搭配时尚社区电商	采用多种电子商务模式的综合型零售商圈,业务跨越 C2C、B2C 两大部分	专营品牌特卖的 B2C 电商模式	采取 C2B2C 模式,一家中介性质的电商平台	采取 C2M 模式,直接工厂生产后,通过拼多多平台,卖给消费者	采取完全自营的模式,从供应商的选择到商品的采购存储、定价销售及售后服务由平台全权负责

续表

	美丽说	穿衣助手	手机淘宝	唯品会	得物	拼多多	考拉海购
年份	2011	2012	2009	2011	2015	2015	2015
主要功能	帮助广大用户解决美容护肤以及穿衣打扮等各种问题，包括但不限于购物、逛街、搭配心得、分享潮流新品等内容	记录和分享穿衣搭配，针对用户设置的穿衣风格进行服饰推荐	购物、店铺、买家即时通讯、移动支付、聚划算团购、淘宝直播、淘宝人生、芭芭农场	服饰鞋包品牌特卖、限时抢购、各种主题卖场、品牌推荐	球鞋、潮服分享交易以及装备鉴定平台	用户通过发起和朋友、家人、邻居等的拼团，可以以更低的价格，拼团购买优质商品	以跨境业务为主的会员电商，主打官方自营、全球直采的模式，为会员精选全球品质好货，保证极致性价比
用户核心需求	时尚购物分享社区	女性穿衣搭配推荐	生活中各类商品的交易	服饰品牌折扣零售	追求款式新颖，品牌潮流，种类多且性价比高	追求性价比，发现好货	追求时髦流行海外高端单品
优势	开创电商导购模式，侧重为时尚爱美的女性用户提供多方位的时尚购物体验	内容强调卖家PGC（专业生产内容），店主广播推荐搭配，将淘货变成选购	海量店家和用户的网络零售商圈，一切能想到的商品都能在淘宝上购买到	与知名国内外品牌代理商及厂家合作，专做正品特卖，确保正品及低价	C2B2C的崭新模式，满足供需双方的需求	用更低的价格买到更好的东西，体会更多的实惠和乐趣	自营直采，品质保障，物流高效，立足消费者

6.3　服饰穿搭 App

　　服饰穿搭类 App 主要分为导购类 App、搭配类 App 及服装定制类 App 3 种。目前软件市场上排名靠前的导购类 App 有美丽说、得物等，搭配类 App 有穿衣助手、小红书等，服装定制类 App 主要有衣邦人等。

6.3.1　导购类 App

　　早期导购类 App 主要针对淘宝网销售的服饰进行推荐，是寄生于淘宝的移动软件。然而随着淘宝客联盟被淘宝封杀，导购类软件纷纷转型。目前的导购类软件更喜欢使用另一个名字，"购物分享社区"。其主要功能包括购物体验分享、穿衣风格分类推荐、流行趋势推荐等。本文以得物为例介绍此类 App 的一些特色功能。

　　得物作为侧重用户体验的社区分享 App，主要围绕着各种风格的用户穿衣体验进行推荐。其功能模块图如图 6-2 所示。得物主要功能分为 4 大部分，分别是首页购物模块、购买模块、服务模块及个人中心模块。其中，首页购物模块下面的"推荐"提供了大量用户的购物经验分享,能够引导消费者按喜好进行消费。"关注"能够有效地收集用户喜好,统计分析潮流趋势,并即时创造消费机会。其主要特色功能如图6-3所示。

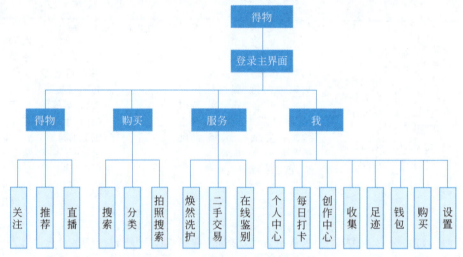

图6-2 得物功能模块图

图6-3 得物主要特色功能

6.3.2 搭配类 App

在我国,搭配类 App 兴起于 2012 年,主要为用户提供流行时尚的搭配和穿衣推荐。根据用户的身材、穿着场合及个人喜好提供搭配推荐。本文以穿衣助手为例介绍此类 App 的一些特色功能。

穿衣助手侧重于服饰的搭配,致力于为用户提供各种场合的搭配推荐。穿衣助手的主要功能包括 4 大部分:首页市集模块、用户信息管理模块、时尚管理模块和发现管理模块,其功能模块图如图 6-4 所示。其中,首页市集模块中的"穿搭手册"能够根据想要的穿衣风格、类型和场合推荐合适的服饰搭配。其主要特色功能如图 6-5 所示。

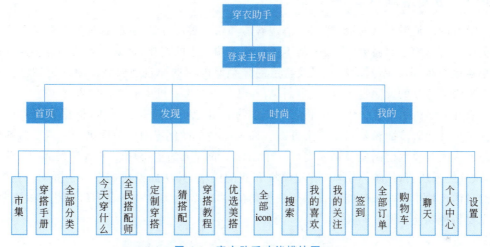

图 6-4 穿衣助手功能模块图

图 6-5 穿衣助手主要特色功能

得物与穿衣助手的优缺点对比如表 6-3 所示。

表 6-3　服饰搭配 App 对比表

	得　物	穿 衣 助 手
优点	1. 性价比高、质量有保障的潮品； 2. 商品竞价模式提供公平交易	1. 智能购物精准； 2. 专属定制穿搭
缺点	1. 售后服务较差； 2. 鉴别速度慢	平台衣服质量较差

6.3.3　服装定制 App

随着国内消费升级的浪潮兴起，消费群体和购衣观念开始转变，越来越多的消费者选择更适合自己的定制服装，成衣定制不再仅是高端人士的选择，越来越多的顾客会因为追求小众化服装、出席不同的场合以及特定的体型原因而选择定制服装。服装定制已经成为未来服装行业的发展趋势，服装定制 App 也有望成为手机中的必备软件。

衣邦人 App 中，客户可以在平台一键预约后由专业顾问上门量体，根据客户身材气质提供个性化服装面料款式及搭配方案。商家接到个性化定制订单后进行一人一版的单件裁剪或大规模的定制化裁制来完成订单制作。衣邦人的主要功能包括 5 大部分：首页模块、分类模块、预约量体模块、搭配模块和我的模块，其功能模块如图 6-6 所示。其中，预约量体模块中的"定制"能够根据用户想要的穿衣风格、类型和场合上门确认款式面料。其主要特色功能如图 6-7 所示。

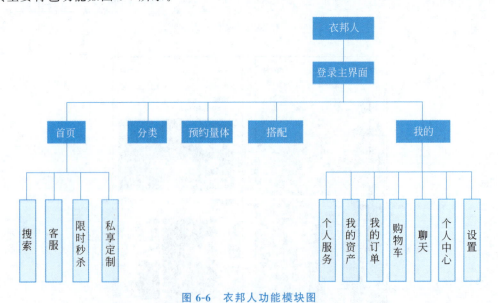

图 6-6　衣邦人功能模块图

衣邦人与男衣邦的优缺点对比如表 6-4 所示。

图 6-7 衣邦人主要特色功能

表 6-4 服饰定制 App 对比表

	衣 邦 人	男 衣 邦
优点	1. 一键预约，上门服务； 2. 量身定制，一人一版； 3. 全球面料，千挑百选； 4. 工厂直连，十天成衣； 5. 专属顾问，提供搭配	1. 搭配师指导穿搭； 2. 商品鉴赏与特卖； 3. 专属客服贴心服务
缺点	1. 品牌不够丰富； 2. 售后服务较差	推送过多

6.4 服饰销售 App

6.4.1 综合型购物 App

服饰销售 App 主要分为综合型购物 App、主营服饰类 App、折扣类 App 和海淘类

App 等 4 种。其中,淘宝功能模块图如图 6-8 所示。本书将分别举例介绍,分析它们的主要特色功能和优缺点。

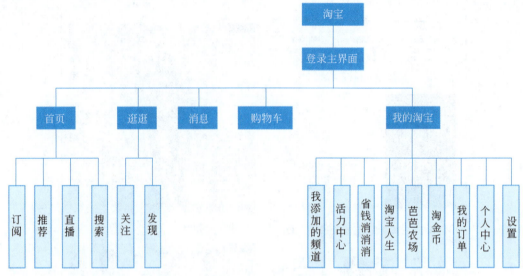

图 6-8　淘宝功能模块图

作为国内最早推出的移动销售类 App 之一,手机淘宝功能日趋完善,几乎囊括了服饰销售类 App 的所有功能,也是国内其他服饰销售类 App 效仿的对象。其最大的特色在于运用大数据分析技术收集并分析用户的喜好,有针对性地向用户推荐他们感兴趣的商品,最大程度上地激发用户的购物欲望。例如,首页中的"聚划算""淘宝直播"模块以及购物车中的"你可能还想买"模块都能较为准确地抓住用户的购物喜好和近期关注的商品类型,推荐符合用户消费水准和心理价位的商品。

国内外下载量较高的综合型购物 App 主要有手机淘宝、亚马逊等,这些软件的优缺点对比分析如表 6-5 所示。

表 6-5　综合型购物 App 对比表

	手机淘宝	亚马逊
优点	1. 功能完善; 2. 有自己的支付平台; 3. 业务跨越 B2C、C2C; 4. 便捷的购物比价、查询	1. 商品质量有保障; 2. 支持全球电商交易; 3. 功能简捷易用; 4. 物流配送信息明确
缺点	1. 功能繁多,部分功能很少用到; 2. 商品信息难辨其真实性	读取商品信息操作烦琐

6.4.2　主营服饰类 App

综合型购物软件对于服饰消费者而言最大的缺点就在于不够专业,销售的商品种类过多,而不是专精于服饰。在消费者进行查找、比价及查看服饰信息的时候,难免因为商家提供信息的良莠不齐而无所适从。而主营服饰的 App 由于其专业性，对要求商家展示的各种服饰相关信息制定了一整套规范的参数，从而更能得到服饰消费者的喜爱。其功能也更加符合服饰消费者的使用需求。本节以唯品会为例介绍此类 App 的主要功能。

唯品会作为国内较早出现的品牌特卖 App，有别于淘宝等综合型平台商品良莠不齐的现状，承诺所售商品皆为正品，并以低于门店的价格销售。其针对品牌进行特卖的销售策略成功为唯品会赢得大量用户。唯品会主要功能包括购物首页、我的特卖、超 V 会员店、购物车和个人中心 5 大模块。唯品会的主要功能如图 6-9 所示。

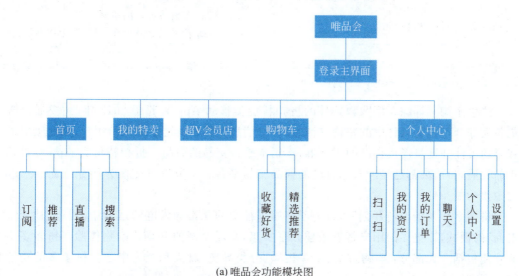

(a) 唯品会功能模块图

(b) 唯品会主要特色功能

图 6-9　唯品会主要功能

目前国内外下载量较高的主营服饰的 App 主要有唯品会、Zara 等，这些软件的优缺点对比分析见表 6-6。

表 6-6　主营服饰 App 对比表

	唯品会	Zara
优点	1. 界面简洁； 2. 功能简单，易用； 3. 采用 B2C 模式，维权时只需和一方沟通	1. 主页干净利落； 2. 单品介绍简单带设计感； 3. 风格分类明确
缺点	没办法选择物流	1. 没有查询尺码功能； 2. 产品具有品牌唯一性，综合性不强

6.4.3　折扣特价 App

伴生于淘宝等综合型购物软件的折扣特价类移动 App 兴起于 2012 年，主要通过收集各大综合型购物软件中的特价、折扣及秒杀信息并将相关链接提供给用户，以此吸引消费者的关注并逐步形成自己的用户群，推销本平台交易的商品。折扣特价类 App 经过几年的发展，目前大都已经经营起自己的商品交易平台。本节以拼多多为例介绍此类 App 的主要功能。

拼多多作为新电商开创者，致力于将娱乐社交的元素融入电商运营中，通过"社交＋电商"的模式，让更多的用户带着乐趣分享实惠，享受全新的共享式购物体验。拼多多主要功能包括 5 大部分：购物首页、多多视频、分类导览、聊天和个人中心。拼多多的功能模块图如图 6-10 所示。

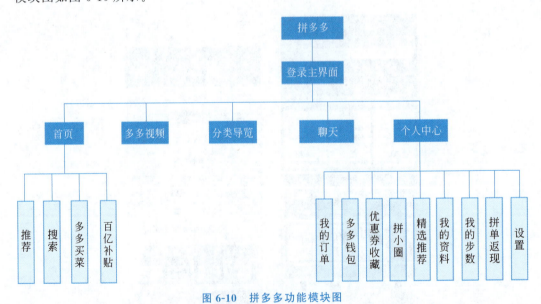

图 6-10　拼多多功能模块图

其特色功能模块包括多多买菜、多多视频、百亿补贴等。拼多多主要特色功能如图 6-11 所示。

图 6-11　拼多多主要特色功能

国内外下载量较高的折扣特价 App 主要有折 800、拼多多等，折扣特价软件优缺点对比分析见表 6-7。

表 6-7　折扣特价 App 对比表

	折 800	拼 多 多
优点	1. 功能完善； 2. 大量详细折扣信息； 3. 具有分类搜索功能	1. 界面简洁； 2. 可以拼单； 3. 注重宣传； 4. 价格便宜
缺点	需通过淘宝下单，依赖性强	1. 诱导消费，签到金不能兑现； 2. 假货众多

6.4.4　海淘 App

由于国内用户对海外购物的需求日益攀升，而各大综合型购物网站往往不直接提供相应的海淘功能，而是通过平台上的商家提供海外代购，相应的海淘商品质量得不到保证，且转运手续麻烦，物流信息难以实时跟踪。在此大环境下，海淘类 App 应运而生，不仅提供专门的海外购物相关功能模块，同时还能在一定程度上保证商品的品质。本节以"考拉海购"为例介绍此类 App 的主要功能。

考拉海购作为阿里巴巴旗下以跨境业务为主的会员电商，主打官方自营、全球直采的模式,为会员精选全球品质好货,保证极致性价比,全方位服务黑卡会员。考拉海购的主要功能模块包括 5 大部分:首页、养考拉、买 TA、购物车、我的考拉。考拉海购功能模块图如图 6-12 所示。其中,"海外直购"用于购买各种全球特价海淘商品。考拉海购还提供免税自营商品,方便用户能短时间内购买到性价比较高的进口商品。其主要特色功能如图 6-13 所示。

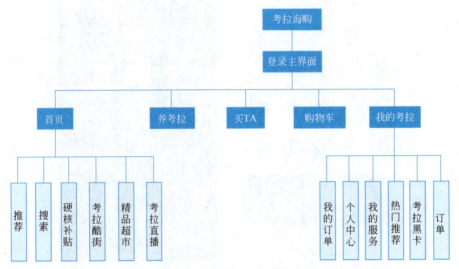

图 6-12　考拉海购功能模块图

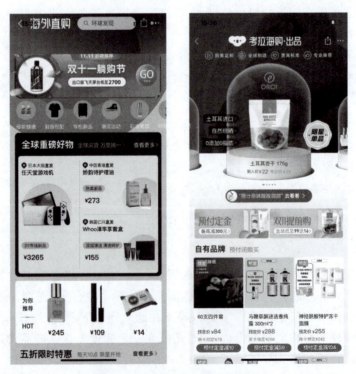

图 6-13　考拉海购主要特色功能

国内外下载量较高的海淘 App 主要有考拉海购、洋码头等,海淘软件优缺点对比分析如表 6-8 所示。

表 6-8 海淘 App 对比表

	考 拉 海 购	洋 码 头
优点	1. 支持网易宝、支付宝、网银、信用卡等支付方式,告别多币支付烦恼; 2. 货源产地直采,保证商品品质; 3. 重金批量采购,保证价格具有竞争力; 4. 和海关、保税区深入合作,电子化极速清关	1. 海外直邮; 2. 商品均采购自海外,商品来源有保障; 3. 海外的商业竞争充分,税费都较低所以商品售价低于国内
缺点	在线客服系统排队时间长	1. 社区活动性较弱; 2. 视觉效果一般

6.5　服饰软件未来发展趋势

在移动商务高速发展的今天,服饰 App 发展趋势亦是无人可挡,由于它具备消费群体庞大、购物便捷、支持网络共享信息等特点,服饰类 App 的前景将更加广阔。总结当前服饰软件的缺点与用户需求,其发展趋势包括以下 3 方面。

6.5.1　根据用户个人信息定制穿着效果图

现有的服饰销售 App 在推出商品时主要着眼于服饰本身,并通过提供大量模特穿着该服饰的效果图片来刺激用户购买。然而大部分能理性消费的用户无法想象自己穿着该服饰的样子,就会犹豫不定。服饰销售软件应能够根据不同用户的长相、身高、身材等资料做出穿着效果图。不同的衣服不仅要提供详细的尺码材质信息,还应根据用户输入的个人信息及感兴趣的衣服实时制定穿着效果图,这样用户能更直观地了解衣服是否适合自己,进而激发用户的购买欲望,提升 App 的用户体验。

6.5.2　根据已有衣服推荐搭配

很多用户使用服饰穿搭软件的原因在于自己有一些衣服不知道怎么搭配,而目前的服饰穿搭 App 却基本只能推荐一些他们固有的搭配或是其他用户发布的搭配。服饰穿搭软件应能根据用户提供的他们自己的衣服推荐相应的搭配,并展示搭配的效果图,才能从真正意义上解决用户的穿搭需求,而不是要求用户按搭配好的衣服进行消费。

6.5.3　App 设计应考虑大龄用户群

一般的服饰 App 软件设计时针对的大都是年轻消费群体。由于手机屏幕的局限性,界面设计时只考虑到年轻群体的使用习惯,将较多的信息集成在一个屏幕上。这样的设计会将很多其他年龄段的服饰消费群体拒之门外。App 的设计应考虑大龄用户群的审美和习惯,针对不同类型用户开发更多种类的服饰 App,而不是局限于年轻群体。

6.5.4　App 数据隐私问题

近年来,服饰类移动应用 App 开始应用在人们日常生活中,不但推动了经济社会的发展,而且在服务民生等方面也取得了重要成效,对于大部分人而言,服饰类移动应用 App 已经变成了生活中不能缺少的部分。但与此同时,服饰类移动应用 App 强制用户授权、超范围采集用户个人信息的现象也日益普遍,非法违规涉及用户信息的问题尤为明显,上述问题已受到了社会各界尤其是政府行政监察部门的高度重视。伴随着服饰类移动应用 App 过度获取用户信息等问题的出现,如何更好地保护自己的隐私成为了大家关注的热点问题。针对层出不穷的服饰类移动应用 App 隐私数据泄露事件,如何保障服饰类移动应用 App 隐私安全合规、健康发展成为重点问题。

6.6　本章小结

本章介绍了移动服饰类 App 的发展历程及 App 的 5 种盈利模式,根据服饰 App 主要功能的不同将其分为两大类:一类是服饰穿搭类 App;另一类是服饰销售类 App。其中,服饰销售类 App 根据其侧重点不同可分为综合型购物 App、主营服饰类 App、折扣特价 App 和海淘 App 4 类。本章对这些 App 进行了举例说明,对比其优缺点,分析预测了移动服饰类 App 的发展趋势。

当然,不论是哪一种服饰 App,其最终的目的都是激发消费者的消费欲望,引导消费者进行消费。即使是服饰穿搭类 App,虽然其主要功能侧重在穿衣搭配方面,但最终的目的仍逃不过"销售"二字。移动服饰类 App 的开发者需注意,要想提高销售额,就应增强软件的可用性,打造软件的特色功能,贴合用户的需求,如此才能提高软件的竞争性,在越来越多的移动 App 中占据一席之地。

练习与思考题

1. 列举现有服饰 App 的盈利模式。
2. 列举现有服饰销售软件类型,分析其特点。
3. 思考服饰穿搭软件的未来发展方向,提出你的看法。
4. 思考如何对服饰类 App 中的个人数据隐私进行有效保护。

第 7 章

交通类移动应用

本章要点

- 介绍主流交通类移动软件
- 了解交通类移动软件的分类
- 思考交通类移动软件未来的发展趋势
- 了解交通类移动软件商业模式

本章知识结构图

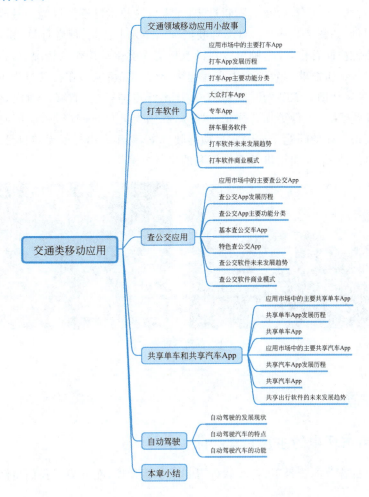

7.1 交通领域移动应用小故事

在某个天气晴朗的上午,王大爷与他的好友约好一起去生态公园踏青赏花。他使用导航软件查询如何去约好的地点,一查发现,生态公园距离家这边有点远,需要转多趟公交才能到达,耗时很长。于是王大爷决定打车去目的地,点开老人模式的打车软件一键叫车。站在路边等了一会儿,一辆最近很受欢迎的自动驾驶汽车停在王大爷面前。王大爷走到侧方车窗屏幕前进行人脸识别以核对乘客身份信息,语音播报"核对信息一致"后,汽车车门自动解锁,随后王大爷就坐上了这辆酷炫的自动驾驶汽车。上车后,车内 AI 系统就开始和王大爷进行对话,以确定目的地信息、为其规划最优路线,并提示系上安全带后车辆才会起步。王大爷按照 AI 语音提示系上安全带后,车辆平稳地行驶在马路上。在到达目的地附近前,AI 提示乘客"即将到达目的地,请拿好行李准备下车"。没过多久,汽车平稳地停在目的地,AI 提醒王大爷"已到达目的地,开车门请小心车后侧方的行人及车辆"。王大爷下车后,感叹道:这次打车体验真是方便、智能。

从古至今,人们的出行方式总在不断地发生变化,如今的交通工具以及出行方式更是多种多样,任君选择。随着科技的不断进步,无人驾驶技术已逐渐成为一种改变交通出行方式的重要力量,如图 7-1 所示。自动驾驶汽车依靠人工智能、视觉计算、雷达、监控装置和全球定位系统协同合作,让电脑可以在没有任何人类主动操作的情况下,自动安全地操作车辆。其优势在于能够有效地减少交通拥堵、交通事故;能够在行驶过程中自动注意路况、调整速度等来帮助人们节约时间与精力,让出行更加轻松;能够自动规划路线并根据路况调整最优路线,使出行更加智能化。如今,我国老龄化日趋严重,如何使老人出行更便利是一个值得关注的问题。如果有自动驾驶汽车,老年人出行就无须自己驾驶,车辆自动将人送至目的地,给人们提供了更加便利的出行方案。

图 7-1 自动驾驶汽车图

7.2 打车软件

7.2.1 应用市场中的主要打车 App

在智能手机普及的背景下,打车软件得到了迅猛发展,在方便了我们生活的同时也推动了电子支付方式的发展,改变了我们的生活。

接下来,我们将从打车软件的基本分类、发展历程、功能分类、发展趋势等方面,对打车软件进行全方位的介绍。其中,打车 App 的基本分类信息如表 7-1 所示。

表 7-1 打车 App 的基本分类信息

App 名称	二维码	官网下载地址	LOGO	备 注
曹操出行		https://www.caocaokeji.cn/		"互联网＋新能源"出行服务平台
花小猪打车		https://hxz.didichuxing.com/		滴滴推出的独立打车品牌
嘀嗒出行		http://www.didachuxing.com/homepage/		前身为"嘀嗒拼车",兼具出租车、顺风车
T3 出行		https://www.t3go.cn/		一个智慧出行生态平台
享道出行		https://www.saicmobility.com		全面覆盖网约车、企业用车、个人租车和出租车业务
Uber		https://www.ur.taxi/kv/en/		全球即时用车软件,现已覆盖全球 63 个国家,344 个城市
Lyft		https://www.lyft.com/		滴滴、Lyft、GrabTaxi、Ola,于 2015 年 12 月 6 日宣布建立共享全球合作,为国际旅客提供无缝出行服务
神州专车		https://www.10101111.com/		"专业车辆,专业司机"的 B2C 模式,定位于中高端群体

7.2.2 打车 App 发展历程

谈起打车软件时,大部分人肯定会首先想到滴滴和快的,但其实"摇摇招车"才是中国市场上第一批打车软件。摇摇招车最初从事商务租车,在2012年4月最早获得了融资,此时基本上已处于市场第一的地位。可惜好景不长,由于主要运营车辆向私家车转移,招致政策打击。而且此时其他打车软件也在积极寻求市场,扩大自己的影响力,打破了摇摇招车已有的市场优势。随后,滴滴、快的分别获得了巨额融资,利用补贴打入了全国市场。摇摇招车由于资金缺乏、战略失误,最终被挤出了打车市场。

几年前国内最大的手机打车应用之一是快的打车。快的打车由杭州快智科技有限公司于2012年6月推出。在2013—2014年两年期间内获得了阿里巴巴等公司数亿美元的融资。2013年10月,易观国际发布数据显示,快的打车占全国打车App行业整体市场份额的41.8%,位列行业第一。快的打车通过给予用户补贴积累起了大量用户,与滴滴打车在打车软件领域分庭抗礼。2015年2月,滴滴、快的两家公司联合宣布进行战略合并。自此,打车领域由滴滴、快的两家巨头转变成了一家独大的局面。这种一家独大的局面一直持续到2021年,此期间,在许多用户的眼中,"叫滴滴"与"叫网约车"几乎是一个概念。然而,由于滴滴出行在2021年7月至2023年1月被暂停新用户注册,此期间以高德为代表的聚合打车平台快速崛起。高德打车是阿里巴巴旗下的高德地图于2017年推出的聚合打车服务,它接入了如滴滴快车、曹操专车等在内的众多出行服务平台,成为了业内最全的打车平台,真正实现了"一键全网叫车"。因此,用户的打车习惯也在悄然发生变化。

除了大众打车软件,打车软件领域还分化出了专车软件和拼车软件两个分支。神州专车是神州租车旗下的产品,旨在为高端商务人士提供便捷的出行业务。神州专车使用的车全为神州租车所有,并且配备专业司机,为客户提供随叫随到的高质量服务。哈哈拼车是一个拼车软件。车主可在哈哈拼车上发布拼车线路,乘客可在应用上发布拼车请求,既方便拥有私家车的车主充分利用空闲资源,又解决了乘客打车难的问题,为车主省油钱也为乘客省车费。哈哈拼车还为用户购买了人寿保险,保证了坐车的安全性。

打车软件的具体发展演变历程如图7-2所示。

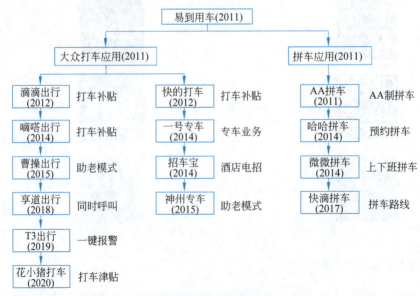

图7-2 打车软件发展历程

7.2.3 打车 App 主要功能分类

目前国内流行的打车 App 主要功能对比如表 7-2 所示。

表 7-2 打车 App 主要功能对比

	曹操出行	享道出行	花小猪打车	神州专车	快滴拼车
年份	2015	2018	2020	2015	2017
主要服务群体	日常出行的普通大众	日常出行的普通大众	日常出行的普通大众	高端商务出行人群	有拼车需要的车主和乘客
功能	1. 自动定位； 2. 预约服务； 3. 增值服务（司机+保镖专车、翻译专车、特护专车等）； 4. 支持网上支付	1. GPS 定位； 2. "同时呼叫"功能； 3. 无人自助、全天候的租车服务； 4. 代驾服务	1. 网上支付； 2. 人脸识别，行程中全程录音； 3. 预估价格； 4. 紧急求助及报警	1. 车型种类丰富，预约用车，接送机、延误免费等； 2. 定制专车，定制个性化路线； 3. 助老模式	1. 用户共享资源； 2. 用户身份实名验证； 3. 匹配乘客与车主路线
用户核心需求	乘客减少等车时间，尽快上车；司机减少空车时间，尽快接单	乘客减少等车时间，尽快上车，出行便捷；满足各种出行场景需求	乘客减少等车时间，尽快上车，出行便捷	中高端商务用车需求	省时省钱，方便出行
优势	解决了乘客打车难问题；拥有动态折扣；高峰、雨天不溢价；拥有优质服务专业司机；新能源专车，节能环保	高效匹配，提供安全高效的出行服务；租车网点遍布，随借随还；司乘双方隐私安全保护，满足个性化需求和多元化出行场景需求	只对现有滴滴注册车辆和司机开放，安全功能多重保障；全网超值一口价，新用户首单 0 元起；打车津贴免费领	专车所用车辆全为神州租车自有，具备政策优势；均为全职司机，司机素质较高，服务水平较好；多充多送，优惠多	高效的拼车路线信息匹配，乘客分担油费，当面完成车费交易；共享资源，更加环保

7.2.4 大众打车 App

曹操出行 App 的功能模块图如图 7-3 所示。

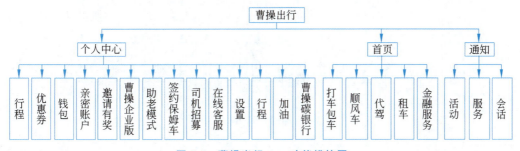

图 7-3 曹操出行 App 功能模块图

曹操出行 App 特色功能包括助老模式和签约保姆单，如图 7-4 所示。

（1）助老模式：该功能旨在帮助 60 周岁以上的老年人更加便捷地使用出行服务。启用该功能后，App 会切换为极简模式，自动定位用户所在地点，只需点击"一键叫车"按键就可打车；如需帮助，也可以直接使用客服代叫。

（2）签约保姆单：用户可以通过该功能提前向平台司机派单，获得固定上、下车点及固定时间点的多轮次乘客服务。有效解决乘客工作日早晚高峰打车难和家长无暇接送孩子等问题。

图 7-4 曹操出行特色功能

7.2.5 专车 App

神州专车 App 的功能模块如图 7-5 所示。

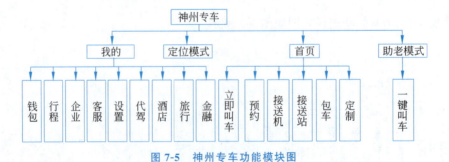

图 7-5 神州专车功能模块图

神州专车 App 的特色功能包括自有车辆、自有司机、商务出行、定制专业和接送车，如图 7-6 所示。

（1）自有车辆：专业租赁车辆，车辆种类齐全。

（2）自有司机：全职专属司机，贵宾式服务，体验不一样的用车经历。

（3）商务出行：全部中高端商务车型，拥有车载Wi-Fi和充电器，享受随时办公、无骚扰的高级专车尊贵服务。

（4）定制专车：该功能可以一键定制个性化路线，使得出行更方便；这里还有孕妈专车、聚会专车、出游专车等供用户选择定制。

（5）接送机：下飞机不再排队等打车，晚点延误免费等待。

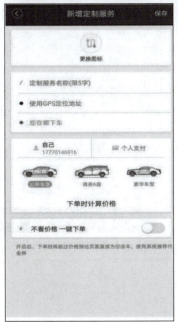 

图 7-6　神州专车特色功能

7.2.6　拼车服务软件

快滴拼车 App 特色功能如图 7-7 所示。

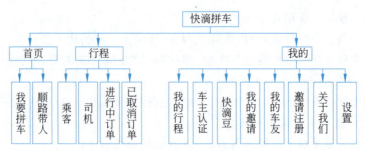

图 7-7　快滴拼车功能模块图

快滴拼车 App 主要特色功能包括发布拼车行程与超低乘车价格，如图 7-8 所示。

（1）发布拼车行程：该功能针对用户发布拼车请求，输入出行人数、目的地、出发时间、拼车留言等信息，秒拼顺路私家车，充分利用空闲资源。

（2）超低乘车价格：以分享经济为准则，仅分摊出行成本。

图 7-8　快滴拼车特色功能

7.2.7　打车软件未来发展趋势

任何一个事物的发展都是从无到有，从小到大，从抽象到细致，打车软件行业的发展也不例外。虽然打车软件没有多少年的历史，不过目前已经大致演变成了 3 个更加专一具体的行业，依次是基本打车软件、专车软件和拼车软件。笔者以这 3 个已有的行业软件为切入点来探究打车软件未来发展趋势。

1. 基本打车软件

基本打车软件市场布局可能将会高度集中。滴滴打车和快的打车这两大打车应用巨头经历了 2014 年烧钱大战后，2015 年突然宣布进行战略合并，合并后市场份额高达 99.8%，其他的打车软件发展势头似乎受到阻止。不过，这种情况不会持续太久。首先，过高的市场份额可能会涉嫌垄断，从而可能遭到政府抵制和制裁；其次，滴滴、快的市场高占有率很大程度上是因为巨额补贴吸引用户得到的，而如今补贴力度渐小，用户很可能会转而支持使用其他更有特色的打车软件。从长远来看，打车软件不会形成一家独大的局面，真正能够抓住用户的是软件的服务质量。

除此之外，基本打车软件的主导权将逐渐由司机端向乘客端倾斜。现在的打车软件由乘客发出打车请求，司机回应后进行抢单，直接给乘客打电话进行接单。虽然乘客可以拒绝司机，但很大程度上主动权掌握在司机手上，先是司机选乘客，然后才是乘客决定要不要这个司机，对于乘客来说略显被动。虽然司机和乘客都是用户，但乘客的数量远远多于司机，而且付费的人是乘客，因此主动权应该要掌握在乘客手中。未来的大众打车软件应该向乘客在若干司机中挑选的方向发展。

2. 专车软件

专车软件更加专业化和规范化。目前专车市场不规范，充斥着大量浑水摸鱼的黑车，并且部分司机素质低下，导致用户体验差。因此，政府加大了对专车市场的限制和打击力度。在这种形势下，由于神州专车相比其他专车软件显得更加规范，受到政策支持。其他专车软件若想寻求良性发展，必须打破现有的局面，向专业化和规范化靠拢。

3. 拼车软件

现有的上车难、车费贵、车辆限购等问题使拼车的出现成为必然。现有的拼车软件大都采取了乘客和车主实名认证制度，保证了双方的安全。通过拼车软件拼车，车主可以利用闲置资源赚取油费，用户也可以减少打车费用，并且提高了出行效率。拼车也有利于充分利用社会资源，减少碳排放，有利于环保。虽然可能存在有的乘客素质低下等问题，但拼车软件毕竟刚刚起步不久，未来肯定会越来越规范和完善，这个市场未来的发展势头不容小觑。

尽管打车软件目前在政策方面、用户素质方面和软件自身方面都存在一定阻碍或问题，但我们要认识到，不管怎样，打车软件也不过是近两年才出现的新兴事物，在刚性的市场需求、普及的智能手机以及民众的猎奇心理的加持下，未来打车软件行业的发展一定会朝着越来越细致完善的方向迅猛发展。

7.2.8 打车软件商业模式

打车软件通过线上线下分享流量红利，全面打造商业生态模式。广告是目前打车软件最主要的收入来源，包括线上导流和线下营销活动的广告分成。其中，线上广告包括 App 的开屏广告、打车等待过程中推送的 Banner 广告和会员通知中心的消息等。从服务的角度看，打车软件通过深入拓展服务，以后可以作为用车入口，为用户提供多方式的出行服务，进一步打通旅游出行产业链和各种交通方式链接，这个布局是具有想象空间的。用车 App 结合 LBS（位置服务）后，可以做到即时性租车，这使得它们和普通出租车的界限越来越模糊，代驾租车业务选择和正规的汽车租赁公司合作，有利于规避法律风险。

尽管打车只是 O2O 众多场景中的一个,但打车与看电影、餐饮团购、线下零售、旅游等一起,丰富了 O2O 形态,移动支付和大数据共享将打车软件公司和其他巨头紧密地捆绑在一起。未来,打车软件市场逐渐向构建大 O2O 生态方向迈进。

打车软件的商业模式如图 7-9 所示。

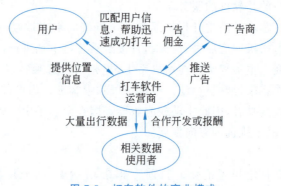

图 7-9　打车软件的商业模式

1. 推广网上支付方式,培养用户移动支付习惯

以滴滴和快的两大打车软件为例,在选择支付方式时虽然同时支持线下支付和移动支付,但明显可以看出,无论是滴滴打车的微信支付还是快的打车的支付宝支付都更侧重于移动支付。2014 年,当用户使用移动支付方式能够获得丰厚的车费补贴开始,这其实就是在推广自己的移动支付软件,用实惠吸引更多人使用,培养客户使用移动支付软件消费的习惯。

2. 大数据收集,通过用户乘坐出租车地址信息分析,画出全国精准消费地图

当今时代是一个大数据时代,掌握了数据就是掌握了这个时代的命脉。用户越多,打车软件能够搜集到的用户出行轨迹信息就越多,一两个人的数据也许不算什么,但如果把上亿人口的出行数据放在一起,就能够发现人们的消费偏好,各个行业的兴衰状况以及其他隐藏在人们日常生活中被忽视却又极具价值的信息。

3. 广告植入盈利

植入广告已经是众所周知的互联网盈利模式,各种打车软件也都会适当植入广告获取利润。

7.3　查公交应用

7.3.1　应用市场中的主要查公交 App

查公交应用也在迅速发展,在人们的生活中逐渐普及。比较大众化的查公交软件包括"车来了"和"掌上公交"等。一些具有代表性的软件的二维码和官网下载地址如表 7-3 所示。

表 7-3 基本查公交 App 信息汇总

App 名称	二维码	官网下载地址	LOGO	备注
车来了		https://www.chelaile.net.cn/		全国实时公交、地铁路线、出行规划、地图导航
掌上公交		https://www.mygolbs.com/home		一款实时公交查询手机软件,支持公交线路、站点实时查询、定制公交及扫码乘车功能
8684 公交		https://www.8684.cn/		覆盖 400 多个城市
巴适公交		http://zhushou.360.cn/detail/index/soft_id/4013970		成都定制巴士查询一站式出行平台
熊猫出行		https://www.pandabus.cn/panda/home.html		一款提供公交信息查询、实时公交信息查询与定制班车服务的 App
帮帮公交		http://zhushou.360.cn/detail/index/soft_id/4022935		覆盖了全国公交数据

7.3.2 查公交 App 发展历程

当今社会科技发展日新月异,交通工具的种类数量也越来越多,人们出行选择的空间也越来越大。不过在日常生活中,人们主要还是短途出行,所以选择的交通工具也不外乎是公交车、出租车、自行车或者自驾。对于大多数人来说,自行车费时费力,出租车成本较高,自有车辆者的比例也不是特别高,所以实际上大多数人主要还是选择公交车这一实惠便捷的交通工具。由于我国人口众多,而且出行时间扎堆,容易造成我们经常看到的一大堆人站在站台等车,好不容易上了车又十分拥挤的现象。于是在智能手机的普及、快节奏的生活、广大市民的出行需要等多种因素的作用下,查公交软件应运而生。

最初公交查询还只是在网上进行线路查询,并没有诞生出专门的查公交软件,近几年才因为智能手机的普及等因素,使得公交查询从单纯的信息查询中独立出来,形成了特别的手机 App。以查公交 App"8684 公交"为例,8684 公交网创建于 2006 年,是目前国内更新最及时,覆盖范围最广的公交查询软件之一,主要提供站点查询、公交换乘查询、路线查询、公交车站查询、GPS 定位和查询分享等功能。它支持离线查询,目前可供公交查询的城市已超过 400 个,为市民出行带来了极大方便。像 8684 公交这样的公交软件属于面向大众并适用于全国范围的软件,查公交软件还包括一些地方性特色软件,例如"巴适公交"等。

公交查询软件的大致发展演变历程如图 7-10 所示。

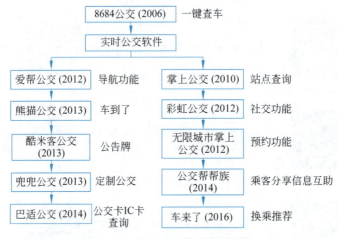

图 7-10　公交查询软件发展历程

7.3.3　查公交 App 主要功能分类

查公交 App 最基本的功能就是实时查询公交车的位置,不同的公交查询软件各有侧重点,有的加入了社交的元素,有的提供了多种出行方案。查公交 App 的功能分类如表 7-4 所示。

表 7-4　查公交 App 功能分类

	8684公交	掌上公交	车来了	巴适公交	熊猫出行
年份	2006	2010	2016	2014	2013
面向对象	面向全国,适用于经常使用公交出行的、有智能手机的学生党、上班族等	面向全国,适用于经常使用公交出行的、有智能手机的学生党、上班族等	面向全国,适用于经常使用公交出行的、有智能手机的学生党、上班族等	专注于为成都本地的乘坐公交人群服务	面向全国,适用于经常使用公交出行的、有智能手机的学生党、上班族等

续表

年份	8684公交 2006	掌上公交 2010	车来了 2016	巴适公交 2014	熊猫出行 2013
功能	1. 换乘查询,线路查询,站点查询; 2. GPS定位,离线查询	1. 公交云卡,扫码乘车; 2. 实时公交站牌; 3. 动态换乘,实时地图; 4. 定制服务	1. 实时查询; 2. 上下车语音提醒; 3. 路线规划; 4. 跨城市查询; 5. 赶车闹钟; 6. 创新的到站分析	1. 实时公交查询; 2. 车内实时图像; 3. 闹钟提醒; 4. 公交IC卡查询; 5. 公交互动新闻	1. 周边公交线路信息展示; 2. 实时掌控公交行驶情况,行驶方向等动态信息; 3. 定制班车; 4. 线路、换乘查询
用户核心需求	实时了解公交动态信息,尽量减少等待公交的时间	实时了解公交动态信息,尽量减少等待公交的时间	实时了解公交动态信息,尽量减少等待公交的时间	实时了解公交动态信息,尽量减少等待公交的时间	实时了解公交动态信息,尽量减少等待公交的时间
优势	1. 信息齐全; 2. 到站提醒; 3. 一键回家; 4. 离线公交地图	1. 数据覆盖全面; 2. 扫码乘车,出行更便利; 3. 有智能换乘功能	1. 提供多样化的路线规划方案; 2. 提供赶车闹钟和语音提醒防止坐过站或错过站; 3. 实时查询公交进站时间、运行位置等信息	1. 公交互动; 2. 移动电子站牌; 3. 实时公交; 4. 定制公交	1. 可以为用户量身定制班车; 2. 全面了解公交车实时位置信息,合理规划行程; 3. 可以根据用户位置,自动展示周边公交线路信息

7.3.4 基本查公交App

"车来了"App是一款查询公交实时位置的手机软件,其服务覆盖全国400多个城市,能满足用户多样化的公共出行需求。该应用不仅能够提供公交车的到站距离、预估到站时间、上车或到站提醒,还能显示整条公交线路的通行状况,让用户不再盲目等待,有效缓解用户候车的焦虑,同时改变用户的出行方式。

车来了的功能模块如图7-11所示。

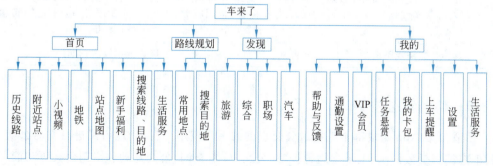

图 7-11　车来了App功能模块图

车来了 App 特色功能包括路线规划与上下车语音提醒。

(1) 路线规划：即便是在异地的陌生场景下，输入目的地即可提供多种换乘方案对比，包括公交、地铁、打车、骑行等，让出行更加便利。

(2) 上下车语音提醒：公交车位置实时跟踪，上下车到站及时语音提醒，用户不必担心错过车或坐过站。

车来了 App 特色功能如图 7-12 所示。

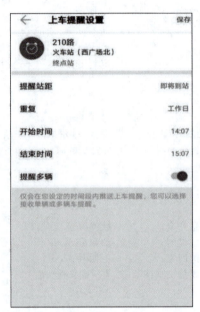

图 7-12　车来了 App 特色功能

不同的查公交 App 有不同的优点，8684 公交 App 有着清晰的市区线路、远郊线路、快车线路，车来了 App 有上下车提醒、赶车闹钟、路线规划等功能，掌上公交 App 有公交云卡、实时公交站牌、动态换乘等功能。具体的不同查公交 App 对比分析如表 7-5 所示。

表 7-5　不同查公交 App 对比分析表

	8684 公交	车　来　了	掌上公交
优点	GPS 定位；各个地区线路划分清楚（如市区线路，远郊线路，快车线路等）；显示附近站点	实时查询；上下车语音提醒；创新的到站分析；路线规划；赶车闹钟；常用收藏；覆盖 400 多个城市	一键查车；实时公交站牌；动态换乘；实时地图；扫码乘车；公交云卡；定制服务；地图导航；覆盖 300 多个城市
缺点	具体公交路线不清楚	广告推广较多	广告推广较多；有时卡顿

7.3.5　特色查公交 App

巴适公交 App 是成都本地实时公交查询的手机应用，支持当地市民进行实时公交查询、车内拥挤指数提示、上下车闹钟提醒、公交 IC 卡查询、公交互动和定制公交等功能，致力于为成都本地市民提供更加便捷的公交出行服务。

巴适公交 App 主要有 5 大功能,分别是查询、定制巴士、班车、车票和我的。其中,查询功能可以搜索线路或站点、实时公交查询、路线规划以及收藏路线;其他功能可以提供网约小巴、定制巴士和网约包车业务以及购买车票等服务。具体功能如图 7-13 所示。

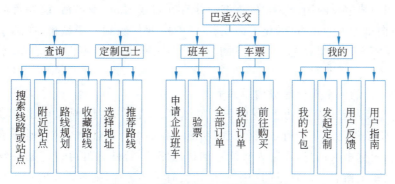

图 7-13　巴适公交 App 功能模块图

巴适公交 App 的特色功能有定制巴士和企业班车,其特色功能如表 7-6 和图 7-14 所示。

表 7-6　区域特色公交软件对比分析表

	巴适公交	深圳通
优点	摇一摇刷新站台;GPS 定位;公交互动(了解成都新鲜事),定制公交	学生卡申领;深圳通卡充值;乘车码;扫码乘坐公交地铁很便捷
缺点	App 启动反应慢,会闪退	有时会闪退卡顿

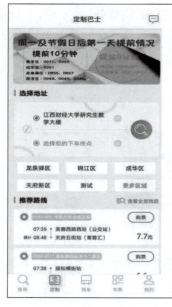

图 7-14　巴适公交 App 特色功能

7.3.6 查公交软件未来发展趋势

目前公交软件的最大特色是实时公交,让乘客通过手机知晓公交实时动态,包括到站时间等。此外,我们去一个陌生的地方也可以通过公交软件了解怎么换乘,选择最优路线。但是,用户普遍反映用公交软件查询路线存在过于机械、不灵活、绕路等问题。公交软件还有待向更加人性化、灵活化方向完善。例如,我们新到一个城市,找到了一个公交站牌,却还是不知道如果从这个公交站上车,应该在哪站换乘哪路公交车,才能到达目的地。

查公交软件的未来发展趋势构想如下:

(1) 完善事先定制公交功能,保障弱势群体权益,帮助人们养成文明出行习惯。

有些公交软件已经开始有定制公交的功能。我们可以通过公交软件让乘客事先定制自己的座位,根据个人信息,正常人只能定制普通座位,特殊人群可以定制特殊座位或普通座位,然后车上留有一定数量的空余座位让实时乘客选择,乘客上车时用手机作为车票验证。这样对公交拥挤、乱抢座现象的改善有一定帮助,可以作为公交软件未来发展的一个方向。

(2) 本地生活综合服务平台。

查公交软件如果只有查询公交这一项功能未免显得过于单调,未来的查公交软件应该具备作为本地生活动态展现平台的功能。

7.3.7 查公交软件商业模式

查公交软件商业模式包括如下两部分,具体如图 7-15 所示。

(1) 广告赚钱。

(2) 赠送积分与商家合作。

以"彩虹公交"App 为例:彩虹公交软件里有"萌萌送补贴"一栏,主要通过介绍其他软件,要求用户下载推荐的软件并使用获得积分。其他公交软件也大同小异,其实质就是推荐其他商家,与其他商家合作。

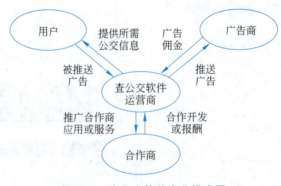

图 7-15 查公交软件商业模式图

7.4 共享单车和共享汽车 App

近年来,共享经济在全球范围内迅速发展。在众多共享经济形态当中,共享出行无疑最为引人注目。以共享单车、共享汽车等为代表的共享出行模式在全球迅速推广应用,为传统交通运输体系提供了新型的替代服务。一般地,居民出行时要么借助公共交通工具,要么借助私人交通工具。前者具有经济环保等特点,但不够快捷方便,只能实现站到站出行,便捷性受到一定限制;后者则具有方便、快捷、舒适等特点,而且能够实现点对点出行,但也产生了道路拥堵、环境污染、使用成本高等问题。相比之下,共享出行兼具公共交通和私人交通的优点,又巧妙地弥补了二者的缺点。共享出行 App 的出现,为人们出行提供了很大的便利,用户可以根据自己的行程距离来选择更方便合适的共享出行方式,如图 7-16 所示。

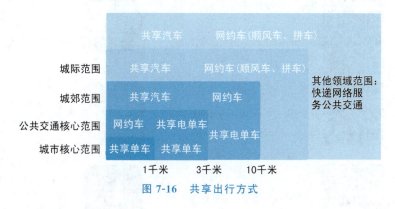

图 7-16 共享出行方式

如今的共享出行借助"互联网+"、大数据、云计算、车联网等技术平台,为用户提供优质的服务体验。具体相关技术如图 7-17 所示。

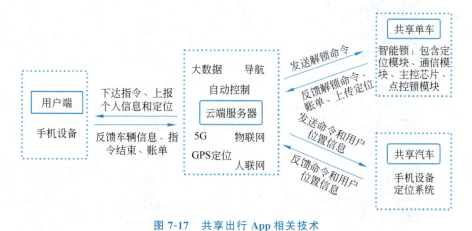

图 7-17 共享出行 App 相关技术

7.4.1 应用市场中的主要共享单车 App

在当前"互联网+"时代,为了解决市民出行"最后一千米"难题,各种五颜六色的共享单车出现在大街小巷。共享单车软件的出现及发展,改变了我们的生活,给广大市民带来了便利,节省了人们出行因等待公交或堵车的时间,并且绿色环保,备受广大市民的喜爱。接下来,我们将从共享单车软件的基本分类、发展历程、功能分类和发展趋势等方面,对共享单车软件进行介绍。

应用市场中包含了许多共享单车App,主要的共享单车App信息如表7-7所示。

表7-7 共享单车App信息汇总

App名称	二维码	官网下载地址	LOGO	备注
哈啰出行		https://www.hello-inc.com/		哈啰出行软件包括骑车、打车、买电动车、租车自驾、订火车票、住酒店、买门票等功能
美团		https://www.meituan.com/		原"摩拜单车"
滴滴青桔		https://www.didiglobal.com/		含有单车助力车,滴滴自有共享单车品牌
小遛共享		https://www.xlgxapp.com/#/		国内90度无桩停放的共享电单车平台,助力构建城市"公共交通+共享电单车一体化智慧交通闭环"
永安行共享单车		https://www.ibike668.com/		已在全国300多个城市地区开展共享出行业务,包括公共自行车、共享助力自行车、共享汽车及网约车等
锂享出行(锂市民共享电动车)		http://www.lixcx.com/home/index.html		解决用户中短距离的出行问题
虾米出行		http://www.huahuabike.com/		由一批国内最早创建电单车出行市场的团队共同创立而成,提供无桩电单车租赁服务
租八戒智慧出行		http://www.zupig.cn/download.html		中国校园电动车分时租赁领军企业

7.4.2　共享单车 App 发展历程

共享单车出现后,受到了广大用户的喜爱。说到共享单车和共享助力车,大家一定十分熟悉,因为在公交站点、地铁站点、居民区、商业区、校园、公共服务区及各个马路边随处可见。骑行共享单车已经成为人们的一种生活方式,这种绿色、低碳的城市代步工具,为市民解决了出行"最后一千米"难题。在当前"互联网+"时代,共享单车不同于传统的家用自行车,只要通过智能手机交付押金(有的甚至押金都不需要交),通过手机扫描二维码就可以解锁一辆自行车,然后在限定范围内任意骑行。这种单车不需要固定的停车位,可随处停放,随处取用,其核心理念在于"共享",方便了用户出行。

说到共享单车,我们先来了解中国共享单车的发展阶段。2007—2010 年,由国外兴起的公共单车模式开始引进国内,由政府主导分城市管理,此时多为有桩单车;2010—2014 年,专门经营单车市场的企业也开始出现,但公共单车仍以有桩单车为主;2014 年至今,随着移动互联网的快速发展,单车企业利用新技术,在传统自行车技术基础上融合了移动支付和卫星定位系统等新技术,开创了无桩共享(互联网+公共自行车)新模式——共享单车,具有手机扫码、即时结算、随用随停的便捷功能,极大弥补了城市公共自行车系统的缺陷,提高了公众使用自行车的出行效率。共享单车已成为继公交、地铁之后的第三大公共交通工具。但是由于共享单车所能满足的出行需求距离相对有限,在物联网、人工智能和大数据的技术加持下,针对 3~10 千米中短途出行的共享电单车于 2017 年开始出现在人们的生活中。共享电单车就是在共享单车的基础加上了电动车的功能。

当谈到共享单车 App,首先我们肯定会想到最早的小黄车 ofo、摩拜,或者如今十分受欢迎的哈啰出行、青桔和美团。以目前国内最受欢迎的共享单车之一的哈啰出行为例,下面介绍哈啰出行的大概发展历程:2016 年,公司成立,同年 11 月宣布完成 A 轮融资,并在厦门试运营;2017 年,哈啰单车出现在武汉、南昌街头,并宣布进入天津市场,与永安行低碳科技有限公司合并,同年 12 月宣布完成 10 亿人民币第 2 轮融资;2018 年,哈啰单车宣布"全国免押战略",更名为"哈啰出行",推出网约车业务,并开启全新的品牌标示系统;2019 年,哈啰顺风车业务与电动车服务平台正式上线,进入 1.5 元/30 分钟的骑行时代;2020 年,哈啰共享单车全面接入北斗定位;2021 年,哈啰出行成立五周年。据最新公布的数据显示,目前哈啰出行 App 注册用户接近 5 亿人,共享单车业务覆盖超过 460 座城市,共享电单车业务覆盖超过 400 座城市。哈啰出行 App 是以共享单车业务起步,逐步进化两轮出行(哈啰单车、哈啰助力车、哈啰电动车、小哈换电)、四轮出行(哈啰顺风车、全网叫车、哈啰打车),以及酒旅、到店服务等的多元化出行及生活服务平台。自美团、滴滴参与共享单车细分市场份额的角逐以后,目前已经形成以美团、滴滴及哈啰出行三足鼎立的竞争格局。

共享单车具体发展演变历程如图 7-18 所示。

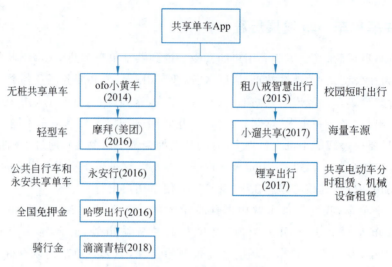

图 7-18　共享单车发展演变历程

7.4.3　共享单车 App

哈啰出行 App 的功能模块如图 7-19 所示。

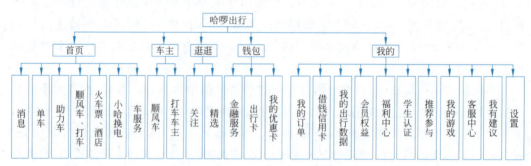

图 7-19　哈啰出行 App 功能模块图

哈啰出行 App 的功能特色包括小哈换电与逛逛，其中：

（1）小哈换电：像加油站那样的换电站，让"边走边充、永不断电"成为可能，解决充电难、里程焦虑、充电安全、电池被盗等问题。

（2）逛逛：为用户提供优质生活攻略的内容社区。

哈啰出行 App 特色功能如图 7-20 所示。

7.4.4　应用市场中的主要共享汽车 App

随着科技的高速发展与人民生活水平的提升，人们的消费习惯随之改变，越来越多的人习惯于去使用共享汽车或者租赁汽车。贯彻"绿色、共享"的理念，将汽车的使用价值放大，从而实现资源利用的最大化。共享汽车有利于减少尾气排放，加强环境保护，促进人与自然和谐共生，达到可持续发展的目标。接下来，我们来了解一些主要的共享汽车

第7章 交通类移动应用

图 7-20　哈啰出行 App 特色功能

App，包括它们的发展历程以及 App 的主要特色功能等。

应用市场中提供了许多共享汽车 App，相关信息如表 7-8 所示。

表 7-8　共享汽车 App 信息汇总表

App 名称	二维码	官网下载地址	LOGO	备注
EVCARD		https://www.evcard.com/		提供多种个性租赁方案，通过日租、月租、时租服务，满足个人、工作、家庭等不同场景下的用车
联动云租车		http://www.ldygo.com/		可轻松预定全国 360 余座城市、10 万多台 SUV 或轿车。行业内首次实现"用车场景全覆盖"，用户可根据用车需求，灵活预订车辆使用日期及时间
GoFun 出行		https://www.shouqiev.com/index.html		提供汽车的即取即用、分时租赁服务，覆盖全国近 90 个城市，具备行业领先的用户身份识别技术，提供更智能的定制化、场景化出行服务

续表

App 名称	二维码	官网下载地址	LOGO	备注
小灵狗出行		https://xlg.cn/		新能源轻出行平台
凹凸租车		https://www.atzuche.com/		个人对个人租车（车共享），车主将自己的闲置车辆租给他人使用，业务已覆盖100多个城市
烽鸟共享汽车		https://www.ifengniao.net/		自助取车，也可免费送车上门，短途时租，长途日租，全场景出行
iGo共享出行		http://www.i-gozuche.com/		芝麻信用，免押轻松用车，提供共享汽车、豪车租赁
驾呗		http://www.joy-go.com/index.html		分时租赁，计时灵活，高/中/低档车型随你挑，多重保险
轻享		http://www.qingxiangchuxing.com/index.html		为用户提供包括新能源汽车长期租赁等安全可靠的多元化出行解决方案

7.4.5 共享汽车 App 发展历程

共享经济正在潜移默化地影响我们的生活，其中，共享汽车是一种新的生活方式和消费理念。中国的共享汽车起步比较晚，但目前发展迅速，已在多个一线城市登录，并且在向二三线城市发展，用户主要集中在年轻人、中低层收入家庭以及临时需要用车的用户。说到汽车租赁，已有一百多年的历史。共享汽车也属于汽车租赁模式的一种，而现在我们经常称呼的共享汽车指的是利用移动互联网、全球定位等信息技术构建网络服务平台，为用户提供自助租车、还车服务，并且以小时或分钟为计价单位的租车模式。

20世纪80年代和90年代前期，瑞士、德国、加拿大、荷兰、瑞典、美国等国家都推出了共享汽车服务。进入21世纪，共享汽车实现了规模化快速发展，共享汽车公司Zipcar（美国）、Flexcar（美国）、City Car Club（英国）等都是在2000年创建的。2008年，City

CarShare(美国)还推出了无障碍共享汽车;到了 2012 年 12 月,该公司投放了 11 000 辆汽车,发展了 76.7 万名会员。与此同时,不少传统汽车租赁公司也推出自己的共享汽车服务,让租车服务更灵活,例如,Enterprise Rent-A-Car(美国)在 2008 年就推出了共享汽车服务。2010 年还出现了共享私家车平台,用户把私家车放到平台上,当其闲置时供其他人使用。根据 2017 年 7 月统计信息,car2go 是世界上最大的共享汽车公司,在美国、加拿大、欧洲和亚洲投放了 14 000 辆汽车,注册用户 75.5 万;另外,Zipcar 还在法国开办了 Buzzcar,投放的汽车超过了 9000 辆,注册用户总数 1200 万。在我国,最早的汽车共享组织是 2009 年在北京成立的易多汽车共享,它联合北京当地汽车租赁公司,利用先进的车联网和物联网技术将汽车投放在人流量大的科技园区、高校、小区、商务办公区、写字楼等地方,为个人和企业提供方便的自助用车服务网络平台。杭州的车纷享汽车租赁于 2011 年成立,通过车纷享网络技术信息平台用户可以实现自助取车、在线支付、自行结算、GPS 导航、自助还车等,便捷地获取汽车。而如今的共享汽车模式是在 2015 年左右开始兴起的。2015 年,"途歌"成立;2016 年 5 月,EVCARD 上海电动汽车分时租赁公司成立,将新能源汽车引入汽车共享,并在上海投入 830 多辆电动汽车,让市民实现绿色、低碳的出行;截至 2017 年,我国已有 370 家共享汽车公司完成注册,中国汽车分时租赁服务覆盖城市超 80 座,总量突破 8 万量,其中 95% 以上是新能源汽车。以 EVCARD 为例,其已经覆盖 40 个城市,投入运营车辆超过 24 000 辆。现在电动汽车在汽车共享组织中占比约 20%,电动汽车的投入使用有利于缓解能源紧张、环境污染等问题,还能给人们的出行带来便利。

具体发展演变历程如图 7-21 所示。

图 7-21　汽车共享发展历程

7.4.6　共享汽车 App

汽车共享模式主要可以分成 3 类:一是传统的汽车租赁模式;二是以滴滴、Uber 为首带来的网约车模式;三是以途客为代表的共享汽车模式。下面我们介绍一下如今比较流行的共享汽车模式。

EVCARD 是一种全部采用电动汽车,以分钟为单位计费的车辆租赁服务 App。该模式全程自助操作，简单便捷；网点全面覆盖，随借随还；还有全时救援保障，客服在线，为用户的出行提供无忧保障。

EVCARD App 功能结构如图 7-22 所示。

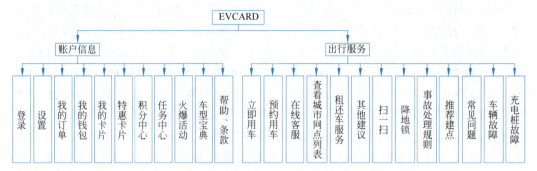

图 7-22　EVCARD App 功能结构图

EVCARD App 的特色功能包括预约用车与查看城市网点列表。其中：

（1）预约用车：预约日租更省心，全时租赁自由行，可以选择你想要的车型，芝麻免押，还可以跨网点还车。

（2）查看城市网点列表：输入地址，寻找附近网点。

EVCARD App 特色功能如图 7-23 所示。

图 7-23　EVCARD App 特色功能

7.4.7　共享出行软件的未来发展趋势

共享单车与共享汽车的出现使人们出行更加便利，共享出行 App 的页面与功能也越来越精美和多样化。以哈啰出行为例,它不仅可以让人们骑共享单车,还包含了许多出行可能会用到的功能,例如酒店预订、景点门票及火车票的购买等。但是,在一些功能上还存在不便,例如老人们操作起来可能比较困难。因此,笔者预测,共享出行软件未来发展的趋势可能包括以下两点。

1. 功能更加完善

鼓励更多平台使用"一键叫车"功能,加强定位的精准性。在这个智能手机遍布的时代,使用一个软件对于年轻人来说是轻而易举的事情,但对于老人来说却是一件格外困难的事情:不会使用导航、不会叫网约车、找不到手机软件里的很多功能,因此有一部分人群并没有享受到共享出行 App 带来的便利性。所以需要进一步完善软件的功能,降低操作难度,保障不会上网或者没有智能手机的老年人也能打车。因此,可以为老年人提供电话预约或即时叫车服务。

2. 内容更加多元化

现在的共享出行软件已经越来越综合化,而不仅仅是作为共享单车或打车软件。例如,哈啰出行 App 相比之前新增了"逛逛"功能,为用户提供优质生活攻略的内容社区,我们可以看到不同用户分享在社区的生活趣事及游玩攻略推荐等;设置了娱乐版块,可以查询游玩的出行路线,推荐定位点地区的人气景点等。这些体现了共享出行软件相比之前更加多元化。因此要想软件更加受欢迎,它的功能范围应该包括人们生活的方方面面。

7.5 自动驾驶

当说到自动驾驶时,在绝大多数人的概念里,认为不用人开车就叫作自动驾驶,而实际上我们还远远没有达到这个目标。但在未来的某一天可能能够真正实现如图 7-24 所示的场景,真正脱离人类操纵汽车,实现车辆的完全自动驾驶。

图 7-24　无人驾驶图

接下来我们从自动驾驶的发展情况、自动驾驶汽车的特点以及其功能来了解自动驾驶。

7.5.1 自动驾驶的发展现状

首先,我们来了解下什么是自动驾驶。自动驾驶又称为无人驾驶、计算机驾驶或者轮式移动机器人。它依靠计算机与人工智能技术在没有人为操纵的情况下,完成完整、安全、有效的驾驶。在 21 世纪,由于汽车用户的不断增加,公路交通面临的拥堵、安全事故等问题越发严重。自动驾驶技术在车联网技术和人工智能技术的支持下,能够协调出行路线与规划时间,从而大程度提高出行效率,并在一定程度上减少能源消耗。自动驾驶同时还能帮助避免醉驾、疲劳驾驶等安全隐患,减少驾驶员失误,提升安全性。因此,自动驾驶成为各国近年的一项研发重点。

目前,自动驾驶已有几十年的历史,但自动驾驶行业在过去没有受到广泛关注。1999年,美国卡耐基-梅隆大学研制的无人驾驶汽车 Naclab-V 完成了第一次无人驾驶试验,许多为无人车开放道路实验的法律法规也相继出台。经过开发研制,自动驾驶在后续几年被推广。2009 年,自动驾驶汽车的雏形图片被曝光,自动驾驶开始受到关注。

国际范围内,国际自动化工程师学会(SAE)将自动驾驶分为 L0~L5 共 6 个级别,分别为驾驶员驾驶、辅助驾驶、部分自动驾驶、条件自动驾驶、高度自动驾驶和完全自动驾驶。详细定义如表 7-9 所示。

表 7-9 SAE 自动驾驶分级表

分级	称呼	定义
L0 级	驾驶员驾驶	完全由人类驾驶员进行驾驶操作
L1 级	辅助驾驶	特定情况下汽车能辅助驾驶员完成某些驾驶任务,根据驾驶环境车辆自主控制加减速或转向中的一项,其余由人类驾驶员进行操作
L2 级	部分自动驾驶	根据驾驶环境对方向盘和加减速中的多项操作提供驾驶支持,其他的驾驶动作由人类驾驶员进行操作,和 L1 均属于辅助驾驶
L3 级	条件自动驾驶	自动驾驶能完成某些驾驶任务,但驾驶员需要时刻监视周围环境的变化,遇到危险情况随时准备接管,这是目前许多自动驾驶汽车都已做到的自动驾驶技术
L4 级	高度自动驾驶	在部分道路上实现由自动驾驶系统完成所有的驾驶操作,比如在封闭的高速公路等特定条件下,人类不需要监督它工作
L5 级	完全自动驾驶	完全的自动驾驶,在任何条件下和所有道路上均可实现无人干预的行驶,由自动驾驶系统自主完成所有的驾驶操作,允许车内所有乘员从事其他活动

自动驾驶作为 AI 应用中备受关注的热点,随着深度学习及人工智能算法的进步,自动驾驶越来越趋向实用化和商业化。如今被认为在自动驾驶技术研究方面处于领先地位的公司是美国的特斯拉和谷歌,其中,特斯拉的 Autopilot 被认定为属于自动驾驶 L3 级别范畴,即在一定环境中具备自动驾驶的能力,但遇到紧急情况时,还需要司机进行监管。由于各个公司的重视与大量投入,自动驾驶已经累计大量经验,技术进步也呈高速发展趋势。在中国,自动驾驶已经上升为国家战略。2018 年 3 月,上海正式发放了全国首批智能网联汽车开放道路测试号牌,意味着中国无人驾驶迈出一大步,但要想完全实现自动化驾驶,还需要继续努力。

7.5.2 自动驾驶汽车的特点

自动驾驶汽车有以下 3 个特点。

（1）**安全性**：通过数字化、信息化地智能运转，自动驾驶能精确感应周围的事物并及时做出反应，发生安全事故的概率大大降低。自动驾驶汽车可以监测驾驶员的状况，当驾驶员疲劳驾驶时，自动驾驶汽车就会自动接替人类的驾驶，避免发生事故。

（2）**便利性**：自动驾驶汽车解放了人类的双手，不需要驾驶员控制，汽车便能通过自身导航到达目的地。

（3）**智能化**：当选定目的地后，自动驾驶汽车会利用导航系统规划最佳路线，到达目的地时，汽车会选定停车位并自动停车。

7.5.3 自动驾驶汽车的功能

各国推进自动化驾驶的研究，自动驾驶应具有以下 3 种功能。

（1）代替驾驶员进行驾驶。汽车上的人只需要选定目的地，就可以完全让自动驾驶汽车自动驾驶，与普通汽车相比更便利。

（2）规划最优路线。利用导航系统进行路线规划，可以有效避免交通拥堵或路线过长的问题，以最快最安全的方式到达目的地。

（3）分析驾驶员及乘客的状态。当驾驶员疲劳驾驶时，汽车会先警告驾驶员，接着接替驾驶员进行自动驾驶。如果乘客把手和头伸到窗外，车载计算机会提醒乘客；如果汽车内乘载过多，汽车会发出超载提醒，防止意外事故的发生。

7.6 本章小结

本章介绍了交通类移动应用的发展历程和主要功能，主要以打车软件、查公交软件、共享出行软件和自动驾驶 4 方面为切入点进行介绍和分析。

打车软件主要分为大众打车 App、拼车 App 和专车 App。查公交 App 分为基本查公交 App 和特色查公交 App。共享出行 App 主要分为共享单车 App 和共享汽车 App。我们对每种类型的应用分别选出若干具有代表性的软件进行功能介绍和优缺点比较，然后结合市场状况以及用户需求等因素来对未来发展趋势进行推测，并分析了其商业模式。

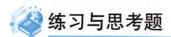
练习与思考题

1. 滴滴、快的战略合并给打车软件领域格局造成什么影响？会导致垄断吗？其他打车软件怎样才能在夹缝中求生存？打车补贴越来越少会使打车热潮消退吗？

2. 国内专车怎样才能以最小限度的损失进行规范改革以适应政策的要求？乘坐专车的安全性怎么保障？专车的出现是对传统出租车行业的补充，但是专车和出租车的客户是一致的，随着专车软件的进一步发展是否会剧烈冲击出租车行业？专车软件、出租车软件要怎样切分利益蛋糕？

3. 为什么政府对私家车进入专车领域持反对态度,对于私家车进行拼车服务却不加限制?拼车软件安全问题怎么解决?

4. 请下载并使用几个打车软件,比较不同软件的区别,分析目前打车 App 存在的不足之处并思考改善方法。(参考表 7-9～表 7-13)

5. 教会父母使用打车软件来打车。

6. 全国性的、数据大而全的查公交应用和区域性的、着眼于地方细节的查公交应用相比,哪个更让你满意?

7. 什么是定制公交?定制公交真的能够给人带来方便吗?那些不会使用智能手机的老年人怎么办?

8. 对于共享单车乱停乱放严重影响了城市形象与道路安全的问题,对此你有什么好的建议?

9. 如今,共享出行深受年轻人的欢迎,请你列举出你使用过的共享出行方式。其中你最常用的 App 是哪些?相比于其他同类型的 App,其具备什么优点?

10. 共享汽车相较于传统的租车服务有什么优势?为什么能够打开新的市场?

11. 你认为自动驾驶有哪些局限性?当自动驾驶汽车遇到危险时,应该优先保护乘客还是优先保护行人?自动驾驶汽车是否真的安全?

12. 为什么各大城市都在抢先发展自动驾驶?你觉得自动驾驶有什么未来发展前景?你觉得未来自动驾驶时代的汽车是怎样的?谈谈你的看法。

第 8 章 饮食类移动应用

本章要点

- 了解饮食应用的发展历程
- 学习主要食谱饮食软件
- 掌握主要订餐软件
- 思考饮食类软件未来的发展趋势

本章知识结构图

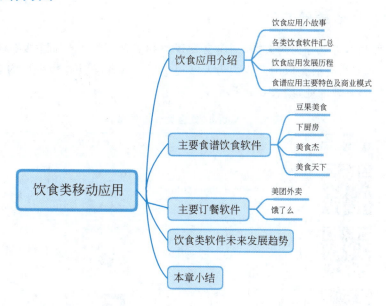

8.1 饮食应用介绍

8.1.1 饮食应用小故事

中国是一个美食大国,拥有八大菜系,各地特色的美食无不让人垂涎三尺。正是有着数不清的美食,才塑造了无数的食谱。而随着移动电子商务的逐步兴起,饮食类应用也应运而生,各种各具特色的食谱类 App 出现在人们视线中。围绕着食谱的社交应用更是大行其道,用户通过共同的兴趣,分享和交流做美食的经验,犹如一个美食社交圈。同时由于食谱的普及，美食不再是饭店的特权，普通民众只需手指轻轻一点，就可以了解如何做出时令最火的美食。除美食之外，食谱类 App 还能提供健康的饮食指导，根据用户的搜索记录，智能推荐食材的利用搭配，成为日常下厨不可或缺的小帮手。

一则小故事：小美刚成为家庭主妇，年轻的她并没有多少掌厨的经验，但是当她打开"豆果美食"App，看到那些简单易懂的美食教学，她很快就掌握了这些"傻瓜"式的操作，烹饪出各种美食佳肴。豆果美食 App 的食谱不仅包括八大菜系，更不乏西餐、料理、烘焙、小吃、海鲜等。小美用这多变的美食，轻轻松松地抓住了老公的胃。在菜谱的评论区中，小美更是通过与别人的探讨，结识了许多家庭主妇，大大扩展了交际圈。通过 App 内部的商店，小美还可以买到推荐食材，真正做到足不出户便万事俱备。一旦做的美食太复杂，小美便会打开掌厨应用，一步步跟着视频学习，尝试着做出理想的美食。正是这些食谱类 App 让小美的主妇生活得心应手。

虽然各类食谱类 App 的食谱内容大同小异，但是围绕着食谱，各种 App 尽力开发有关食谱的周边。例如，豆果美食 App 致力于搭建一个集发现、分享、交流于一体的美食社交平台；而"下厨房"App 通过智能的食材搭配和推荐，提升用户体验；"好豆菜谱"App 则是类似淘宝的模式，用户可以根据自己喜好和条件合成菜谱，选择不同的品种、食材和口味。

8.1.2　各类饮食软件汇总

饮食软件基本可以分为两大类，即美食发现类和美食创作类。而主要的人气都集中于美食创作类，多为食谱类应用。我们为大家提供了一些比较具有代表性的食谱类软件的官网和二维码下载地址，如表 8-1 所示。

表 8-1　Android 饮食类 App 信息表

App 名称	二　维　码	官网下载地址	LOGO	备　　注
豆果美食		https://www.douguo.com/		国内外华人群体中较为领先的美食互动社区
好豆菜谱		https://www.haodou.com/		美食视频社交网站
下厨房		https://www.xiachufang.com/		一款适合年轻人的、流行的美食食谱软件
Bigoven		https://www.bigoven.com/		家庭厨师的最佳食谱组织者
Epicurious		https://www.epicurious.com/		美国的美食菜谱门户网

续表

App 名称	二 维 码	官网下载地址	LOGO	备 注
网上厨房		https://www.ecook.cn/		专为美食爱好者提供菜谱分享和厨艺交流的美食社区
美食杰		https://www.meishij.net/		网络美食信息服务平台
美食天下		https://www.meishichina.com/		全球最大的中文美食网络平台
掌厨		http:/h5.izhangchu.com/		视频菜谱网站
香哈菜谱		https://www.xiangha.com/		一款生活类的美食软件，主要功能是提供原创类美食菜谱
食安测		www.ab126.com/soft/91184.html		一款食品安全检测软件

8.1.3 饮食应用发展历程

2011—2012年，大量饮食应用进军市场，而2011年正是安卓系统超过塞班、获得全球最大份额的时候。各大美食网站迅速发掘了安卓这个平台的潜力，基本都在同期退出了美食类应用，去抢占饮食应用的市场，但由于食谱本身的特性，无法产生巨大的差别，在同质化严重的情况下，食谱类应用只能围绕食谱开发周边饮食类App，发展历程如图8-1所示。

2010年，美食杰抢得先机，在同年7月和10月推出魅族m8客户端和iPhone版客户端，并获得大量人气。因此，美食杰App早期就获得了较高的名气。

2011年，各大美食网站纷纷发布各自的移动应用：3月，美食天下推出；5月，美食杰推出安卓版；7月，好豆菜谱推出。

2012年，豆果网发布豆果美食，开启了"美食-社交"的新型食谱应用，成为最早的美食社交平台，由于社交因素的引入，人气迅速攀升。

2013年，掌厨的推出，开启了美食视频应用的开端。

2014年，食品安全问题愈演愈烈，民众对食品安全问题关注度逐步提高，食安测应运而生，但食品安全追源难度较大，宣传力度较小，应用人气并不高。

2017年，身材焦虑越发严重，大众希望通过规律饮食更好地管理身材，健身食谱App

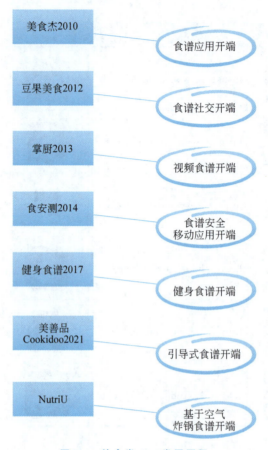

图 8-1 饮食类 App 发展历程

抓住市场先机,提出"不负美食,不负身材"的口号,为用户记录并合理搭配健康饮食,让减脂、增肌、塑性更健康、更简单、更有效。

2021 年,预制菜开始流行,大众开始对餐饮业持有怀疑的态度,回归家庭做饭成为最好的选择,"今天吃什么?"成了大众头疼的问题。美善品 Cookidoo 推出引导式烹饪食谱,让用户可以随时随地挑选出自己喜欢的食谱,并开始烹饪。

2022 年,一款空气炸锅席卷美食界,懒人做饭的方法让大众纷纷效仿,NutriU 推出基于空气炸锅的食谱 App,让美食触手可及。

8.1.4 食谱应用主要特色及商业模式

1. 食谱应用主要特色

食谱应用作为一种服务性应用,最基本的就是提供食谱的查询服务。以好豆菜谱 App 为例,它向用户提供直接搜索和随机搜索两种搜索方式,用户可以直接输入菜品名字、食材和功效等进行定位搜索,也可以像淘宝一样根据自己喜好,按条件合成,选择品种、食材和口味。另外,好豆菜谱 App 还有第 3 种搜索方式,就是如微信一般"摇一摇",随机选取组合。好豆菜谱 App 的整个使用流程就如在淘宝购物一般,在搜索选择或定位选择之后，查看评价及价钱，选定商品，确定数量，在购物车里查看，然后框选，提交订单并付款，收货之后评论，如此循环。

食谱有一大特点就是时令性。不同的时令有不同的食谱，以及不同的推荐菜谱食材。各大食谱应用都能根据不同时节，向用户推荐时令最火的菜谱以及最新的做法，帮助用户健康合理地安排自己的一日三餐。

食谱最为重要的就是能简单明了地教会用户菜品的做法。以掌厨 App 为例，该应用作为最早开创中文视频美食应用的第一品牌，已上传的菜谱近万，视频清晰，流畅度高，用户能直接按照视频一步步做出美食。而其他食谱应用基本上通过用户之间的分享，交流美食的做法和技巧，通过文字和图片指导用户制作美食。

2. 食谱应用商业模式

早期食谱应用仅作为填补美食网站移动端空白的平台，目的主要为积累人气，占有市场。此后才有豆果美食 App 开创先河，让食谱、社交和电商三圈互利，如图 8-2 所示。豆果美食通过社交提升食谱数量和质量，得到较多的人气基础，继而参与到与电商的分利中。豆果美食充分利用食谱社交，鼓励用户之间交流，分享食谱，使得用户活跃程度提高，继而将自身打造成为影响力较大的美食平台，再利用自身的影响力，招揽食品类电商的加入，收取为电商宣传和销售的平台佣金（如图 8-2 所示）。

图 8-2　食谱应用商业模式

再来看国际市场，以日本上市的菜谱网站 cookpad 为例，其盈利模式已较为清晰：一是向用户收费，在 50 万道菜谱中，其中 15 万道是付费菜谱；二是厨具广告的推动和电商销售；三是和农场合作，进行新鲜果蔬的销售和配送。

8.2　主要食谱饮食软件

食谱类 App 是通过移动电子设备和电视等终端，在客户端上向用户提供食谱、烹饪知识、美食资讯和社区互动服务等的移动应用。近年来，食谱类 App 发展态势迅猛，市场覆盖面和活跃用户上升很快，豆果美食、下厨房、美食杰和美食天下等 App 构成了市场主力军。互联网的快速发展为食谱类 App 提供了强大的用户基础，移动终端的普及为食谱类 App 的移动化提供了技术支撑。回归家庭成为一种消费趋势，食谱类 App 价值日益凸显。随着市场发展，竞争也愈发激烈，近年来，食谱类 App 形成了豆果美食、下厨房、美食杰和美食天下四分天下的格局。

8.2.1　豆果美食

豆果美食是国内一家发现、分享和交流美食的互动平台，目前已发展成为国内以及全球华人熟知的美食互动社区网络。2011 年 2 月，豆果美食 App 正式上线；2013 年 6 月，豆果美食 App 推出"圈圈"功能，成为国内美食互动社交平台；2015 年 9 月，豆果美食 App 进军半成品美食领域，将场景时代的用户体验发挥到极致；2017 年，豆果美食 App 开启以家庭、健康和智能为目标的中国家庭餐桌新征途；2018 年 6 月，新增"笔记"板块切入生活领域。豆果美食以丰富平台内容为第一要务,容纳更多元的视频形式菜谱,促进用户各种形式的上传分享。下面从两方面简单介绍该 App。

(1) 功能结构。豆果美食 App 汇聚 3 亿美食用户,精选 500 万道美食菜谱,助力用户迸发美食灵感,主要功能有食谱、课堂、商城和个人中心,具体功能如图 8-3 所示。

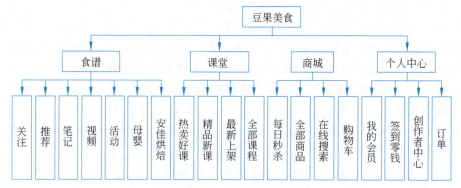

图 8-3　豆果美食功能模块图

(2) 特色功能。豆果美食 App 的特色功能有课堂、商城和创作者中心,如图 8-4 所示。

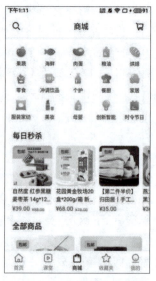

图 8-4　豆果美食特色功能

① 课堂:可以通过搜索感兴趣的课堂学习制作美食,有热卖好课、精品新课、最新上架、超值福利、电子书和 VIP 免费课程等。

② 商城:可以在商城模块购买食材,方便简单。

③ 创作者中心:可以直观看到用户所发布的笔记和菜谱。

8.2.2　下厨房

下厨房 App 是一款适合年轻人的、流行的美食食谱软件,主要功能是提供各种美食做法以及烹饪技巧,是目前市场上最受欢迎的中文菜谱类 App,囊括超过 60 万道菜谱,也是最活跃的美食交流社区,帮助用户开启美味生活。主创团队发现国外的主妇大多会在晚上亲自下厨,且谷歌每天 10% 的搜索量都与食谱有关,而国内的食品安全问题堪忧,民众急需回归厨房,因此"做菜谱+分享"成为创始人王旭升的新目标,之后下厨房 App 诞生。下厨房以"唯有美食与爱不可辜负"为口号,于 2013 年作为菜谱分享美食社区 App 正式上线。2015 年,下厨房 App 上线了"市集"模块,以销售优质食材、厨具、服务为主展开了电商业务。2017 年,下厨房 App 又上线了全新的"厨 studio"模块,开始了以厨艺课程直播录播为主要形式的知识付费业务。因此,下厨房的产品定位不仅仅是一个菜谱工具,也是为对厨艺感兴趣的人提供菜谱内容交流、生活分享社区、电商平台以及厨艺知识付费服务的平台。下厨房侧重于打造易于让用户理解和模仿的标准化菜谱,并打造了独立的作品展示模块来鼓励用户跟做并分享作品。下面从两方面简单介绍该 App。

(1) 功能结构。下厨房是中文菜谱更全,人气更高的美食社区,也是苹果 App Store 精选推荐的美食应用,被央视 CCTV 新闻报道为年轻人流行的生活方式 App,其主要功能有时令流行、榜单推荐、人气社区、活动奖品和购物食材,具体功能模块如图 8-5 所示。

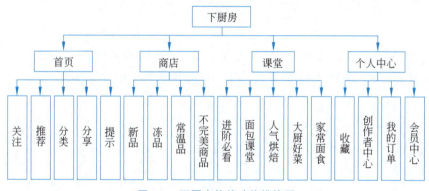

图 8-5 下厨房软件功能模块图

(2) 特色功能。下厨房 App 的特色功能有商店和课堂,如图 8-6 所示。

① 商店:商店模块对商品进行了分类,有新品、冻品、常温品和不完美商品,用户可以根据需求进行购物。

② 课堂:用户想学习制作美食可以通过搜索菜品,或者根据推荐进阶必看、面包课堂、人气烘焙、大厨好菜、家常面食、中式点心、会员免费、会员五折购和猜你喜欢板块进行观看视频学习烹饪。

8.2.3 美食杰

美食杰 App 成立于 2007 年,是一家以用户为中心、数据为基础、内容为服务、技术为驱动、同理心为方法的用户饮食管理服务平台。通过美食菜谱吸引用户,将食物、健康和科技三者结合,帮助用户在任意餐饮环境中,了解自身所需的饮食选择方案,完成中国饮食智慧升级。至今,美食杰拥有视频菜谱及图文菜谱近百万篇,每年超过 1 亿次的浏览量,超过 5000 万家庭享用其提供的饮食指南。下面通过两方面简单介绍该 App。

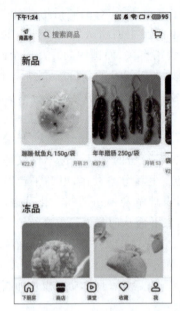

图 8-6 下厨房软件特色功能

（1）功能结构。美食杰是一款多次被苹果 App Store 推荐的美食菜谱 App，也是一款获得世界美食家大奖的美食菜谱 App，其主要功能模块如图 8-7 所示。

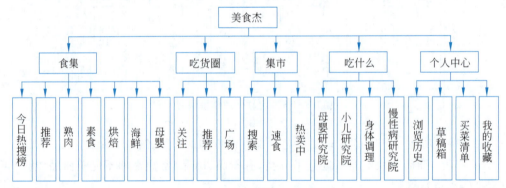

图 8-7 美食杰软件功能模块图

（2）特色功能。美食杰 App 的特色功能有吃货圈和吃什么，如图 8-8 所示。

① 吃货圈：吃货圈的广场板块，可以看到其他用户最新发布的视频，还能进行点赞、收藏、评论和分享。

② 吃什么：综合 1000 万用户数据研究得出不同的人适合吃什么食品，有母婴研究院、小儿研究院、身体调理研究院和慢性病研究院，满足了不同受众人群的需求。

8.2.4　美食天下

2011 年 3 月 11 日，美食天下客户端上线。目前，美食天下 App 的注册用户超过 1000 万，每天有 300 多万人在使用着美食天下。美食天下 App 的用户主要来自北上广深

图 8-8　美食杰软件特色功能

及各沿海省市,他们生活幸福,热爱分享,更愿下厨。2016 年,美食天下更换 LOGO。下面从两方面简单介绍该 App。

(1) 功能结构:美食天下是热爱美食、追求美好的吃货社区,汇聚海量菜谱的常备工具,主要功能操作便捷,包括海量菜谱和人气社区,具体功能如图 8-9 所示。

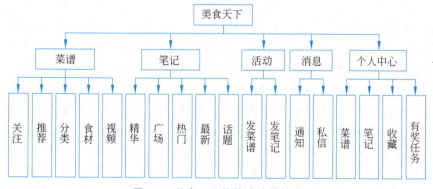

图 8-9　美食天下软件功能模块图

(2) 特色功能:美食天下 App 的特色功能有菜谱和笔记,如图 8-10 所示。

① 菜谱:用户可以通过搜索食材查看有何种烹饪菜谱,还能通过点赞和收藏数进行选择烹饪方式。

② 笔记:笔记分为 5 个板块,分别是精华、广场、热门、最新和话题,用户可以根据自身需求查看其他用户所上传的菜谱。

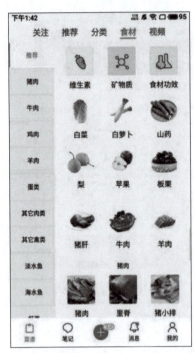 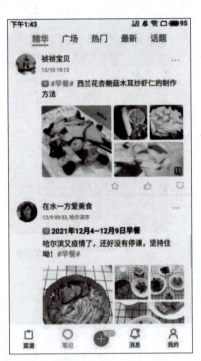

图 8-10　美食天下软件特色功能

8.3　主要订餐软件

随着互联网的发展,人们越来越享受在手机上看世界的生活,足不出户便知天下事,一部手机便可以解决我们的衣食住行等各方面的问题。随着网购和手机支付的兴起,网上订餐也逐渐为大众所知,人们不再担心没有时间做饭,不用思考今天吃什么煮什么,不需要去店面或者食堂排队,不需要带饭上班等,只需一个订餐软件就能品尝到心中所想的美味佳肴。订餐软件为人们提供了便利的订餐服务,用户可以通过手机 App 软件查看附近门店,了解门店优惠活动和具体菜品价格,进而由商家安排配送,从而实现足不出户解决吃饭问题。近年来餐饮行业发展非常迅速,国内的市场也越来越大,特别是外卖的发展也越来越快。根据国家统计局统计数据显示,2018 年中国餐饮收入突破 4 万亿元,达到了 42 176 亿元,同比增长 9.5%。截至 2020 年 3 月,我国网上外卖用户规模达 3.98 亿,占网民整体的 44%;手机网上外卖用户规模达 3.97 亿,占手机网民整体的 44.2%。综合来看,外卖产业的持续快速增长,推动了线上线下融合发展,拓宽了消费应用场景,为餐饮行业发展注入了新动能,正在成为国民新的消费习惯。其中,美团、饿了么这两款软件在众多的订餐软件中脱颖而出。这两款软件有何独特之处使其在互联网的潮流中走向辉煌呢?接下来我们将对这两款订餐软件进行简单的介绍。

8.3.1　美团外卖

2012 年 12 月 19 日,美团外卖 App 在美团北京主站测试上线。2013 年 10 月,美团外卖开启了第一单外卖业务,一位居住在北京北苑商圈的用户,通过美团外卖点了一单桂林米粉。六年后,美团外卖日订单数量已经突破了3000万单。美团外卖作为集中商家、骑手和用户三方的平台,主要功能以在线点餐为主,有提供美食、水果生鲜、甜点饮品、超市便利等众多品类的商家,也有专门的自建配送团队保证商品的即时性。"美团外卖,送啥都快"也成为其流行口号,配套提供送餐服务,后期还增加了跑腿、自取、闪购等业务。2015年,美团合并大众点评成立美团点评,美团也迎来了自己新的发展机会,市场份额不断扩大。2017年,美团外卖总交易额达到1710亿元。2018年,美团外卖发布新年报告,春节订单暴增171%。2019年6月27日,美团旗下即时配送品牌美团配送与铁塔能源签署战略合作协议,双方拟在外卖配送电动车换电服务、智慧城市建设等业务领域推动深层合作。为了抗击新型冠状病毒肺炎疫情,保障春节期间居民基本生活,美团外卖于2020年1月26日率先推出"无接触配送",并迅速实现全国覆盖。2020年3月,72家北京市实体书店成为第一批进驻美团平台的示范企业,美团平台则对这批书店给予免费入场、流量补贴等支持。2021年6月,美团推出"外卖管家服务"全方位助力平台优质中小商家数字化经营,首期投入1.5亿专项补贴,为3万中小商家免费提供3个月的线上运营服务。目前,全国已有25个试点城市的6000家商家参与其中,带动餐饮门店平均外卖交易额提升超过50%。下面通过两方面简单介绍该App。

(1) 功能结构:美团外卖现已覆盖全国1500多座城市,在线门店数突破百万。美团外卖主要有附近美食、简单订餐、催单退款、在线支付和个人中心等功能,具体功能如图8-11所示。

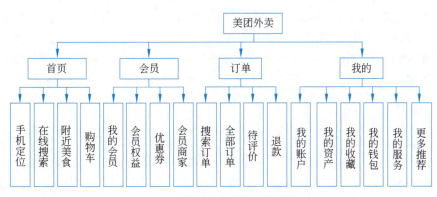

图8-11 美团外卖软件功能模块图

(2) 特色功能:美团外卖App的特色功能有支付、无障碍外卖、美团专送和用户评价,如图8-12所示。

① 支付:目前,饿了么App只有支付宝、花呗、微信支付和银行卡支付4种支付方式,而美团外卖App不仅有支付宝、微信和银行卡等支付方式,还有自己研发且专属美团的美团支付(本月消费下月还),美团月付还主打美团场景内的叠加优惠权益和先享后付体验,多种支付方式并行,保证了美团外卖支付方式的多样性,同时也满足了不同消费群体不同的支付习惯。

② 无障碍外卖:无障碍外卖的前身就是智能点餐,可以通过语音进行点餐,无论在

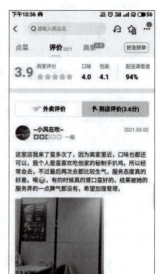

图 8-12　美团外卖软件特色功能

商家列表或菜品列表,都可以直接说商家名称、商家品类、菜品名称和菜品类别等,也可以设置配送时间、价格等。消费者可以在该界面修改地址,开始点餐,查看历史订单,返回上一级等。界面会推送最近的热搜菜品,也会推送附近的极限优惠套餐供消费者选择,这极大地方便了用户的用餐选择。

③ 美团专送:由美团聘请的专职配送人员进行外卖配送,如果使用美团专送超时,消费者能获得赔偿,配送可以追踪,服务有保障。

④ 用户评价:在美团外卖 App 中不仅有美团的外卖评价,也有大众点评的到店评价,这丰富了用户评价的内容,供消费者直观感受到商铺的餐饮质量,在点餐时多了一份安心。

8.3.2　饿了么

饿了么作为中国早期的外卖 O2O(Online To Offline,线上到线下)平台,将餐饮商家和消费者进行线上对接,让消费者的挑选、下单和支付等行为都能在平台上完成,然后由商家或平台进行配送,将餐品送达消费者,大大提高了消费者的用户体验。为了提高平台的使用率和顾客的忠诚度,饿了么重视不断提升用户体验,从最开始的商家配送到自主研发的蜂鸟配送系统,再到第三方众包物流,配送体系的完善化大大节约了送餐时间,提高了顾客满意度,成为外卖行业的领军者。2009 年,饿了么网站创立;2010 年,手机网页订餐平台上线;2012 年,手机 App 上线,并推出在线支付功能;2016 年,阿里巴巴全资收购了饿了么,成为其背后强大的资金后盾,并为其提供金融、支付和运营等全方位的支持;2017 年 8 月 24 日,饿了么正式宣布收购百度外卖。目前,饿了么现已覆盖全国 2000 座城市,加盟 130 万家餐厅,其中包括 5 万多家高端品牌连锁餐厅,例如必胜客、麦当劳、肯德基、汉堡王和海底捞等。饿了么自成立以来,先后经历了多轮融资,为其发展提供了必要的保障。下面从两方面简单介绍该 App。

(1) 功能结构:饿了么作为国内优质的本地生活服务平台,专注服务本地生活圈,推动行业数字化升级,重新定义城市生活,让生活更美好、更便利。随着本地生活与新零售由点到面的延伸,物流供应链能力的提升以及越来越多门店和商圈的接入,未来人在哪里,周围三千米都将成为每个人专属的幸福生活圈。饿了么外卖美食主要有预约订餐、准时到时、方便点餐、优惠不断、吃出乐趣和在线支付等功能,具体功能如图 8-13 所示。

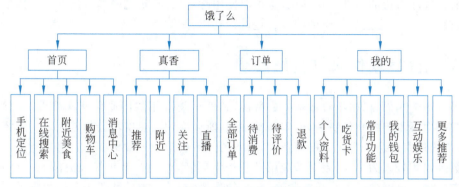

图 8-13　饿了么外卖软件功能模块图

(2) 特色功能:饿了么 App 的特色功能包括注册登录、公益服务、早餐预订和蜂鸟专送,如图 8-14 所示。

图 8-14　饿了么软件特色功能图

① 注册登录:美团外卖 App 的登录方式有 3 种,分别是手机号、微信和 QQ,而饿了么的登录方式有 5 种:手机号、支付宝、淘宝、微信和 QQ。多种登录方式可以吸引更多其他平台的用户使用饿了么 App,用户的黏性会更高。在阿里巴巴的并购下,饿了么融入淘宝的多种功能,致力于将饿了么打造成外卖界的淘宝。

② 公益服务:饿了么选择无须餐具并使用支付宝付款,则在"蚂蚁森林"应用中获得 16g 能量,这点也不仅能吸引一部分热爱蚂蚁森林种树的消费者使用饿了么进行外卖订餐,也减少了不必要的餐具使用。饿了么还提供一个较低门槛的公益活动,人人都能参与

到"3小时公益"之中,使得参与者增强了社会责任感,进而加深用户黏性。

③ 早餐预订：饿了么主打外卖送餐,在早餐方面更加注重,因此增加了早餐预订功能,方便了上班和上学等群体,超值早餐提前预订,为消费者创造了更好的用餐条件。

④ 蜂鸟专送：也叫蓝骑士专送,是由蜂鸟提供的快速配送服务,可以在App订餐页面查看到餐厅右边的蜂鸟专送标识,也可以使用筛选功能,筛选蜂鸟专送餐厅。如果超时配送,饿了么平台会通过给予消费者红包进行补偿。

8.4 饮食类软件未来发展趋势

就食谱应用而言,由于食谱本身的特性,致使该类应用的同质化非常严重,虽然各大应用都努力开发出各自的特色,但差距并不大,所以应用的热度不会相差太多。围绕着食谱,未来应用肯定会开发出新的商业模式,新的元素会被引入食谱中。食谱类应用的对象大多数是以年轻人为主,这就要求应用必须经常创新,时刻跟上年轻人的潮流。首先,未来食谱应用与电商的联系会更加紧密,食材的选择,相关书本的购买等会逐步频繁；其次,食谱应用是一种服务性应用,用户体验和反馈是此种应用立身之本,未来,食谱应用针对不同人群的定位会更加细化,并且用户的体验会更加符合口味。同时,未来商业模式也可以参考国外的模式,例如与农场合作,也正好响应淘宝的农村电商,顺应当代中国的潮流。

在食品安全应用方面,由食品安全问题而兴起的新型应用,其前景非常广阔,但现在的应用功能过于单一,信息录入较少。总体来说,还只在起步阶段,但随着市场管理的逐步提升,市场产品逐渐规范,应用的信息录入会大幅增加,应用的功能性会逐步体现。由于其功能过于单一,未来可能被并入更大众的应用中,作为其中的一项功能,完善用户体验；也可能扩大功能,不再局限于食品安全方面,开发与食品安全的周边,尽量拓展食品安全应用的潜力。随着淘宝走进农村的战略,食品安全应用与农村淘宝的溯源合作前景将会非常广阔。

8.5 本章小结

从2011年的崭露头角到现如今的百花齐放,饮食类App的竞争越来越激烈。从起步时单一的食谱展示到现在多元化、复杂化的应用,饮食类App开创出一条结合美食社交和电商的发展之路。随着互联网的快速发展,订餐软件在饮食类App中占据了一席之地,成为当下年轻人手机必备的软件之一。当然,目前的食谱类应用还存在着商业模式、内容严重同质化的问题。相信未来只有更具创新能力的App才能打破桎梏,主导市场。

练习与思考题

1. 在同质化严重的饮食类应用中,如何通过创新开发出有特色的项目或引领模式？
2. 除了电商,饮食类应用还可以和哪些对象合作？
3. 在线订餐大流行的时代下,食谱饮食软件如何留住用户？
4. 美团外卖和饿了么这两款软件有何异同？
5. 当前流行的食品安全软件有哪些？

第 9 章 旅游类移动应用

本章要点

- 了解旅游类移动应用的基本情况
- 学习各类旅游软件的运营模式
- 掌握主要的旅游类特色软件
- 思考旅游软件未来发展趋势

本章知识结构图

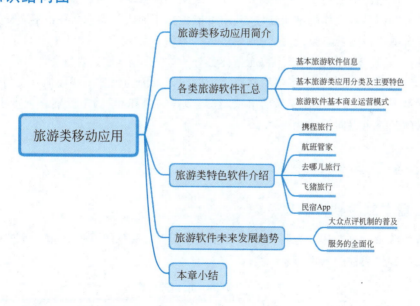

9.1 旅游类移动应用简介

旅游类移动应用,顾名思义,就是为用户提供各类旅游服务的移动应用软件。这类软件的兴起正在悄悄地改变着人们的生活,如图 9-1 所示。

不知从什么时候起,人们将旅游定位为生活必不可少的一部分。曾经人们就算想去一个陌生的地方旅游,但对那里几乎一无所知,除了知道到那里的火车票多少钱一张以外,那里的物价是多少、那里有哪些必须玩的地方和必须吃的东西、如何规划最省时省力、如何规划能在旅途中拥有最大的满足感等一无所知,似乎花钱请导游是人们唯一的选择。

图 9-1 旅游

小明在上海工作有一段时间了,他一直想逃离这个城市的快节奏生活,去国外偷懒度个假,感受一下异域的风土人情。但是,他却觉得一个人去国外没有安全感,去了以后住在哪里,带多少钱去合适,去了以后怎么走,这些都是摆在面前的大问题。无奈之下,他打开了手机中的旅游类应用,发现很多事情在该应用中都有现成的解决方案。例如,应用会为你设计一组产品对应你的游玩路线,其中可能包括来回飞机票和所住酒店,你可以自由切换选择合适价位的机票以及酒店;应用还会推荐游玩路线上的景点并告诉你如何乘坐交通工具;甚至连签证与保险应用都能帮你办好。如此一来,你只要付费即可享受全程服务,而且经过规划的旅行省去了浪费在路上的时间以及因为信息不通而额外支付的费用。小明高兴极了,接下来他所需要做的事情,就是带好衣服和相机(千万别忘记带手机),锁好门,关好窗,就可以向目的地进发了!

9.2 各类旅游软件汇总

9.2.1 基本旅游软件信息

手机旅游软件是专注于为用户提供旅游信息及旅游服务的手机 App。表 9-1 所示是一些比较具有代表性的软件信息。

表 9-1 旅游类 App 相关信息

App 名称	二维码	官网下载地址	LOGO	备注
去哪儿旅行		https://www.qunar.com/		一个旅游搜索引擎中文在线旅行网站
同程旅行		https://www.ly.com/		休闲旅游预订平台

续表

App 名称	二 维 码	官网下载地址	LOGO	备　　注
携程旅行		https://www.ctrip.com/		成功整合了高科技产业与传统旅行业，提供全方位旅行服务
Airbnb（爱彼迎）		https://www.airbnb.cn/		一家联系旅游人士和房主的服务型网站
Yelp		https://blog.yelp.com/		美国最大的点评网站，囊括各地酒店、旅游等领域
穷游		http://app.qyer.com/		一款针对出国自助旅行者量身定做的综合实用旅行应用
途牛旅游		https://www.tuniu.com/		中国知名在线旅游预订平台
飞猪旅行		https://www.fliggy.com/		阿里巴巴集团旗下的综合性旅游服务平台
马蜂窝		https://www.mafengwo.cn/		马蜂窝旅游网是广受中国年轻一代追捧的旅行网站，被誉为中国的旅行圣经
墨鱼旅行		http://www.mycuttlefish.com/		墨鱼旅行（更名前为墨鱼环球）定位旅行交友，是全新一代3.0的在线旅行产品
那就走旅游		http://www.njzou.com/		一款专注于为家庭出游用户提供当地私人导游预约的平台
航班管家		https://www.133.cn/		一款由中国航信集团独家授权的在线查询及预订国内航班机票的软件

续表

App 名称	二维码	官网下载地址	LOGO	备 注
车来了		https://www.chelaile.net.cn/		一款查询公交车实时位置的手机软件
Waze		https://developers.google.cn/waze/		一款免费的 GPS 导航应用

9.2.2 基本旅游类应用分类及主要特色

旅游类 App 主要分为两大类：一类专门提供旅游行程服务；另一类提供旅游交通服务。第一类中，携程旅行做得最早，从 1999 年就开始进入了互联网旅游服务业。第二类中，航班管家上线较早，可以帮用户在线值机，查看航班晚点信息，购买机票等。具体的旅游类应用发展历程如图 9-2 所示。

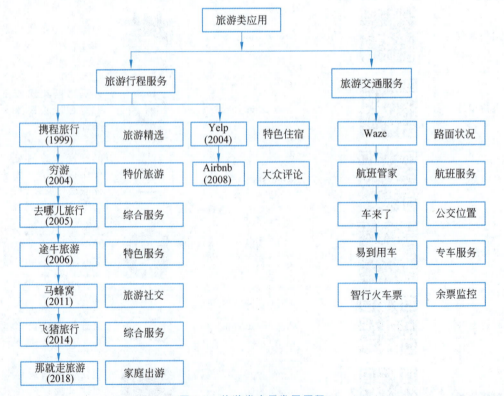

图 9-2 旅游类应用发展历程

市面上的旅游类应用数量非常多，而其中部分应用从很早便开始发行，这类软件的发展时间非常长,而它们为用户提供的各类服务也比较成熟完善,具有较高的使用价值。

旅游行程服务软件以携程为代表,它可以提供的服务包括预订机票、火车票,提供周末国外游、自由行、半自由行等一系列的优惠旅游产品,同时也包括提供旅游攻略等信息共享服务,是一个能够提供综合旅游服务的软件。与之类似的软件也有很多,例如途牛、同城和去哪儿等。在这类软件中,除了这种提供综合服务的软件外,也包括像 Airbnb 这样专门提供当地特色住宿的软件和 Yelp 这样专门提供美食及其他商品服务大众点评平台的软件。

另一类是专门提供旅游过程中交通服务的软件,以航班管家为代表。航班管家可以提供查询及预订机票、航班动态提醒、接送机服务、短信诈骗检查等服务,是乘坐飞机出游的朋友了解航班动态的必备 App。旅游交通服务中还有一些颇具特色的应用,例如,Waze 能随时提供路面状况和交通顺畅情况,车来了能及时提供各辆公交离站台的站数,让用户获知公交位置,易道用车可提供接送机、租车以及专车服务。

9.2.3 旅游软件基本商业运营模式

1. 合作伙伴关系——面向用户及供应商

旅游软件以打造一个交易平台为手段,提供包括机票、酒店、景点和餐厅等预订服务,试图与国内外各大航班航线、大小型酒店及景区景点等供应商建立长期合作伙伴关系,向以旅游散客为主,企业机构团体游为辅的用户提供全方位且标准化、优质化的服务,提升其平台的品牌声誉,扩大服务量,降低运营成本。总而言之,旅游软件在这个市场当中起到一个中间人的作用,将用户引荐给各大航空公司、景点和酒店,为其扩大销售渠道,同时也给用户带来一定的优惠折扣,是令整个旅游服务市场达成多赢局面的不可或缺的重要组成部分。

2. 盈利模式

如上所述,旅游软件起到了一个中介的作用,它构造的网络平台将用户和供应商(航空公司、酒店和景区等)连成一线,将他们撮合在一起,从而成为他们之间交易达成的催化剂。在这个过程中,旅游软件会从交易额当中抽取一定比例的佣金和推荐费,这构成了他们主要的收入来源。

自然,随着技术的不断发展且用户需求的不断变化,一个企业要想获得长期稳定的竞争优势和最大利益,只有通过不断探索和改进盈利模式,旅游应用也不例外。

旅游类 App 的盈利模式如图 9-3 所示。

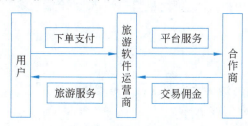

图 9-3　旅游类 App 盈利模式

9.3 旅游类特色软件介绍

每款软件都会有自己的独特之处,这样才能吸引用户并带来流量。接下来我们将介绍市面上流行的4款基础的旅游软件:携程旅行、航班管家、去哪儿旅行和飞猪旅行。这4款软件究竟有什么独特之处,才能在快速发展的时代中捍卫自己的地位呢?

9.3.1 携程旅行

携程旅行网创立于1999年,总部设在上海,是中国领先的酒店预订服务中心。目前主要的经营业务包括酒店预订、机票预订、度假预订、商旅管理、特惠商户及旅游资讯等全方位的旅行服务。下面从两部分简单介绍该App。

(1)功能结构:携程旅行App的主要功能有携程出行、携程要点、携程社区和其他功能,可以预订酒店、机票、火车票和门票等,具体功能如图9-4所示。

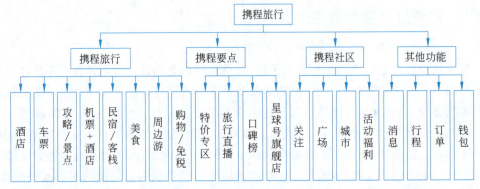

图9-4 携程旅行App功能模块图

(2)特色功能:携程旅行App的主要特色功能有美食、购物/免税和"机票+酒店",具体如图9-5所示。

① 美食:用户可以在携程旅行App上搜索当地美食,有美食林榜单、特色菜、本周热销、旬味会和酒店美食5个美食推荐分类,在用户不知道选择何种美食时,还可以查看优惠套餐和附近餐厅,轻松便捷地享受当地美食。

② 购物/免税:用户可在携程旅行App上搜索所要购买的商品,可以领取部分免税会员卡,价格优惠,吸引消费者。

③ "机票+酒店":用户可以选择"机票+酒店"的套餐服务,一键即可预订机票和酒店,方便快捷,出行必备。

9.3.2 航班管家

航班管家App是国内最受欢迎的旅行交通类手机应用之一,于2009年3月正式发行。下面从两部分简单介绍该App。

图 9-5 携程旅行 App 特色功能

（1）功能结构：航班管家 App 主要有机票酒店查询与预定、航班动态查询、机场信息服务查询和手机值机选座等功能，具体功能如图 9-6 所示。

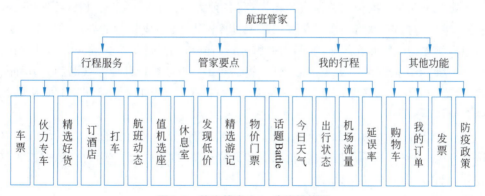

图 9-6 航班管家 App 功能模块图

（2）特色功能：航班管家 App 的特色功能有航班动态、值机选座和休息室，具体如图 9-7 所示。

① 航班动态：用户可以通过航班号、起降地和注册号搜索航班信息，有当地航班大屏展示。

② 值机选座：用户可以在网上办理登机手续，直接在网上预订座位并打印登机牌，到达机场时可以直接通过安检登机，无须再在柜台排队等候。

③ 休息室：可以查看并购买当前机场的休息室，还有贵宾快速通道和出行特权卡供用户选择。

图 9-7　航班管家 App 特色功能图

9.3.3　去哪儿旅行

去哪儿创立于 2005 年 5 月,总部在北京,是一家深耕于在线旅游行业的产品技术公司。去哪儿早期是一家纯旅游搜索公司,它将各种大小 OTA(Online Travel Agency,在线旅游)销售的机票、酒店信息汇集到网站上直接销售,逐渐成长为全方位的 OTA 平台。作为中国领先的无线和在线旅游平台,去哪儿旅行支持用户低价购买近 60 万条国内国际航线、42 万家国内酒店、16 万家国际酒店;提供超 100 万条国内外度假线路和 2 万种景点门票;享受国内 160 座城市以及国外 86 座城市的在线叫车、自驾等服务。下面从两部分简单介绍该 App。

(1) 功能结构:去哪儿旅行 App 主要有 4 大功能,分别是首页预订、旅行日志、攻略社区和个人中心。用户可以预订特价酒店和低价车票,也可以跟团或自由行、做旅游攻略推荐等,具体功能如图 9-8 所示。

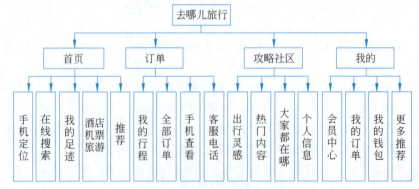

图 9-8　去哪儿旅行 App 具体功能结构图

(2)特色功能:去哪儿旅行 App 的特色功能有学生专区、音乐节 95 折和关注,具体如图 9-9 所示。

图 9-9　去哪儿旅行 App 特色功能图

① 学生专区:大部分的旅行软件是没有学生专区的,而去哪儿旅行 App 独辟蹊径,设置了一个学生专区,进行学生认证可以解锁学生 8 大专属特权。

② 音乐节 95 折:出去游玩,人们不一定只是看风景、享受美食,对于艺术的欣赏也是人们所追求的。音乐节 95 折这个功能专区由去哪儿审核的第三方合作商家提供,推出特价音乐演出活动,看演出全场 95 折,吸引了广大听众。

③ 关注:大部分的旅行软件主要在官方号发布商品的动态情况,而去哪儿旅行 App 反其道而行,从消费者的角度出发,用户可以发布自己的动态,也可以看到其他消费者体验后所发布的心得体会,侧面了解所想去的酒店、景点等的实际情况,更具有说服力,为该软件添加了一份特色。

9.3.4　飞猪旅行

飞猪旅行的前身为阿里旅行,2016 年正式更名为飞猪。飞猪旅行的目标人群为互联网时代里成长起来的年轻人,聚焦出境游体验与互联网创新。飞猪旅行起步虽晚,但是凭借着阿里巴巴的平台优势,与各大品牌展开合作,发展势头迅猛。下面从两部分简单介绍该 App。

(1)功能结构:飞猪旅行是阿里巴巴集团旗下旅行品牌,提供机票、酒店、火车票、汽车票、景点门票、用车、周末游、跟团游、自由行、自驾游、邮轮等旅游度假产品以及精选攻略、出行保险,旨在为用户提供优惠、便捷和高性价比的出行服务,具体功能如图 9-10 所示。

(2)特色功能:飞猪旅行 App 的特色功能有会员体系、百亿补贴和目的地,具体如图 9-11 所示。

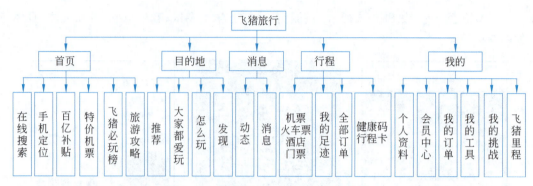

图 9-10 飞猪旅行 App 具体功能结构图

① 会员体系：飞猪旅行 App 中的会员体系分为 4 个等级。

② 百亿补贴：飞猪旅行联合商家一起给予用户补贴，每个用户在百亿补贴商家处可随机获得一定优惠金额。很多大牌高星酒店都有百亿补贴的优惠，吸引了众多消费者使用飞猪旅行 App 进行消费，也带动了酒店的经济增长。

③ 目的地：飞猪旅行 App 比其他软件多了目的地模块，可以通过该模块看世界实现云旅游，也可以通过用户定位查看该城市的各大景点，同时提供旅游攻略、景点推荐、酒店推荐、常见问答、机票订购等功能，还能看到游客在该城市都爱玩什么、怎么玩、吃什么、住哪里、买什么、发现更多精彩景点，精选好货，可谓应有尽有。

图 9-11 飞猪旅行 App 特色功能图

9.3.5 民宿 App

旅游业的兴起带动了各行各业的发展，在出游住宿方面，不管是家庭出游还是跟朋友、闺蜜同行等，民宿正在成为大众化的住宿方式。民宿预订 App 已经融入现代人们出行生活的方方面面，发展势如破竹。在线短租市场上出现不计其数的民宿预订平台，其中途家民宿、木鸟民宿、小猪民宿已然成为短租行业的领导者。据速途研究院公开数据显示，途家民宿订单量居首，占比40%，木鸟民宿紧随其后占比28%，小猪民宿则占比18%，其他阵营及平台占比为14%。接下来我们将简单介绍这3款软件的基本特点。

1. 途家民宿

途家民宿是全球领先的民宿短租预定平台，于2011年12月1日正式上线，致力于为客户提供丰富、优质和更个性的出行住宿体验，同时也为房东提供高收益且有保障的闲置房屋分享平台。凭借旗下途家网、蚂蚁短租、携程民宿、去哪儿民宿和大鱼自助游五大平台的海量用户入口，途家为房东和房客提供高效运营及贴心服务。通过简便高效的"途家管家"功能模块，房东在免费发布房屋信息、轻松赚钱的同时，还可与来自世界各地的房客相互交流分享。目前，途家已经覆盖国内400个城市、地区和海外1037个目的地，在线房源超过230万套，包含民宿、公寓、别墅等住宿产品及延展服务，可满足以"多人、多天、个性化、高覆盖"为特征的出行住宿需求。2015年8月3日，途家民宿完成了D及D+轮融资，总估值超10亿美元，正式进入互联网行业的10亿美元"独角兽"俱乐部。2016年6月6日，途家民宿宣布战略并购蚂蚁短租，进一步强化了住宿分享市场的领军企业优势。2016年10月20日，途家宣布战略并购携程、去哪儿公寓民宿业务。2017年10月8日，途家民宿线上平台完成E轮融资，总估值超过15亿美元。2018年1月，大鱼自助游加入途家，正式形成"携程民宿、去哪儿民宿、途家、蚂蚁短租、大鱼自助游的民宿短租入口"五大平台的矩阵，形成新途家集团。

途家民宿App主要有七大功能：国内外海量民宿、特色主题房、房屋钻级评级、多样出行场景、超高性价比、发现新奇特和贴心服务等，具体功能如图9-12所示。

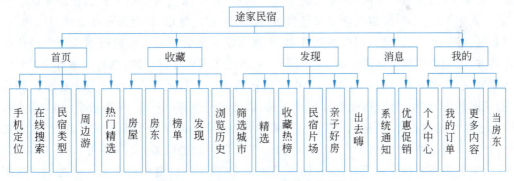

图9-12　途家民宿App具体功能模块图

2. 木鸟民宿

木鸟民宿是北京爱游易科技有限公司旗下独立运营的短租房、日租房在线预订平台，于2012年5月正式上线。在这里不仅有个人的闲置房间、民居、四合院、度假公寓、海景房，还有轰趴派对别墅、客栈、主题情趣房等特色房短期出租，不仅能让用户感受有别于酒店的体验，高性价比的房间也大大节省了他们出行的成本。

木鸟民宿App的功能有在线查找各种类型民宿、房源对比、发现合适的民宿和个人中心等。木鸟民宿App的具体功能如图9-13所示。

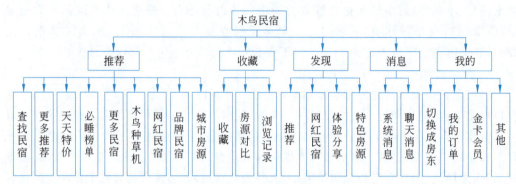

图9-13　木鸟民宿App具体功能模块图

木鸟民宿App的特色功能包括优质服务和优惠价格。

（1）优质服务：多条件搜索功能保证用户目标直达；1分钟内完成订单，下单后木鸟民宿专业客服全程为用户跟踪订单；无障碍网上交易，支持各类支付方式。

（2）优惠价格：全行业横向比较，保证网站上的同等房间价位低于一线城市经济型酒店。

3. 小猪民宿

小猪民宿成立于2012年，于2012年8月正式上线，是国内依托于分享经济，为用户提供特色住宿服务的互联网平台，是中国房屋分享经济领域的代表企业。小猪民宿以实践共享经济为使命，致力于挖掘潜力巨大的房屋闲置资源，搭建一个诚信、安全的在线沟通和交易平台，并通过保洁、智能家居等服务网络，建立绿色的住宿平台大生态系统。截至2019年5月，小猪民宿全球房源已覆盖国内400多座城市，以及海外252个目的地，拥有超过5000万活跃用户，在全国超过20座城市设有运营中心。小猪民宿崇尚个性化的住宿方式，先后筹备了住进花店、住进剧场、城市之光书店住宿计划、乡村美宿等一系列特色项目，倡导多元有趣的生活方式。小猪民宿的房源有普通民宿，也有隐于都市的四合院、花园洋房、百年老建筑，还有绿皮火车房、森林木屋、星空房等。在小猪平台上，房东可以通过分享闲置的房源、房间或是沙发、帐篷，为房客提供有别于传统酒店、更具人文情怀、更有家庭氛围、更高性价比的住宿选择，并获得可观的收益；而房客可以通过体验民宿，结交更多兴趣相投的朋友，深入体验当地文化，感受居住自由的快乐。通过共享房屋改变中国人的住宿，是小猪民宿奉行的企业理念。小猪民宿将继续坚守美好的价值观，推动中国住宿方式的进步。下面从两方面简单介绍该App。

（1）功能结构：小猪民宿App具有六大功能，分别是在线搜索民宿、查看热门房源、特价专区、我的收藏、与房东聊天和个人中心，具体功能如图9-14所示。

（2）特色功能：小猪民宿App的特色功能众多，主要分为针对房客与针对房东两部分。

① 对于房客：为确保发布的房源真实可靠，平台持续为房东提供实地验真、视频验真、优质实拍等支持性基础服务，并将这些房源打上标签，优先展示给房客。当入住发生"预订房间无法入住""房间及设施与照片不符""房东临时提价"等情况时，"房客保障计

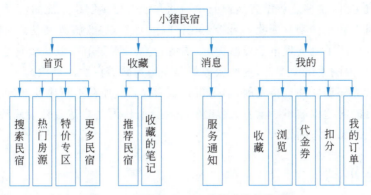

图 9-14　小猪民宿 App 具体功能模块图

划"会为房客排忧解难,确保安心入住。

② 对于房东:小猪民宿为有闲置房源、房间的房东提供免费的分享推广平台,房东不用支付任何费用就可轻松发布房源信息。小猪提供平安家庭财产综合保险为房东保驾护航,全面保障个人房东的财产安全。小猪保洁为房东提供贴心周到的保洁服务。线上运营及线下管理团队会为房东提供专业的服务,并定期邀请房东参加营销推广活动,确保房东获得收益。

9.4　旅游软件未来发展趋势

目前的旅游类应用可以说是一个内容型与工具型相结合的 App。称之为内容型 App 是因为现在的旅游应用大多都有旅游社区,可以供驴友(一起旅游的朋友)们分享他们的旅游故事、旅游经历和旅游建议;称之为工具型 App 是因为这类旅游软件会提供给驴友们最大的便利,包括行程中的酒店、机票、门票都一一搞定,省去了不少的时间和精力。旅游软件在最大程度上满足了社会的发展趋势和人们的出行需要,因此这个行业必将在接下来很长的一段时间经历蓬勃的发展。在互联网信息技术日益发达的今天,它未来的发展方向可以是多元的。

9.4.1　大众点评机制的普及

旅游 App 为了刺激消费者的购买欲,加入了大众点评机制,这其中可能包括对酒店的点评,对景点的点评……而往往消费者看到用户的好评便会增大购买欲望,使得用户团体数量越来越大。因此,未来的旅游软件可能不再只是一个两方利益关系的商圈模式和仅仅提供吃住行服务的餐厅、酒店,而是导游将从合作伙伴变成平台上的经营者,在旅游 App 上开店,让旅游 App 行业变成一个类似淘宝网站的商圈,使得三方利益关系人(旅行社——卖家、旅行者——买家、旅游网站——平台提供者)获益。

9.4.2　服务的全面化

现在旅游软件服务的覆盖面不算很广,除了为用户解决了一般的酒店、路线、机票、用车等旅行事宜之外，很多让旅游者头痛的小问题并没有得到解决。比如说，用户需要某旅游景点的实时人数统计来判断我们是否要在该时间点去观光、旅游景点旁的停车场服务、进入旅游景区后用手机实现电子导游讲解、旅游地点的盛大节日及重要优惠活动的推送介绍、旅游景区内的手机地图等，这些服务的实现都蕴藏着巨大的商机。

尽管旅游类移动软件有待发展，但不可否认的是：世界在不断地发展，人们对于探索外界未知世界的渴望也被不断激发，而旅游 App 行业作为一个适应社会潮流和人类需求的行业必将迎来属于它的春天。

9.5　本章小结

本章介绍了旅游类移动应用的发展历程和主要功能，主要分为旅游行程服务和旅游交通服务两类软件。每种应用都选了几款使用较广泛且有代表性的软件来介绍其功能，比较其优缺点。旅游业的兴起带动了民宿的发展，本章选取了 4 款较为流行的民宿软件介绍其功能和特点。最后，对旅游软件整体做了发展趋势评价及商业模式分析。

练习与思考题

1. 旅游类 App 平台将如何增强用户对于该平台的支付安全信任度？
2. 除了机票、酒店、火车票等，旅游类 App 平台还可以涉足哪些产业服务？
3. 我们该如何在旅游平台纷繁复杂的旅游信息和商家推荐中，选择最适合且最优惠的出行计划？
4. 旅游交通服务和旅游住行服务两类软件有何异同点？
5. 你认为旅游交通服务和旅游行程服务两类软件该优化哪些功能？
6. 关于旅游类移动应用未来该如何创新才能更好地服务于用户？

第 10 章

游戏类移动应用

本章要点

- 了解手机游戏的概念
- 了解各类手机游戏软件
- 学习特色软件
- 掌握手机游戏软件未来发展趋势

本章知识结构图

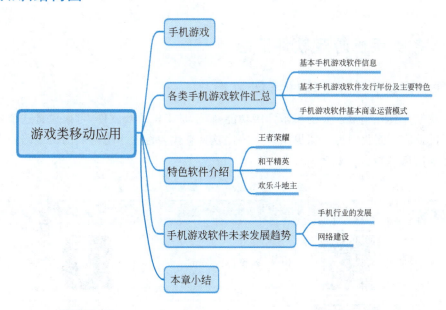

10.1 手机游戏

手机游戏 App 是基于无线终端的游戏软件,充分利用了人们的碎片化时间,最大限度地显现其娱乐休闲性的优势,赢得了广大用户的喜爱。

小明有一个梦想——大学毕业以后攒钱去芬兰旅游,去亲眼看看他最爱的公司诺基亚。但是,很可惜,曾经如日中天的诺基亚在 2013 年 9 月倒下了,员工纷纷离职。小明很惋惜这家公司,为了怀念曾经的诺基亚,他经常关注芬兰的游戏软件公司。他发现愤怒的小鸟、Best Fiends(呆萌小怪物)等芬兰游戏画面非常精美,也有很强的可玩性,如图10-1所示。之后,小明顺势了解到很多曾经诺基亚的员工离职后创业,成立了游戏开发公司,他好像看到曾经丢失的梦想又回来了,心里暗想自己还是要攒钱去芬兰看看。

图 10-1　手机游戏应用

10.2　各类手机游戏软件汇总

10.2.1　基本手机游戏软件信息

游戏软件具有非常强大的娱乐休闲功能,特别是手机游戏软件,可以说将这个功能发挥到了极致。下面我们为大家提供了一些比较具有代表性的手机游戏的二维码和官网下载地址等信息,如表10-1所示。

表 10-1　游戏类 App 信息汇总表

App 名称	二　维　码	官网下载地址	LOGO	备　　注
王者荣耀		https://pvp.qq.com/		5v5 竞技手游
和平精英		https://gp.qq.com/		第三人称射击手游
欢乐斗地主		https://hlddz.qq.com/		棋牌休闲

续表

App 名称	二维码	官网下载地址	LOGO	备注
第五人格		https://id5.163.com/		角色扮演
天天象棋		https://xiangqi.qq.com/		棋牌益智
阴阳师		https://yys.163.com/		角色扮演
决战平安京		http://moba.163.com/		PVP 对战
枪战王者		https://cfm.qq.com/		枪战游戏

10.2.2 基本手机游戏软件发行年份及主要特色

  国外的游戏 App 发展较早,例如愤怒的小鸟、水果忍者、植物大战僵尸等。近年来,手游市场越来越大,并且质量标准也在不断提高,国内游戏 App 大量涌现。具体的游戏类软件如图 10-2 所示。

  游戏类 App 最近比较流行的 3 大类分别是 MOBA(多人在线战术竞技游戏)类游戏、射击类游戏和休闲智力游戏软件。其中,"王者荣耀"可以说是 MOBA 类游戏中具有最高人气的产品了,其超高的下载量充分证明了这一点。王者荣耀充分利用了手机用户快节奏生活、碎片化时间的习惯,让人们在不经意间爱上了它。

  射击类游戏软件以"和平精英"为代表。和平精英有各种各样的枪械、不同场景的地图以及有趣的界面展示动作,玩家可以自主选择角色性别、形象,穿戴自己喜欢的服饰。用户可以通过和平精英组队游玩增加朋友之间的联系,拓展共同的话题,提升彼此之间的友谊。

  休闲益智类游戏软件以"欢乐斗地主"为代表。欢乐斗地主中精美的 UI 设计、炫酷

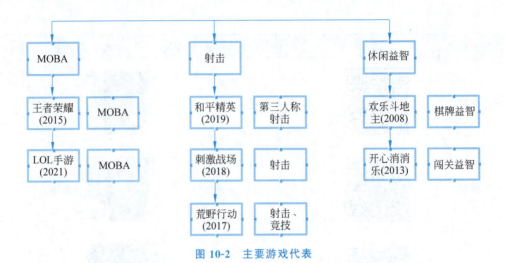

图 10-2　主要游戏代表

的动画效果、节奏明快的背景音乐和音效,受到了广大用户的喜爱。无论是地主、农民的人物形象设计,还是牌桌的结构划分,还是多种游戏玩法、计分规则综合,还是火箭、炸弹等牌型的动画设计,都体现出设计者的独具匠心。欢乐斗地主是包含斗地主经典玩法和癞子玩法的合集版本,并且加入挑战赛玩法。游戏画面精美,有趣刺激,每天都能免费领取游戏币参与游戏。

10.2.3　手机游戏软件基本商业运营模式

1. 用户及市场

手机游戏软件可谓是最被看好的一类手机应用,其投资风险大但是回报也很大。人们可能不使用本书前面所讲的应用,但是大部分人都无法卸载全部的游戏 App,这是因为它们能帮助用户休闲娱乐。想要做好一款能够吸引用户的游戏十分困难,能让用户为你的游戏付费就更加不容易。因此,游戏软件市场虽然确实很广阔,但是要想盈利需要游戏开发商成熟的技术以及对用户心理的十足把握。

2. 盈利模式

在手机移动端游戏 App 的互联网特性还没有被完全开发出来之前,PC 端游戏软件和手机游戏软件的商业模式有着极大的不同。当时 PC 端游戏主要以鼓励玩家购买装备的方式来赚取利润,而移动端游戏却还是采取传统的广告盈利方式。传统手机游戏 App 运营模式如图 10-3 所示。

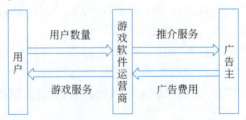

图 10-3　传统手机游戏 App 运营模式

现如今，随着移动端手机及网络性能的不断改善，手机游戏也在不停地借鉴网络游戏的商业模式，推出众多内购规则与机制。以节奏大师或天天酷跑为例，玩家在玩游戏时需要"体力"，而每天只能免费获得固定额度的体力，体力用完了以后需要漫长的等待才能获取新的体力，然而玩家可以通过付费跳过这一等待的过程获取大量体力继续游玩，如图10-4所示。其实这种盈利模式不像以往一刀切断用户退路（即不付费就不让玩的模式），而是给予用户更多的选择，让用户选择是用时间还是用金钱来换取游戏入场券，可以说是一种非常巧妙的心理防线设计。

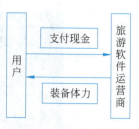

图 10-4 游戏软件新型商业模式

10.3 特色软件介绍

10.3.1 王者荣耀

王者荣耀是由腾讯天美工作室群开发并运营的一款MOBA类的手机竞技游戏。王者荣耀是当下年轻人玩得最多的手游，上线三年多，更新了将近百位游戏角色。

王者荣耀主要有4大模块，分别是全民电竞、对战、排位和万象天工。具体功能如图10-5所示。

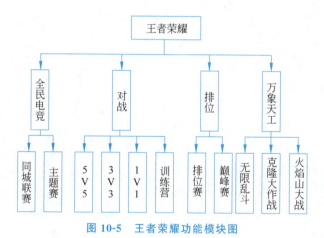

图 10-5 王者荣耀功能模块图

王者荣耀的特色功能包括特色设计与万象天工两种。

（1）特色设计：在排位模式中，玩家可以通过单排或者和好友多排来开始游戏，获得胜利后可得到星星（积分），当星星达到上限时即可升级到下一个段位。巅峰赛模式只能单排，同样通过获取胜利，增加巅峰赛积分来提高巅峰赛排名。

（2）万象天工：包含了多种有趣的玩法，例如，克隆大作战，可以五个人选择同一个英雄来竞技，推掉对方水晶获取胜利；梦境大乱斗，该模式只有一条线路，十人在一条路上疯狂使用技能进行大乱斗。

王者荣耀的主要特色功能如图10-6所示。

图 10-6　王者荣耀特色功能

10.3.2　和平精英

和平精英是由腾讯光子工作室群自研打造的反恐军事竞赛体验类型国产手游，采用虚幻 4 引擎研发，致力于从画面、地图、射击手感等多个层面还原原始端游数据，为玩家全方位打造出极具真实感的军事竞赛体验。

和平精英主要有 4 大模块，分别是创意工坊、经典模式、团队竞技和娱乐模式，如图 10-7 所示。

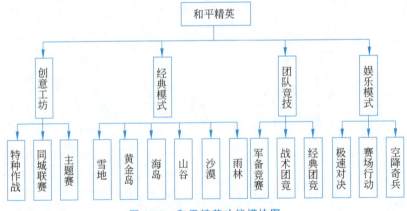

图 10-7　和平精英功能模块图

和平精英的特色功能包括特色设计和段位模式。

(1) 特色设计：在经典模式中有多种不同的地图，玩家得到的场景体验不同，并据此选择自己穿的衣服颜色，以及指定不同的作战策略。例如，在雨林地图中，主要色调为绿色，草木茂盛，所以玩家会更倾向穿绿色服饰，以便于隐藏自己的踪迹，不易被敌人发现，趴在草丛里面，有利于伏击敌人。

(2) 段位模式：目前和平精英一共有 7 个段位，这 7 个段位就代表了玩家的实力分布，一般等级段位越高实力就越强。除了这 7 个段位之外，在全游戏排名前五百的玩家还会获得"无敌战神"的荣誉段位。

和平精英的主要特色功能如图 10-8 所示。

(a) 特色设计

(b) 段位模式

图 10-8　和平精英特色功能

10.3.3　欢乐斗地主

欢乐斗地主是腾讯移动游戏平台的首款实时对战棋牌手游，是根据扑克牌游戏"跑得快"改编而成的三人游戏，通过扑克牌来决定游戏的胜负。斗地主最初流行于湖北武汉汉阳区，两个"农民"联合对抗一名"地主"，由于其规则简单、娱乐性强，迅速风靡全国。欢乐斗地主是在传统规则的基础上，引入"欢乐豆"积分，并且增加抢地主、明牌、癞子等一系列新玩法，而推出的一款更紧张刺激、更富于变化的斗地主游戏。

欢乐斗地主主要有 3 大模块，分别是组队模式、经典模式和棋牌合集，如图 10-9 所示。

欢乐斗地主的特色功能包括天地癞子和组队模式。

(1) 天地癞子：在原有癞子玩法的基础上，新增一个点数作为癞子。一局中癞子数量可达八张，其中大小王可以成为癞子。由癞子和非癞子牌搭配而成的四张牌以上的炸

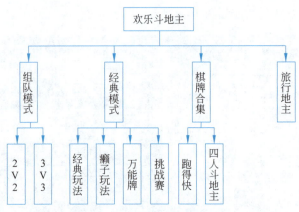

图 10-9　欢乐斗地主功能模块图

弹成为长炸弹,张数越多炸弹越大。四张以上的癞子可单独组成长癞子炸弹,张数越多炸弹越大。

(2)组队模式:组队 2V2 可以和好友一起组队斗地主,即 4 人使用游玩 2 副牌。两两组队对抗,一人出完,队伍获胜。

欢乐斗地主的主要特色功能具体如图 10-10 所示。

(a)天地癞子

(b)组队模式

图 10-10　欢乐斗地主特色功能

10.4 手机游戏类软件未来发展趋势

几乎每个应用商店都会把游戏软件摆在其核心位置，作为重点推荐内容，这一切都源于人们的需求。手机游戏软件是人们娱乐消遣、休闲无聊时的最佳应用。人们对于娱乐的需求永无止境，这进一步决定了这个市场将永远都不会饱和，谁能最大限度地满足消费者，谁能推陈出新，谁就能在这个市场获得丰厚的回报。

除了这个行业的先天优势之外，游戏软件未来的发展趋势也需要其他产业发展结果的辅助支持，包括手机行业的发展和网络的建设。

10.4.1 手机行业的发展

人们使用的手机从黑白屏换到彩屏用了十年的时间，而从彩屏换到触摸液晶屏只用了短短几年。人们的黑白屏手机安装的是贪食蛇游戏，彩屏安装的是连连看一类的游戏，而如今呢？这说明当手机的屏幕变大、性能提升后，游戏软件的形式也会随之改变。

10.4.2 网络的建设

我们的手机网络从无到有，从 2G 到 3G、4G 再到 5G，而无线也经历着从 4G 到 5G 甚至到光纤的多种变化。随着网速变快，手机软件也呈现着我们意想不到的变化，它开始变得更流畅、更逼真、更鲜亮，而未来当网速快到极速，手机游戏软件肯定也会带给我们不一样的惊喜。因此，对于这个行业未来的方向，笔者可以做出以下预测。

1. 运营方式：社交化的融入更加明显

现代很多关联产业都是互相促进的，它们就像两条互相缠绕的藤，互相合作，互相促进，不断地向前延伸。例如，现在游戏软件有往社交软件日益靠拢的趋势，越来越多的游戏软件加入了社交元素。比如说加游戏好友、进行得分比拼、每日周排行、互送精力瓶等，让用户开始感觉游戏越来越不是自己一个人的事情了，而是和自己的好友圈子有了某种联系。这就是游戏软件的社交化，是社交软件与游戏软件相互融合的结果。

2. 游戏类型：真人场景游戏种类丰富，体验升级

部分玩家弃玩游戏的原因，很大程度上是游戏本身与生活的联系不强且感觉不真实。之所以网游得到了许多人的热捧，就是因为它具有较强的真人游戏体验，但是仅仅那种程度上的真人场景远远不足以满足现在的用户。笔者认为，未来是移动端的时代，在某天，手机可能完全取代计算机。那么，如何在手机上做出更加令人无法自拔的真人场景游戏，并将游戏设计变得更加真实化、生活化，这才是游戏开发商需要严肃思考的问题。

10.5 本章小结

本章介绍了游戏类软件的发展历程和主要功能，主要分析了 MOBA 类游戏 App、射击类游戏 App 和休闲智力类游戏 App 3 类软件的功能。每类 App 又选取了几个广泛使

用的游戏进行具体分析,之后结合市场现状等因素,对游戏未来的商业模式和发展趋势做了分析与预测。

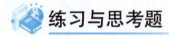 **练习与思考题**

1. 基于游戏软件技术质量的现状,投资人该如何选择其游戏开发团队?
2. 游戏 App 行业该如何在不损害其用户体验的前提下维持其付费模式?
3. 作为游戏软件的使用者,我们该如何平衡游戏与金钱之间的关系?

第 11 章 影像新闻类移动应用

本章要点

- 熟悉影像、新闻类软件
- 了解相关特色软件
- 掌握影像、新闻软件发展趋势

本章知识结构图

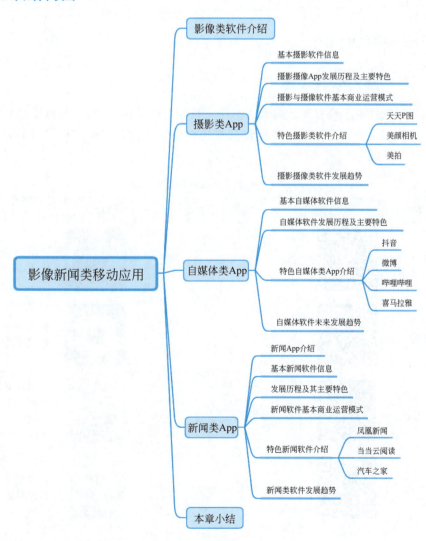

11.1 影像类软件介绍

现在的摄影与摄像软件不再局限于写实,而是更多地走向了以美图功能为主打的方向,这是源自于人们对于美的自然追求。

图 11-1 武媚娘妆

小明平常常用微信,有一天在刷朋友圈时,突然就被"武媚娘妆"刷屏了,如图 11-1 所示。小明本来还以为这是一个非常流行的妆容,朋友们都在挖空心思学习它的画法呢,后来一打听才知道,原来这是美图软件推出的一项新功能。后来,小明也下载了一个类似的美图软件,里面有各种妆容可以选择,点击后软件可以自动地识别出你的眼睛、鼻子和嘴巴并帮你自动上妆。发现这个新玩法后,小明也多了一个娱乐消遣的方式了。

11.2 摄影类 App

11.2.1 基本摄影软件信息

手机摄影软件由于具有非常强大的图片及视频制作美化效果,越来越受到年轻人的青睐。下面我们为大家提供了一些比较具有代表性的软件的二维码和官网下载地址信息,如表 11-1 所示。

表 11-1 基本摄影软件信息汇总表

App 名称	二 维 码	官网下载地址	LOGO	备 注
美图秀秀		https://mt.meipai.com/		美图公司出品的修图、修视频软件
天天 P 图		https://tu.qq.com/		腾讯出品的图片处理软件
美图贴贴		http://tietie.meitu.com/		美图秀秀团队推出的一款专为女生设计的大头贴软件
美颜相机		http://meiyan.meipai.com/		一款把手机变自拍神器的 App

续表

App 名称	二 维 码	官网下载地址	LOGO	备　　注
B612 咔叽		http://b612.snowcam.cn/		美颜滤镜全能相机
相机 360		https://www.camera360.com/		手机摄影软件
in		http://zhushou.360.cn/detail/index/soft_id/1781783		一款基于 camera 服务的国内领先的影像社交应用
Pixlr Express		https://pixlr.com/cn/		图片处理软件，曾是 Google Play 最佳应用前十
Pic Collage		https://pic-collage.com/		拼贴相片手机软件
美拍		https://www.meipai.com/		美图秀秀出品的短视频分享社区
美摄		http://zhushou.360.cn/detail/index/soft_id/4024180		一款短视频拍摄制作工具
无他相机		https://www.wuta-cam.com/		一款全能拍照软件
快手		https://www.kuaishou.com/		最初是一款用来制作、分享 GIF 图片的手机应用

11.2.2 摄影摄像 App 发展历程及主要特色

摄影摄像类 App 有多种分类。在美化图片方面,2008 年问世的"美图秀秀"是出现最早的,它提供了全方位综合的美化图片功能;在智能相机方面,"相机 360"则是最早提供拍照制作美图的 App;在视频加工方面,"美拍"和"美摄"都是在 2014 年开始抢占特效摄影市场的 App。

摄影摄像软件基本可以分为 3 类,一是图片美化软件;二是智能相机软件;三是视频加工软件(参见图 11-2)。三者有一个共同的特性,即都是源于人类对美的追求的天性,因为人们总是希望以最美的方式留住自己或别人的容貌以及自己的所见所闻所感。

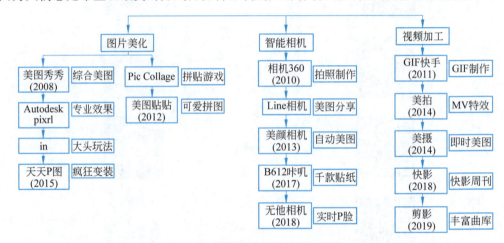

图 11-2 摄影摄像软件发展历程图

图片美化 App 以"天天 P 图"为代表,该应用具有很强的图片美化功能。天天 P 图 App 上市以来,在美图秀秀的基础上,增加了简单且强效的图片美化体系,其成长速度十分惊人且用户的接受度也相当不错。美图贴贴及 Pic Collage(拼贴趣)这类软件具有多张图片拼贴的功能。除此之外还包括像 in 这种拥有大头玩法功能的软件,娱乐功能也是非常强大的。

智能相机 App 则以"美颜相机"为代表,其非常独特的功能就是自动美图功能,它是相机和图片美化功能的完美结合。只要用户提前设定好了自己想要的图片美化类型,那么接下来所拍照片都会在同一时间内自动美图,无须后续人工操作。这款相机软件具有相当好的自拍效果,非常适合爱自拍的用户。

视频加工 App 以"美拍"为代表,是前两类 App 的领域延伸,将人们对图片美化的需要拓展到视频领域,让视频也可以得到美化,充分满足了爱美人士的需求。美拍的功能非常强大,基本上经过简单处理就可以拍出 MV 特效的视频。不仅如此,用户手里的照片也可以瞬间变成照片电影,还可以自动配上相应音效,且只要十秒就可以搞定,功能非常强大。GIF 快手则与美拍不同,它是以 GIF 图片制作为主的小众型 App,非常适合需要快速制作 GIF 图片的用户。

11.2.3 摄影与摄像软件基本商业运营模式

1. 合作伙伴关系——用户及合作方

当 Instagram 被 Meta 以高价收购以后,很多人都开始重新审视摄影与摄像软件(即我们熟知的图片视频美化软件)的重要市场地位。当人们对于爱美的需求得不到满足,专业 P 图(或 PS 图,指美化、修复、拼接图片)软件普通人又很难上手时,市场上出现了一键 P 图的软件,其用户数量出现爆发性的增长。在用户需求上,美图软件可以说是基本满足了用户的核心需求,其针对的范围是市场上每一位爱美的用户。美图软件普遍与一些社交软件(如微信、微博等)进行合作,加快了其市场增长速度。只要人们爱美的天性不会变,对于它的需求便不会变,那么建立用户及合作伙伴关系就是一件相当容易的事情了。

2. 盈利模式

对于摄影应用来说,更值得它考虑的事情是如何突破传统的 App 商业模式。目前的广告付费商业模式是一个普遍现象,而刻意频繁的广告植入和应用推荐会损害用户体验。特别是在美图市场竞争激烈的当下,用户体验将会随着用户选择性的增加而变得越来越重要。因此,转变商业模式显得刻不容缓,如图 11-3 所示。

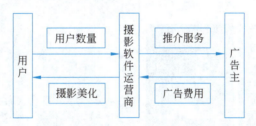

图 11-3 摄影类 App 盈利模式

厦门美图科技作为这个行业的先驱者和主导者,虽然一直在尝试着以从美图秀秀到美图手机的营销连接来开发其新的盈利模式,但现在看来这个目标还为时尚早,对于其他企业来说同样如此。虽然无法预测这个行业未来的商业模式导向,但是笔者相信完美的用户需求状况再搭配一个完美的商业模式,将为美图软件行业创造出一片新的蓝海。

11.2.4 特色摄影类软件介绍

1. 天天 P 图

天天 P 图由腾讯出品的一款多功能 P 图软件,主要包括自拍相机、装饰美化、美容美妆、疯狂变脸、故事拼图、魔法抠图、AI 卡通脸、趣味多图、大头贴、P 图实验室、萌偶、动感 MV 等模块,简单实用。刷爆朋友圈的媚娘妆、小学生照、军装照等,全部出自天天 P 图。

天天 P 图的功能结构如图 11-4 所示。

天天 P 图特色功能包括疯狂变脸和魔法抠图。

(1) 疯狂变脸:该功能具有实时人脸识别技术,丰富的换脸角色库以及火箭般的更新速度。媚娘妆、小学生照、军装照等多种妆容和百变造型,让你一键秒变大明星。

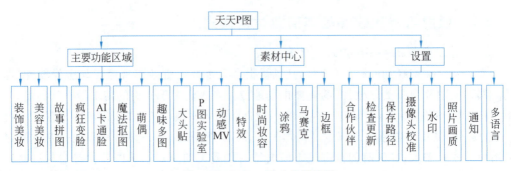

图 11-4　天天 P 图功能模块图

(2) 魔法抠图：该功能将 Photoshop 中的抠图功能简单化，其中含有趣味场景、3D 艺术效果，让用户可以轻松抠图，创造精彩有趣的图片。

天天 P 图 App 特色功能如图 11-5 所示。

图 11-5　天天 P 图特色功能图

2. 美颜相机

美颜相机由厦门美图科技有限公司出品，是美图秀秀团队的又一力作，于 2013 年 1 月首次发布，专为爱自拍的用户量身定做，颠覆传统拍照效果，瞬间自动美颜，完美呈现照片各种细节。其功能结构如图 11-6 所示。

美颜相机的特色功能包括潮拍和一键仿妆。

(1) 潮拍：此功能里包含了超多干货、玩法及打卡灵感，用户可以在这里拥有各种美颜风格的妆容，还可以了解到全国热门打卡地、最简单的场景指南以及刷爆朋友圈的宅家

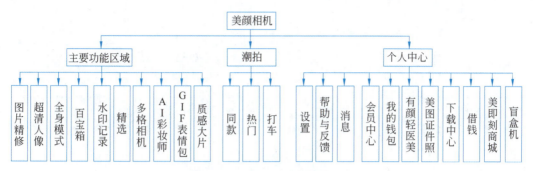

图 11-6　美颜相机功能模块图

pose。

（2）一键仿妆：这里拥有千面潮妆，用户可以选择自己喜欢的妆容，上传任意想仿的妆，复制明星同款妆容。

美颜相机 App 特色功能如图 11-7 所示。

图 11-7　美颜相机特色功能

3. 美拍

美拍是美图秀秀出品的最火的短视频社区，于 2014 年 4 月首次发布。其全球首创的 MV 特效功能，可以让普通视频一秒变身唯美韩剧、清新 MV 或怀旧电影，带给广大用户前所未有的拍摄体验。其功能结构如图 11-8 所示。

美拍的特色功能包括圈子和玩法库。

（1）圈子：在这里拥有多种多样的圈子，总体分为亲子互动、情感交流、个人成长、兴趣同好、日常生活及八卦闲聊 6 个类别。在这里用户可以发布视频，也可以看到别人发布的最新最热的内容，进行点赞、评论，还可以和自己感兴趣的人进行互动。

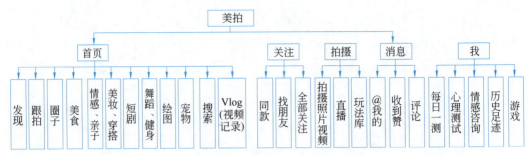

图 11-8　美拍功能模块图

（2）玩法库：在这里用户可以看到各种创意玩法，点开自己感兴趣的拍摄攻略，并按照提示步骤导入图片、修改文案及其他效果，就可以得到同款 Vlog 了。

美拍 App 特色功能如图 11-9 所示。

图 11-9　美拍 App 特色功能

11.2.5　摄影摄像类软件发展趋势

美图秀秀等摄影应用使普通人也可以轻松修饰照片，但是，该类应用也存在一些明显的瑕疵，例如，软件的修饰效果不自然。因此，笔者猜测，摄影与摄像软件未来会走的道路可能包括以下两部分。

1. 功能多元化

近年来，天天 P 图推出的疯狂变妆功能成功引爆了媒体圈，全民 COS 武媚娘的变妆秀也让人们乐此不疲，这给天天 P 图这个年轻的美图软件带来了巨大的下载量。由此可见，现在的美图软件功能太少，只要有一个小小的创意就能成功进入人们视野。我们可以想象，未来的美图软件可以帮我们 P 上好看的衣服、发型和场景，而这些功能也许不仅可以在照片里做到,在视频中同样可以。总而言之,在功能的多元化上下功夫,才能使得美图软件走得更远。

2. 功能的完善化

美图软件的修饰效果不自然是现在的一个广泛认知,当你发现你朋友的照片白得很不自然,脸被瘦得变了形,或者脸上有很明显的祛痘后的黑斑时,你会不会捂着嘴偷笑呢?这就是我们所说的功能上的缺陷。美图软件想要长久持有竞争优势,就必须让 P 过的图片真实、自然,这是每个摄影软件开发商都必须要考虑的问题。

11.3 自媒体类 App

11.3.1 基本自媒体软件信息

自媒体软件因内容丰富有趣,越来越受人们的青睐,逐渐成为互联网产业中不可或缺的内容生产者。下面为大家提供了一些如今比较受欢迎的软件的二维码及官网下载地址等信息,如表 11-2 所示。

表 11-2 主要自媒体 App 信息汇总表

App 名称	二维码	官网下载地址	LOGO	备注
抖音		https://www.douyin.com/		一款音乐创意短视频社交软件,面向全年龄的短视频社区平台
快手		https://www.kuaishou.com/		最初叫"GIF 快手",一款制作、分享 GIF 图片的应用,后转型为短视频社区
微视		https://weishi.qq.com/		腾讯旗下短视频创作平台与分享社区。结合了微信和 QQ 等社交平台,可以将微视上的视频分享给好友和社交平台
微博		https://c.weibo.cn		基于用户关系的社交媒体平台
哔哩哔哩		https://www.bilibili.com/		现为中国年轻世代高度聚集的文化社区和视频平台

续表

App名称	二维码	官网下载地址	LOGO	备注
今日头条		https://app.toutiao.com/news_article/		一款基于数据挖掘的推荐引擎产品，为用户推荐信息、提供连接人和信息的服务产品
小红书		https://www.xiaohongshu.com/		一个生活方式平台和消费决策入口
虎牙直播		https://www.huya.com/		一个互动直播平台
西瓜视频		https://www.ixigua.com/app/		中视频平台
知乎		https://www.zhihu.com/signin?next=％2F		中文互联网高质量的问答社区和创作者聚集的原创内容平台
喜马拉雅		https://www.ximalaya.com/		中国领先的音频分享平台。有丰富的音频内容，包括PGC专业内容、PUGC及UGC内容
荔枝FM		https://www.lizhi.fm/about/download.html		中国UGC音频社区

11.3.2 自媒体软件发展历程及主要特色

随着中国互联网的不断普及，中国互联网和移动互联网的发展逐步成熟，甚至开始出现了无限流量。在用网门槛不断降低的同时，互联网产品也越来越丰富。与此同时，移动端用户不断增加，远远超过PC端用户，人们对于简单、便捷、趣味性的需求也随之增加，从碎片化阅读到短视频观看，中国自媒体在飞速发展。下面介绍自媒体的发展历程。

"自媒体"这一概念诞生于2003年7月，美国人谢因波曼与克里斯·威理斯提出"We Media"这一概念，中文称为"自媒体"，这一概念开始逐渐进入大众的视野。自媒体是由传统媒体演变而来的。在中国，自媒体经历了4个发展阶段：2009年，"新浪微博"上线，引起社交平台自媒体风潮；2012年，"微信公众号"和"今日头条"上线，自媒体向移动终端发展;2012—2014年,门户网站、视频、电商平台等纷纷涉足自媒体领域,平台多元化;2015年至今,直播、短视频等形式成为自媒体内容创业的新热点。自媒体App发展历程如图11-10所示。

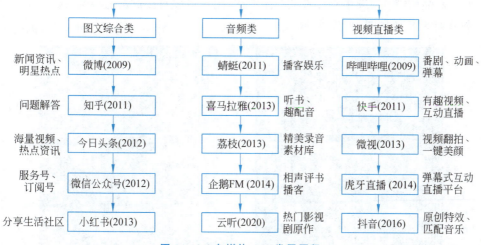

图11-10 自媒体App发展历程

自媒体大致可以分为3大类,分别是图文综合类、音频类和视频直播类。但随着自媒体App的发展,各种软件功能也越来越综合化,比如文章类不仅仅有图片和文字,也会加上视频和直播等功能。自媒体App具有共同的特点:个性化、大众化、传播迅速以及交互性强。在互联网世界里,人们可以通过平台展现自己的个性,发布自己的内容信息,发现新鲜有趣的事物;也可以因存在共同的爱好和兴趣而引起共鸣,增加了人与人之间的互动交流。

11.3.3 特色自媒体App介绍

1. 抖音

"抖音"是由字节跳动孵化的一款音乐创意短视频社交软件,是一个面向全年龄的短视频社区平台。抖音App的亮点在于你可以分享你的生活,同时也可以在这里认识到更多朋友,了解各种奇闻趣事,脑洞有多大,舞台就有多大。抖音App拥有全网首创音乐滤镜、原创音乐,百种音乐风格任用户表达自我,选择歌曲、配上短视频可形成自己的作品,在这里不拼颜值拼创意。其功能结构如图11-11所示。

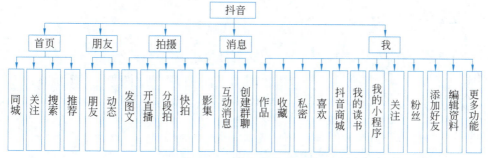

图11-11 抖音功能结构图

抖音的特色功能有拍摄和商品橱窗。

（1）拍摄抖音：可以快拍、分段拍、做影集、开直播、发图文、智能匹配音乐、一键卡点视频，还有超多原创特殊效果、滤镜、场景切换帮你一键成片。

（2）商品橱窗：视频中直接带上产品链接，用户可以直接点击链接购买。

抖音特色功能如图 11-12 所示。

图 11-12　抖音特色功能

2. 微博

新浪微博 App 集阅读、发布、评论、转发、私信、关注等主要功能为一体，是通过关注机制分享简短实时信息的广播式的社交媒体、网络平台。在这里能随时随地地了解一些有趣的资讯，超多大 V 明星在微博上发布动态，加关注即可与你喜爱的明星互动；包含有海量的短视频，搞笑、音乐、明星、综艺、影视、体育类视频应有尽有；能够及时推荐你喜欢、感兴趣的内容；可以本地相机即拍即传，随时随地同朋友分享身边的新鲜事。

微博 App 功能模块如图 11-13 所示。

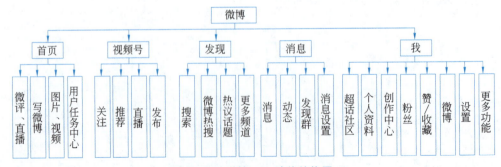

图 11-13　微博 App 功能结构图

微博特色功能有热搜和超话社区。

（1）微博热搜：包括热搜榜、文娱榜、要闻榜、同城榜，为你提供实时热点，每分钟更新一次。

（2）超话社区：将拥有共同兴趣爱好的人集合在一起形成圈子，向微博用户提供包含明星、综艺、电视剧、文学、游戏等多兴趣领域的话题交流，用户可以自己选择话题并发起超话管理。也可以通过做一些如签到、转发评论、发帖等日常活动任务获得积分，为喜欢的明星打榜。

微博特色功能如图 11-14 所示。

图 11-14　微博特色功能图

3. 哔哩哔哩（Bilibili）

Bilibili 现为中国年轻世代高度聚集的文化社区和视频平台，被粉丝亲切地称为"B 站"。如今 B 站已经成为涵盖 7000 多个兴趣圈层的多元文化社区。哔哩哔哩 App 最大的特点是其视频弹幕，即观看视频时弹出的评论性字幕，你可以在这里参与欢乐的弹幕评论，和小伙伴一起吐槽。哔哩哔哩 App 专注于 ACG（Animation Comic Game，动画、漫画、游戏）相关内容的在线视频分享，目前含有番剧、动画、游戏、娱乐、电影、电视剧、音乐、科技、鬼畜、舞蹈这十个分区，可以在这里找到你想看到的各种资源。除了搬运分享外，也有很多改编创作的作品和原创视频在这里首发。哔哩哔哩功能结构如图 11-15 所示。

哔哩哔哩的特色功能包括一起看、虚拟主播和个性弹幕。

（1）一起看：给 B 站用户打造一个"线上电影院"，可以选择"创建放映室"，选片、邀请好友加入，一边观影，一边实时进行交流讨论。

（2）虚拟主播：又称"虚拟 up 主"，使用二次元虚拟形象出镜、真人配音的直播形式，只闻其声不见其人，深受二元次粉丝喜欢。

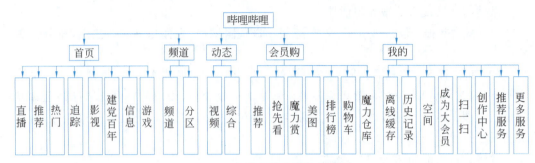

图 11-15　哔哩哔哩功能结构图

（3）个性弹幕：可以在播放视频时，通过弹幕进行交流，自由地表达自己的想法，一起分享各种奇思妙想、脑洞大开的梗、吐槽、互动，跟全世界的网友互相陪伴、进行交流。

B 站的特色功能如图 11-16 所示。

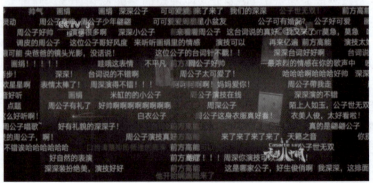

图 11-16　B 站特色功能

4. 喜马拉雅

喜马拉雅是一款专业的音频分享平台，以"用声音分享人类智慧"为使命，首创PUGC（Professional Generated Content ＋ User Generated Content，专业用户生产内容）生态，引领着音频行业的创新，同时吸引了大量的文化和自媒体人投身音频内容创业。喜马拉雅App中汇集了有声小说、有声读物、有声书、FM电台、儿童睡前故事、相声小品、鬼故事、段子等数亿条音频，随时随地，听你想听。喜马拉雅App功能结构如图11-17所示。

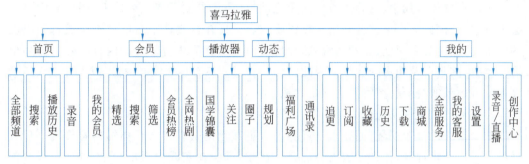

图11-17　喜马拉雅App功能结构图

喜马拉雅的特色功能包括趣配音和助眠解压。

（1）趣配音：是否想过用自己的声音驾驭不同的角色？是否想过自己也能演绎大片？只需简单几步，就能用声音实现演绎梦。

（2）助眠解压：沉浸式助眠体验，把大自然搬到你枕边。

喜马拉雅的特色功能如图11-18所示。

图11-18　喜马拉雅的特色功能

11.3.4 自媒体软件未来发展趋势

随着互联网的发展,微博、抖音等自媒体应用使得越来越多的普通人在网络上抒发自己的情感,分享自己的生活;也有越来越多的人通过文章和视频,与五湖四海的人互相认识。对于自媒体这一行,未来的发展趋势可能包括以下 3 点。

1. 内容更加优质和专业

全民自媒体时代中,内容泛滥且同质化严重,质量参差不齐。在未来,用户和内容也会继续增加,因此各个渠道会开始注重优质内容。现在自媒体平台已经不再流行干巴巴的口水文,而是要有深度、新颖的观点,独特价值观的优质内容。好的内容账号会更加出彩,受到更多平台及用户的青睐。因此,在未来,那些只有标题没有内容,以误导别人达到流量变现效果的"标题党"将没有立足之地。

2. 多形态视频将会继续发展

如今最火的是短视频,而在未来可能大家更注重的是多形态视频的内容展现。什么样的内容适合短视频,什么样的内容适合长视频,都会在实践中得出结果。同时,视频内容将会更创新,更碎片化,并且随着网络的更新,看视频也更加方便。

3. 出现新的内容形式

如今的自媒体形式已经有很多了,例如,文章、视频、音频、直播等。随着时代、技术的进步,我国的 VR 技术逐渐走向成熟,也许以后会出现 VR 技术相关的内容展示,互动型内容将是下一个发展趋势。自媒体和 VR 技术结合,未来的信息可能有更多样化的呈现方式。

11.4 新闻类 App

11.4.1 新闻 App 介绍

手机新闻 App 是基于无线移动客户端传播即时信息的一种软件。人们有着了解社会、了解世界的需要和渴望,因此,这种软件已经在人们的生活中非常普遍,如图 11-19 所示。

图 11-19　用手机看新闻

最近，小明发现新闻软件越来越懂他的需求了，给他推送的都是一些他非常感兴趣的文章与新闻，他不禁开始感叹现在的智能生活大大地满足了他的个性化阅读的需求。后来他的同事告诉他，其实现在新闻类 App 不止局限于这些正儿八经的新闻软件，还有很多个性化阅读社区的软件，在那里他可以自由订阅很多文章，从服饰搭配到生活助手，从医学常识到厨艺烹饪都应有尽有。而且，还有很多图书资源软件，他可以直接从上面下载一些他喜欢的免费图书，将手机变成一个便捷的掌上阅读器。另外，小明的同事还提醒他，在这个移动时代，一个人的能力很大程度上来源于他是否可以有效利用软件带给他的便利。如果可以，那么很多事情，他都能先人一步，无论是在工作上还是生活上。

11.4.2 基本新闻软件信息

手机新闻软件是传统媒体的移动端延伸，为手机用户提供及时快速的新闻传播服务。下面我们为大家提供了一些比较具有代表性的新闻软件的二维码和官网下载地址等信息，如表 11-3 所示。

表 11-3 新闻类 App 信息汇总表

App 名称	二维码	官网下载地址	LOGO	备注
腾讯新闻		https://news.qq.com/		腾讯出品的新闻应用
凤凰新闻		https://news.ifeng.com/		凤凰新媒体推出的手机新闻客户端
搜狐新闻		http://news.sohu.com/		搜狐出品的阅读应用
今日头条		https://app.toutiao.com/news_article/		一款基于数据挖掘的推荐引擎产品
网易新闻		https://news.163.com/		实时热点头条资讯，独家新闻视频跟帖
央视新闻		https://news.cctv.com/		中央广播电视台新闻新媒体中心官方客户端

续表

App 名称	二 维 码	官网下载地址	LOGO	备 注
新浪新闻		https://news.sina.com.cn/		新浪官方出品，24 小时滚动报道国内、国际及社会新闻
一点资讯		http://www.yidianzixun.com/		一款高度智能的新闻资讯应用，其中兴趣引擎是其独创的专利技术
Flipboard（中文版：红板报）		https://www.flipboard.cn/		特点在于根据话题将相关的新闻从各个新闻源搜集过来统一呈现
糗事百科		https://www.qiushibaike.com/		一个原创的糗事分享社区
汽车之家		https://www.autohome.com.cn/jingdezhen/		提供买车、用车、养车及与汽车生活相关的全程服务的网站
新浪财经		https://finance.sina.com.cn/		提供 7×24 小时财经资讯及全球金融市场报价，覆盖股票、债券、基金、期货、信托、理财、管理等多种面向个人和企业的服务
众安保险		https://www.zhongan.com/		提供保险、健康服务的综合金融保障平台
国家数字图书馆		http://www.nlc.cn/		国家图书馆官方应用程序，以服务和资源为主线，为读者提供享受国图服务，阅读在线资源的便捷方式
中国国家地理畅读		http://www.dili360.com/changdu/		陆续更新《中国国家地理》《博物》《中华遗产》三本杂志最新内容

续表

App 名称	二维码	官网下载地址	LOGO	备注
当当云阅读		http://e.dangdang.com/		当当旗下移动数字阅读产品,提供最丰富正版内容的专业数字阅读和听书平台
微博有书		http://www.pc6.com/az/121612.html		社交概念阅读应用
微信读书		https://weread.qq.com/		提供海量正版书籍、小说、漫画、公众号、听书,多设备同步实现跨屏阅读

11.4.3 发展历程及其主要特色

时事新闻类App"凤凰新闻""搜狐新闻"均于2012年问世,而"腾讯新闻"凭其数量庞大的QQ用户数占据了很大的市场。专题咨询类App"糗事百科"依托于成立自2005年的糗事百科网站,是全民参与的互动式笑话类App。"当当读书"App依托成立于1999年的国内最大的图书电商当当网。新闻类软件发展历程如图11-20所示。

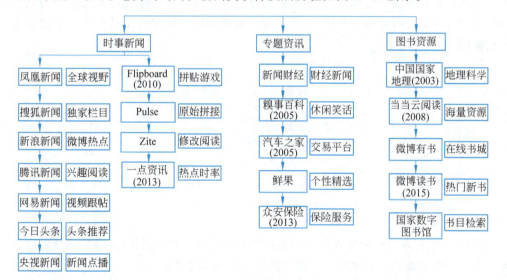

图 11-20 新闻类软件发展历程

新闻类App是新闻媒体的互联网移动端的组成部分,这类App从改革中来,并且一直努力地完善自身来面对日新月异的技术变化。新闻软件一般可以分为3类:一是最传统的时事新闻类;二是为应对观众口味而生的专题资讯类;三是图书资源类。

时事新闻类 App 以凤凰新闻为代表，继承了传统报纸媒体的特点，主要报道时事新闻，将今日头条作为其核心部分，为用户带来最新、最准确的新闻报道。与凤凰新闻类似的软件还包括腾讯新闻、搜狐新闻等。

专题资讯类 App 是时事新闻类型的一个延伸，以"汽车之家"为代表，是针对小众领域用户口味专门开发的，对用户感兴趣的某一类新闻进行传递和报道。汽车之家是专门为那些爱车族量身打造的，用户可以通过这类软件了解到关于汽车的各种最新最全面的报道，当然也可以在这个平台上完成关于汽车的全程交易。另外，专题资讯类新闻软件也包括像"猫团动漫"这种专门为爱动漫的用户提供动漫资源的 App 以及"糗事百科"这种专门为爱笑话的朋友提供最新最流行的开心段子的 App。

图书资源类 App 以"当当云阅读"为代表，它拥有海量图书资源并且经常会有一些类似今日免费、限时借阅的优惠活动，让读者可以免费下载电子图书资源离线阅读。当然，"当当云阅读"也是一个电子图书的买卖平台，大部分的书籍都可以在这里找到电子版，价格也比较实惠。像这样以图书电子资源为主打的软件还包括"微博有书"和"中国国家地理"等。

11.4.4 新闻软件基本商业运营模式

1. 用户关系

新闻软件运营商会将撰写的新闻发布在这些移动端新闻网页上，提供给个体用户阅读。而新闻媒体用户特别是移动端用户的数量增长的速度很快，因此各大新闻媒体也展开了一场用户数量的拉锯战，他们不停地通过提高传播新闻的速度以及更新自身软件与用户兴趣口味的契合度来争夺用户，竭尽全力地提高用户的留存率从而进一步促成其商业模式的实现，见图 11-21。

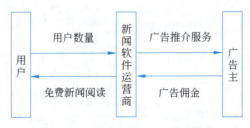

图 11-21 传统新闻 App 盈利模式

2. 盈利模式

新闻 App 行业的商业模式就目前来看整体呈现出一种常态化，大多数的新闻软件还是在采取着免费阅读同时收取广告推介费的 App 常态盈利模式。

然而，部分新闻 App 异军突起，比如"当当读书"及"汽车之家"等软件，充分利用了其构造的推送平台实现了用户与互联网的交互性，逐步打开了该行业的支付平台，完成了用户的阅读—体验—购买的全套流程，如图 11-22 所示。例如，"当当云阅读"是当当网的图书阅读及购买的电子版延伸平台，以阅读兴趣为基础促成用户付费，而 App 开发商则在电子图书与用户之间收取平台推荐费用；又比如"汽车之家"，以汽车兴趣为基础提供一系

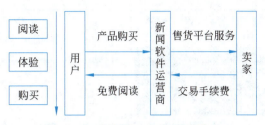

图 11-22　新闻类 App 新盈利模式

列汽车新闻的阅读,再扩展到实体汽车的交易,从中收取交易费用提成。

因此,一方面新闻 App 整体呈现出一种有效的商业模式;另一方面新闻 App 又陷入了用户数量争夺战的境地。但是,也有个别与众不同的 App 开发商让我们看到了新的希望。其实不光是新闻 App,所有的 App 开发商都必须要加强用户与互联网的交互性,打造出能让用户从阅读到购买的支付平台,才能为企业创造出更加有效的盈利模式。

11.4.5　特色新闻类软件介绍

1. 凤凰新闻

凤凰新闻是凤凰新媒体推出的手机新闻客户端,让用户可以每日通过手机设备了解最新资讯。其推送内容涵盖新闻、时事、军事、科技、财经、时尚、娱乐等,具有较强的实时更新能力,其功能结构如图 11-23 所示。

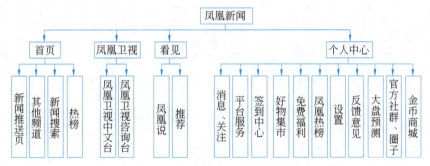

图 11-23　凤凰新闻功能模块图

凤凰新闻的特色功能包括 FUN 来了和频道管理。

(1) FUN 来了:该功能颠覆了传统新闻 App 一板一眼的文章模式,添加了用户普遍喜欢的笑话段子,精准捕捉用户喜好。

(2) 频道管理:该功能会根据用户对话题的选择,自动推送更符合用户口味的文章,如图 11-24 所示。

2. 当当云阅读

当当云阅读 App 是当当旗下移动数字阅读产品,内容涵盖小说、文学、励志、经管、社科、生活、童书、教育、科技和外文原版书等品类,现有海量正版出版物电子书、听书等数字读物,让用户享受流畅、便捷、丰富的阅读体验,其功能结构如图 11-25 所示。

图 11-24　凤凰新闻特色功能

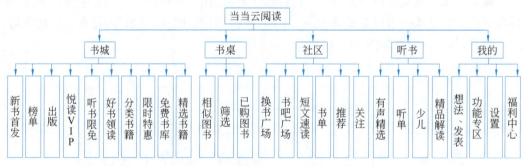

图 11-25　当当云阅读功能模块图

当当云阅读的特色功能包括书吧广场和换书广场。

(1) 书吧广场：以书会友，逛书吧广场，寻三五知交。这里的"书评圈子""畅销书热议 ing""热帖"等版块为随时想要倾诉和吐槽的用户提供轻松愉悦、畅所欲言的互动场所。

(2) 换书广场：换书广场可以把私藏好书向小伙伴分享，也可以编写心愿帖寻找相互换书的小伙伴。当当云阅读 App 特色功能如图 11-26 所示。

3. 汽车之家

汽车之家成立于 2005 年 6 月，是全球访问量最大的汽车网站，为广大的汽车用户提供买车、用车、养车及与汽车生活相关的全程服务，是中国最具价值的互联网汽车营销平台，其功能结构如图 11-27 所示。

汽车之家的特色功能包括最新资讯和汽车论坛。

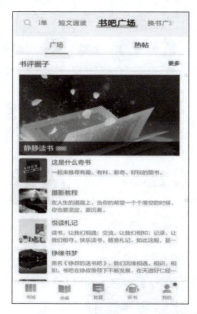

图 11-26 当当云阅读 App 特色功能

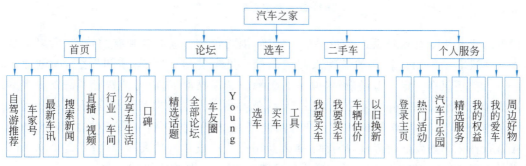

图 11-27 汽车之家功能模块图

（1）最新资讯：为你推送最新的与汽车有关的头条新闻，比如全球顶级车展消息、新款汽车上市讯息等，解密最新行业动态等一系列与汽车相关的事件，如图 11-28 所示。

（2）汽车论坛：包含各种精彩论坛、精选话题、交友圈、热帖榜单、Young 等精彩板块，讯息全面覆盖了各个车系、品牌和地区，在这可以和网友一起互动评论汽车价格、口碑等信息。

11.4.6 新闻类软件发展趋势

人们的阅读模式在近几十年发生了很大的变化，很早以前人们买报纸，近年来人们开始在网页上阅读文章，现在更发展到在手机移动端阅读。那么未来这个行业又该往哪个方向发展呢？笔者认为主要有以下两点。

1. 行业结构：要么更加集中，要么更加分散

现在的新闻类 App 行业可谓是高度集中化，你能说出除了腾讯、网易、搜狐和凤凰新

图 11-28　汽车之家特色功能

闻外的几家新闻类 App 呢？恐怕很少。的确，因为这个行业有其独有的特点，所以消费者往往认准了信用度较高的品牌来阅读新闻。虽然类似于"一点资讯"之类的创业型 App 目前还保有一定的市场份额，但是下载量却是每况愈下，因为消费者不需要更多的选择。这种小众型 App 想要在市场中存活，就必须尽早地转向目前综合新闻 App 尚未触及的角落，例如，医学知识阅读和杂志阅读等，这样它们才会有新的商机。因此，新闻 App 行业未来的发展趋势分为两种：要么互相吞并形成几家独大的局面；要么小众 App 进行市场重新定位，集中满足某一类人的口味，将这个市场变得更加分散。

2. 技术方式：阅读方式的再一次革新

阅读方式的再一次革新也是不可避免的，随着手机性能与移动网络的不断改善，我们将更加倾向于多元化方式的阅读，未来的阅读方式可能不再是文字加图片。未来，也许视频新闻会占主导位置，也许会出现虚拟阅读和真实场景的阅读，也许会有多元化方式阅读。总之，这个行业充满无限可能。

11.5　本章小结

随着智能手机的普及、网络的迅速发展和科技的快速进步，视频制作成本大幅度降低，自媒体 App 也在迅速崛起。互联网信息传播速度快，人们接受新事物的能力也越来越强，这使得内容形式多样的自媒体 App 能够在很大程度上满足人们的精神需求。人们不但在这些 App 中获得剪辑、P 图、制作表情包等技能，还能和一些志同道合的朋友分享自己的观点和想法。每天都有新鲜的事情发生，人们对于娱乐的需求也是无尽的，虽然自媒体会在未来会面临许多考验与风险,但它的发展前景是无限的。

人们自古都有爱美的天性,特别是在讲究时尚与个性的今天。摄影手机 App 作为一个新行业异军突起,创造了不可思议的下载成绩,可见这个行业无限的发展前景。这个行业只有不够的功能,没有饱和的市场。开发商们自然能意识到这一点,因此新的功能才会层出不穷地出现,而客户良好的反应也说明这个行业未来的发展前景不可限量。

新闻十分讲究时效性,而移动端的发展将这一特点发挥得淋漓尽致,这也是新闻 App 以惊人的速度取代传统新闻媒介的原因之一。每天都有不同的、有趣的事情发生,人们对于新闻的需求也是无尽的,而能够在各方面较好满足用户需求的新闻软件,未来将有无限的发展前景。

练习与思考题

1. 新闻 App 行业该通过哪些手段满足用户个性化需求,提高活跃用户数量?
2. 如何寻找新闻 App 行业高效商业模式突破口?
3. 我们该如何抵制新闻评论网络暴力?
4. 你有更好的商业模式选择提供给摄影与摄像软件运营商吗?
5. 除了现在已有的美化功能以外,你认为还可以加入怎样的功能来提升软件质量?
6. 你对目前盛行的自拍 P 图风气持有怎样的看法?
7. 抖音 App 作为最受欢迎的短视频软件,你认为它成功的关键因素是什么?如何才能做好用户留存?
8. 你平常使用过哪些自媒体 App?如果让你制作一个短视频,你会选择什么软件?
9. 选择一或两个自媒体 App,说说它们的优点和缺点。
10. 作为新时代青年,你认为自媒体 App 对社会有哪些影响?你如何看待网络上内容泛滥且同质化的现象?

第 12 章 教育类移动应用

本章要点

- 了解主要的教育类 App
- 学习教育类 App 发展历程
- 学习基本教育类 App 的分类和主要功能
- 学习移动教育应用未来发展趋势
- 掌握教育类 App 功能解析方法和运营模式

本章知识结构图

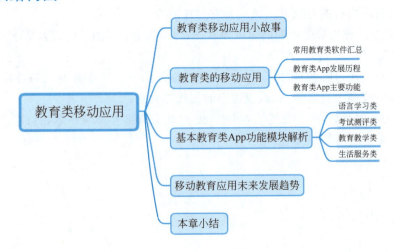

12.1 教育类移动应用小故事

我们正处于信息爆炸的时代,信息社会需要我们尽可能地获取信息以有效地解决生活和学习上所遇到的问题,而信息社会的不断发展更需要我们可以随时随地获取资源。下面的小故事讲述了某位同学学习外语的痛苦与无奈,同时也反映了我们迫切需要一个可供学习者快速学习知识的平台。

小明发现班里的有些同学英语说得很流利,经常下课后主动找外教聊天,于是希望自己也能说一口流利的英语,他暗下决心要好好利用暑假提高自己的口语水平。但是小明的朋友都很忙，帮助他练习口语的时间不能确定，而且英文发音也不是很标准。因此，小明在手机里下载了一款网上口碑很好的应用——流利说英语，使用时可以一边听着听力，一边录下自己的发音，再进行对比。经过两个月的练习，小明的口语发音标准了很多，新学期开始后小明终于可以自信地去找外教交流了。流利说英语App如图12-1所示。

图 12-1　流利说英语 App

　　传统的外语学习方法主要是课堂学习，但是学习时间有限，也不能让学生随时随地学习。语言类手机App的诞生丰富了原有的学习方式，一部手机就可以让用户随时查找海量单词、短语和文章，改善发音，并且找到相应的学习辅助教材。无论是语言学习类手机App还是测评考试、教育教学、生活服务类手机App，都对学习知识产生了巨大影响。

12.2　教育类的移动应用

　　教育类移动应用基本可以分为语言学习、考试测评、教育教学和生活服务4类，主要是为了促进教育教学优化和增加人们对知识（课程知识、生活常识）的获取途径。下面是一些比较具有代表性的教育类软件的二维码和官网下载地址等信息汇总，大家可以根据需要进行选择。

12.2.1　常用教育类软件汇总

　　目前市场上下载量较高的教育软件如表12-1所示。

表 12-1　教育类 App 信息汇总表

App 名称	二 维 码	官网下载地址	LOGO	备　　注
有道词典		http://cidian.youdao.com/		全球首款基于搜索引擎技术的全能免费语言翻译软件
谷歌翻译		https://translate.google.cn		Google 免费的在线翻译服务,即时翻译文本和网页
流利说英语		www.liulishuo.com/		一款将学习和游戏结合,闯关模式搭配实时语音评分技术的应用软件
海词词典		https://dict.cn		中国第一个在线词典,海量权威的词典官方应用
超级课程表		www.super.cn		一款基于课程表的移动社交产品
懒人畅听		www.lrts.me/down		全球最大的中文有声读物交流平台
驾校一点通		www.jxedt.com/about		一个为驾驶初学者、汽车驾驶员和驾驶培训机构服务的应用
驾考宝典		www.jiakaobaodian.com		一款驾考专用的模拟考试软件

续表

App 名称	二维码	官网下载地址	LOGO	备注
作业帮		https://www.zybang.com		百度知道出品,习题搜索、高效练习和学习沟通于一体的综合学习平台
网易公开课		https://open.163.com		汇集清华、北大、哈佛、耶鲁等世界名校共上千门公开课的免费课程平台
中国大学MOOC		www.icourse163.org		由网易公司与教育部爱课程网携手推出的在线教育平台,汇集中国知名高校的课程
学习强国		www.xuexi.cn		"学习强国"学习平台打造的手机客户端,提供海量、免费的图文和音视频学习资源
学习通		https://apps.chaoxing.com/		考试吧教育开放平台产品,是基于微服务架构打造的课程学习、知识传播与管理分享平台
小叶子智能陪练		www.xiaoyezi.com/index.html		为 4~16 岁琴童开发的专业解决练琴问题的陪练应用软件,用户数量达到行业第一

12.2.2 教育类 App 发展历程

为加快推进教育信息化,促进求学者有效学习,实现教育现代化,各种手机软件开发商开始探索新的途径:通过开发大量手机软件以促进求学者自主学习,从简单的语言学习到教育教学,最后将娱乐工具应用到学习中,为用户提供新的知识获取渠道,为 u-learning(泛在学习)提供工具支持,使得用户成为情感体验的主体。教育 App 的发展实现了从简单的语言学习向成人教育和生活服务的过渡。

目前应用市场上的教育类 App 可以分为 4 大类,分别是语言学习、考试测评、教育教学、生活服务,具体的教育类 App 发展历程如图 12-2 所示。

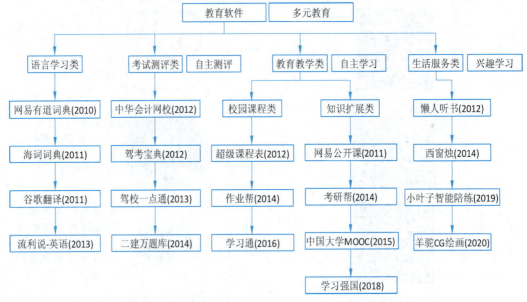

图 12-2　教育类 App 发展历程图

1. 语言学习

语言学习类手机 App 最初以外语单词学习为主,例如"网易有道词典",它是一款便携式支持多语种互译的学习词典软件,2009 年推出 1.0 试用版,直至目前已经推出 v9.14 版本。有道词典可以让用户随时查询本地词库和单词发音,储备网络释义和例句超千万,通过网络连接还可以获取更加详尽的阐述。

2. 考试测评

以目前流行的"驾校一点通"为例,它于 2005 年开始推行,是一款专门为驾驶初学者提供驾驶模拟的软件,储备轿车、货车、客车、摩托车海量题库,用户不需要注册就可直接使用,能帮助学员在短时间内迅速掌握驾考知识。

3. 教育教学

教育教学类 App 服务的用户已经从校园学生扩展到社会人士,用户可学习的内容也从课堂课程辅导延伸到课外知识拓展。以"中国大学 MOOC"为例,它涵盖了众多中国知名院校的各类专业课程,包括基础科学、文学艺术、哲学历史、工程技术、经管法学和农林医药等课程,内容丰富。用户完成课程学习并通过考核后,可以获得相关认证证书。

4. 生活服务

"小叶子智能陪练"是一款专业钢琴陪练应用软件,内含从入门到十级常用曲谱。它具有 AI 驱动自适应钢琴陪练系统,能指出用户弹奏中的问题,协助进行针对性练习。

12.2.3 教育类 App 主要功能

本节列选不同种类教育软件中的典型 App 分析其适用对象、功能及优势。

- 网易有道词典。①适用对象：任何阶段的外语学习者。②功能：支持线上和本地单词查询，拥有智能屏幕取词功能和强大的网络释义功能。③优势：强大的搜索引擎后台，海量信息存储技术；支持多语种发音和查询，拥有全新原声音视频例句。
- 驾校一点通。①适用对象：驾驶初学者、教练、培训机构。②功能：模拟训练；个性化选择性练习；实时纠错，提高做题准确率。③优势：操作方便快捷；提供最新学车动态，驾校费用；不用注册，绿色使用；极大地缩短学习时间，提升学习效率。
- 考研帮。①适用对象：大学生、成人自考、在职考研人员。②功能：提供报考最新资讯、学校招生简介、复习资料、真题解析、备考与复试注意事项、论坛交流、公共课专业估分。③优势：为考研的学生提供最新考研信息，帮助他们快速找到自己心仪大学的招生政策与信息；还可以帮助用户结交研友，考研路上不孤单了。
- 小叶子智能陪练。①适用对象：中小学钢琴训练者。②功能：专业电子钢琴陪练，智能 AI 点评打分；提供钢琴考级常用曲目学习；考级示范视频；排行榜。③优势：AI 驱动自适应钢琴陪练系统，能精准地听出孩子的弹奏问题并指出；教师可在线指导；专业陪练随时待命，解决家长不懂、没法陪、没时间陪的问题；音基题库海量试题随便刷；完成任务获得奖励，兑换小礼品。

12.3 基本教育类 App 功能模块解析

任何一款 App 都有其特有的功能，但是用户往往只会了解其通用功能，对于系统全部功能了解得并不多。如果用户能对一款手机 App 的系统功能有比较深入的把握，将对于日后的快速学习和解决学习过程中遇到的问题有很大帮助。

12.3.1 语言学习类功能模块（以网易有道词典为例）

网易有道词典主要有 3 大功能，分别是词典、翻译和发现。词典功能提供单词查询，有英汉互译、汉日互译、汉韩互译、汉法互译等。翻译功能可以提供多种语言的语句翻译，具体功能如图 12-3 所示。

网易有道词典的特色应用包括商城和热门服务，如图 12-4 所示。

（1）商城：为用户推荐初高中英语书籍、四六级、考研以及各种国内国外英语等级考试参考用书。

（2）热门服务：为用户提供各种免费和付费英语演讲视频、外国小说以及中国名著音译版。

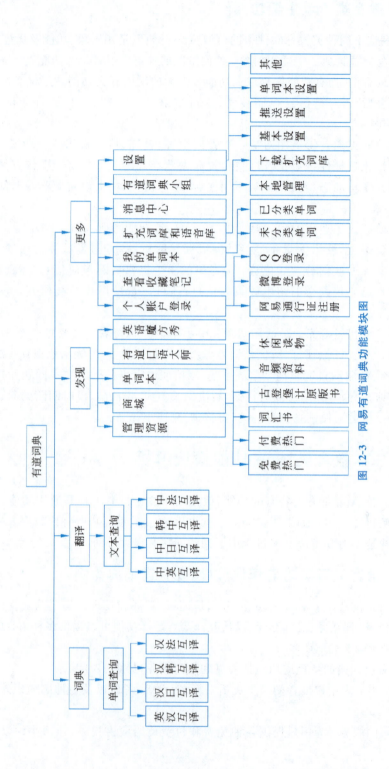

图 12-3 网易有道词典功能模块图

图 12-4　网易有道词典特色应用场景

网易有道词典采用传统的商业运营模式，免费为消费者提供服务，如图 12-5 所示。网易有道词典目前有很广泛的用户群体，根据官方公布数据，截止到 2021 年年底，有道词典拥有 1.3 亿月度活跃用户，累计用户超过 9 亿，远超同类产品，稳居市场第一。有道词典自创立以来，先以翻译工具立足市场，累积足够多的用户和良好的口碑之后，逐渐从翻译工具转型为泛学习平台，为用户搭建分享学习内容的高质量社区。

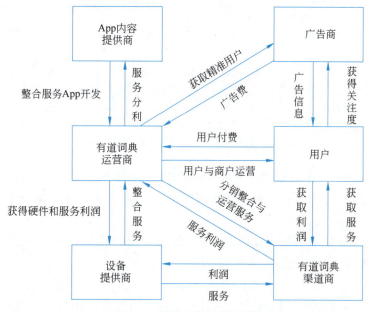

图 12-5　网易有道词典运营模式

网易有道词典的第一大块收入来自广告费。例如,在词典新增的"看天下"板块中(提供双语阅读、音乐、资讯等信息流的板块),植入教育机构的信息推广;或是在一篇介绍英语学习的文章的最后,提供英语培训机构的免费英语课程推广;在 PC 端的词典上,通过趣味习题与广告形成互动,增加广告的点击量;有道还有一个图解词典,即通过图片的形式帮助用户记单词,可以与汽车产商合作,在图片中植入汽车品牌;在查词的结果页面,像百度那样卖"关键词"广告。

第二大块的收入来自专业翻译,是由词典衍生而来的服务,专业翻译采用了"众包"的方式,将原本劳动密集型的翻译业务搬上互联网,并和译者进行收入分成,兼顾了速度和质量。

12.3.2 考试测评类功能模块(以驾校一点通为例)

驾校一点通主要有 4 大功能,分别是驾照类型、报考驾校、报考地区和登录。用户可以通过 App 了解交通标志、法律法规等知识,还可以模拟科目一考试与全国朋友们一试高下,具体功能如图 12-6 所示。

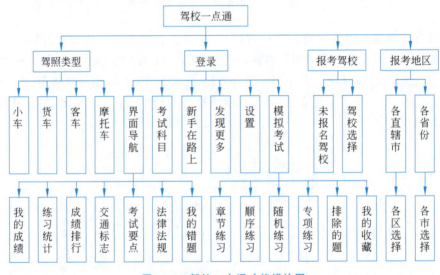

图 12-6　驾校一点通功能模块图

驾校一点通特色功能有考试要点和切换题库,如图 12-7 所示。

(1)考试要点:涵盖各种交规处罚细则和扣分细则,帮助驾考人员快速记住各种交通标志。

(2)切换题库:驾考人员可以根据自己的所在地选择合适的驾校,并且自由切换小车、货车、客车题库,供用户交流、参考、学习。

驾校一点通是近年新开发出来的手机 App,受众一般是驾考学员、驾考教练等,采取了广告植入模式。而根据 2012 年互联网数据平台中国互联网用户调查结果,只有 21%左右的人在上网时愿意点击感兴趣的广告,如图 12-8 所示,因此,各软件 App 不断改进自己的营销模式和广告推送模式。

图 12-7　驾校一点通特色功能

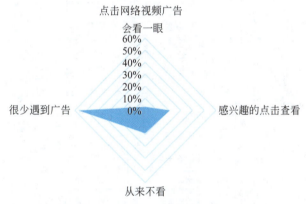

图 12-8　点击网络视频广告调查结果

12.3.3　教育教学类应用功能模块

1. 考研帮

考研帮 App 主要有 5 大功能，分别是登录、日历、研讯、论坛和学习。用户可以使用第三方账号登录考研帮来设置考研日历、复习任务等。详尽的考研信息和海量的学习资料是最受学子们关注的，同时还有大纲解析和真题解析，具体功能如图 12-9 所示。

考研帮 App 的特色功能有研讯、论坛等，如图 12-10 所示。

（1）研讯：提供各大院校近年考研信息、考研资料、复试与调剂信息、导师信息与专业介绍，为学生节省大量网上查找时间。

（2）论坛：可以订阅各高校的考研论坛，方便学生探讨专业课程、结交考研朋友。

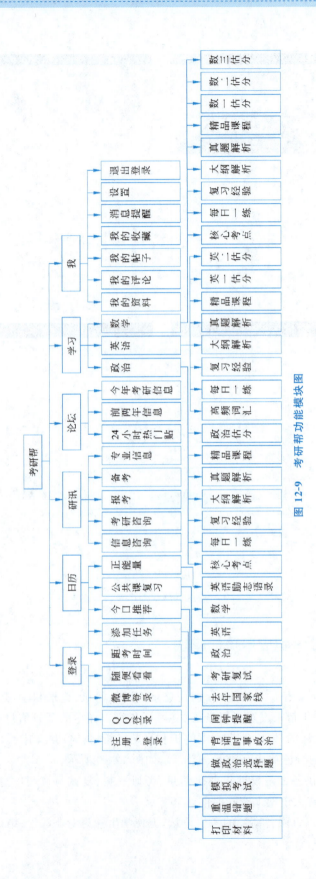

图 12-9 考研帮功能模块图

图 12-10　考研帮特色功能

考研帮为广大考研学子节省了大量搜索资料的时间，并不断优化服务，同时还可以提供实时考研资讯。考研帮主要与各大高校建立长期合作伙伴关系，获取高校招生信息、专业课考试信息以及历年报录信息，为高校学生提供优质化服务，提升品牌知名度，增加服务量以降低其运营成本。考研帮中针对不同课程开设会员专版，学生交费注册会员后，可以在线听课和获取各种考研资料，同时在线课程也会分为基础班、强化班和冲刺班。一般这种在线课程会比线下教学机构收费低，并且每年都会有大量考研学子，这就成为考研帮的会员后备军。

2. 中国大学 MOOC

中国大学 MOOC 的特色是将中国知名院校的课程与在线教育模式结合，涵盖内容丰富，包括基础科学、文学艺术、哲学历史、工程技术、经管法学和农林医药等在内的课程都可以免费获得。用户完成课程学习并通过考核后，可以获得相关认证证书。通过这种在线教育渠道，用户可以便捷地获取高校的优秀教学资源，不受时间、地点的影响，满足学习需求。

中国大学 MOOC 功能模块分为 3 个：首页、我的学习和账号。用户可以在首页根据专业兴趣和学习目的选择多个课程频道进行学习，具体功能如图 12-11 所示。

中国大学 MOOC 的主要特色功能有精选频道和国家精品，如图 12-12 所示。

（1）精选频道：系统根据用户选择的频道，推荐相关的直播课、每日公开课和每周热门课程。

（2）国家精品：为用户提供经认定的国家精品课程，内容丰富，满足不同专业目标用户的不同需求。即使没有明确的学习目的，用户也能按照兴趣找到一些课程并进行学习。

目前，成人高等学历教育和职业培训是我国在线教育的市场主体，中国大学 MOOC 的课程来源于初高等教育学校、专业机构、企业大学及有专业背景的专家，课程内容为学

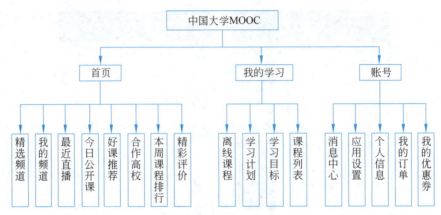

图 12-11 中国大学 MOOC 功能模块图

图 12-12 中国大学 MOOC 特色功能

校正规课程和专业机构专家课程，具有规范化的教学管理体系。在一定意义上，它可以让没有上过名校的人感受到名校教师的风采并获得知识，具有庞大的用户群基础。与传统的大学课程教育软件需要用户付费学习，完成课程后才获得教师签名认证的证书相比，中国大学 MOOC 为用户提供免费学习机会，并依据用户成绩发放合格证书或优秀证书。这种模式有助于激励学生好好完成学业，不轻易辍学，同时也增强了软件的用户黏性。中国大学 MOOC 的付费业务从大众需求入手，例如，升学考试、考研以及一系列贴近职场的课程，课程内容主要为技能培训和个人成长，偏重个人提升，贴近大学生和白领用户群体。

12.3.4 生活服务类应用功能模块（以小叶子智能陪练为例）

小叶子智能陪练 App 功能模块分为 4 个页面，分别是首页、练琴、音乐厅和我的。首页提供了互动课堂和付费真人陪练套餐，用户可以根据需要选择。练琴页面提供了大量的常用教材和考级教材，用户可以选择曲目然后分别进行识谱、提升和测评 3 个阶段专项练习。在音乐厅页面，用户可以将自己录制的弹钢琴视频上传至网上，互相切磋学习，具体功能如图 12-13 所示。

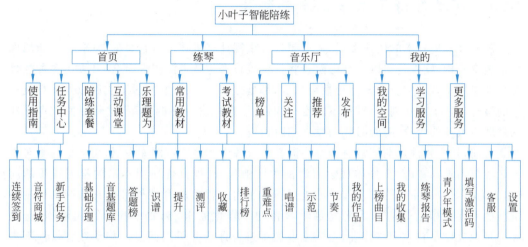

图 12-13　小叶子智能陪练功能模块图

小叶子智能陪练 App 主要特色功能为练琴，如图 12-14 所示。

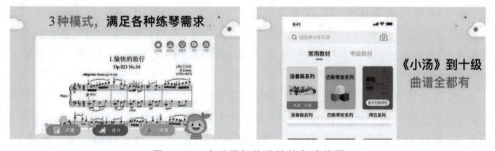

图 12-14　小叶子智能陪练特色功能图

练琴功能页面有从入门到钢琴十级的全部曲谱。选择一首曲子进入练琴阶段后，共有 3 种模式选择。

（1）识谱模式：新曲目练习，纠正错音，快速熟悉曲谱。弹对音符变绿，弹错会停住，小键盘提示正确音。

（2）提升模式：逐句练习，提升熟练度，该模式下可自动识别错音、错节奏、不熟练区域。不熟练的部分会用黄色标注，需要重复练习。

（3）测评模式：分析整个曲谱弹奏情况，找到薄弱点，进行针对性练习。节奏打分，与全网琴童排行 PK。

小叶子智能陪练是小叶子音乐教育旗下品牌,国际钢琴大师郎朗投资并代言,联合国内外知名音乐院校的钢琴教育专家组成教研团队,自主研发并应用了"琴声识别"技术成果,并内置全球首创的 AI 驱动自适应钢琴陪练系统,使产品既可以做真人陪练,又可以做专业度较高的 AI 陪练,成为行业的引领者。现在家长越来越注重子女音乐舞蹈等特长发展,所以只要这种需求仍然存在,那么小叶子智能陪练就有更多机会实现盈利。

12.4　移动教育应用未来发展趋势

随着计算机技术的快速发展,人们越来越重视计算机技术对教育的影响,也不断涌现大量教育机构、软件公司以及高等院校将计算机技术与教育深层次融合,开发出多种教育类软件应用于教学中。无论何种教育软件,都是宏观的教育理论、教育实践以及计算机技术的整合。技术不断创新,教育不断变革,必将引起教育软件的变革,这将促使教育软件的发展迈上新的台阶,随着时代的发展与时俱进。

目前,教育软件逐渐从素材资源库向教学资源库和网络资源库发展,更多地注重对学习者学习需求的考虑,充分体现学习者的主体地位,在提供优质而丰富的学习资源的同时,也为学习者自主学习和协作学习提供新的平台。很多教育软件甚至开始探索自主评价与他人评价相结合的方式来满足学习者的多样化需求,例如小叶子智能陪练,这款 App 可以让学员自主上传作业,会有专业教师进行评价并予以回复。移动教育软件不再只是为学习者提供题库、教学视频与各种问题解决方式的工具,它还可以为学习者提供新的评价与学习平台。

移动教育软件也开始向游戏方向稳步推进,寓教于乐,尤其是在幼儿与小学阶段,将生活、学习、伦理道德等基本知识以卡通或是游戏的方式呈现,让孩子可以轻松掌握并且持久记忆,这也被广大教育机构和游戏软件公司所青睐,具有广阔的应用前景。甚至某些游戏将三国名将事迹、诗词出处、古代大事年表等科普知识置于其中,使学习者在放松之余也可学习更多的文化知识。

总之,移动教育类软件的未来发展离不开计算机技术的发展和教育理论与教育思想的发展,它们会顺应时代和教育的要求以满足学生需求,并且进一步聚焦成年人对自主学习的诉求,做到全方位发展,将教育理论与计算机技术有效整合,更好地服务于教育,这既能促进教育的发展也可以推动科技的创新,同样也能推动手机 App 的进一步发展。

12.5　本章小结

本章介绍了移动商务在教育领域的应用,详细介绍了教育类 App 的发展历程和未来发展趋势,并整理了教育 App 的应用情况。根据应用范畴,我们将教育类 App 分为 4 大类,分别为语言学习类、考试测评类、教育教学类和生活服务类。本章从这 4 类教育 App 中各选择一个比较常用的 App 进行系统阐述,包括其基本功能和特色功能。随着信息技术与教育的不断变革,教育类 App 的发展将更加多样化,贴合学习者的实际需求。它将逐渐从素材资源库向教学资源库和网络资源库发展，将教育理念和计算机技术融合，为提高教育质量、促进教育改革和构建终身学习体系奠定良好基础。

 练习与思考题

1．尝试在手机上安装几个你认为对自己学习和生活有帮助的 App，并熟悉几种典型 App 的应用。

2．熟练掌握几种典型 App 的基本功能和特色功能，并快速运用以解决具体问题。

3．至少熟练操作 4 种不同类型的教育类手机 App 并给大家现场演示。

4．通过对本章的学习，探索自己对手机 App 的开发兴趣，并通过自身对某手机 App 的应用体会加以推广。

5．分组讨论教育类手机 App 的未来发展趋势及其对教育教学的作用，上网查找教育类手机 App 的商业运营模式。

6．结合书中教育教学类 App 中国大学 MOOC 的例子，分析在线教育模式与传统教学模式的关系。

7．思考如果要自己设计一款教育类 App，其特色功能和商业运营模式分别是什么。

第 13 章 可穿戴设备

本章要点

- 了解可穿戴设备的基本信息
- 了解可穿戴设备的分类与功能
- 学习可穿戴设备的安全问题
- 掌握可穿戴设备未来发展趋势

本章知识结构图

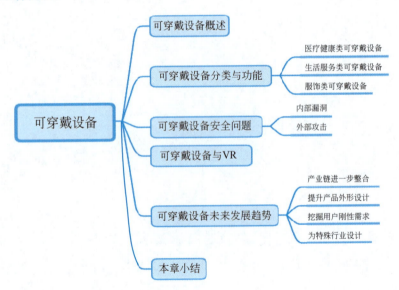

13.1 可穿戴设备概述

可穿戴设备是指利用传感、连接、云服务等交互与存储技术,制作更加便携并且可供穿戴的产品,它可以与人体直接接触。可穿戴设备从 20 世纪 60 年代就开始研究,史蒂夫·曼基于 Apple-II 6502 型计算机研制出可穿戴计算机。随着计算机技术、通信技术、传感技术的迅猛发展,可穿戴设备在工业、医疗、教育和娱乐方面发挥了重要作用。

在学术科研方面,美国、日本、韩国集中一大批专业人才组建研究室,主要从事可穿戴设备的研发工作并且取得了突破性进展。美国甚至成立了可穿戴设备技术委员会并设立可穿戴设备的专业性期刊。我国也在国家自然科学基金委的支持下，由中国计算机学会、中国自动化学会、中国人工智能学会等主办召开了3届全国性的可穿戴计算学术会议。2012年，Google正式发布名为Project Glass的未来眼镜概念设计，它将智能手机和定位系统整合在一起，用户既可以通过眼镜前方的摄像头拍照、上传图片，也可以收发信息、查询天气以及实时定位。因此，有专家推测可穿戴设备将会成为继计算机、智能手机和平板计算机之后人类计算机技术的又一里程碑式的突破，它的出现将会成为新的全球经济增长点，并且会给教育行业和人类社会生活带来更多的信息化元素。无论是科技公司还是服务业公司，都希望能分得一份信息时代所带来的巨大利益。

自2016年以来，随着政策的推动以及资本的关注，社会经济的发展与居民可支配收入的提高，居民的购买力逐渐增强；叠加智能可穿戴产品普及率的不断提升，使得我国智能可穿戴设备行业不断发展，市场规模逐年增长。数据显示，2020年我国可穿戴设备市场规模为559.2亿元，2022年市场规模达到约813.5亿元，如图13-1所示。

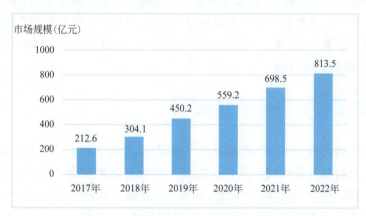

图13-1　2017—2022年我国可穿戴设备市场规模情况

近年来可穿戴设备产品市场规模呈现不断增长态势。以VR、智能手环为例，其市场规模分别从2016年的68.2亿元、44亿元增长到2020年的413.5亿元、143亿元，如图13-2和图13-3所示。

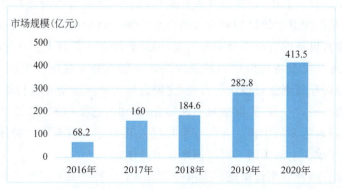

图13-2　2016—2020年我国VR市场规模情况

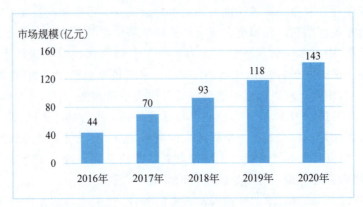

图 13-3　2016—2020 年我国智能手环市场规模情况

随着我国人民生活水平不断提高、人口老龄化加剧,我国已成为全球最具潜力的医疗设备消费市场之一。《"十四五"国家老龄事业发展和养老服务体系规划》重点提出研发穿戴式动态心电监测设备和其他生理参数检测设备,发展便携式健康监测设备、自助式健康检测设备等健康监测产品,开发新型信号采集芯片和智能数字医疗终端。可穿戴设备未来也必将有很大的发展空间。

13.2　可穿戴设备分类与功能

通过对可穿戴设备中国市场的调查与预测,我们大致了解了可穿戴设备的未来发展潜力。事实上我们对可穿戴设备并不陌生,它们出现在人类社会生活的众多领域。从细分产品来看,目前市场上可穿戴设备的产品形态主要有无线耳机、智能手表、智能手环、耳戴设备、智能眼镜(主要包括 VR/AR 头显)、智能服装、智能鞋等。其中,无线耳机、智能手表、智能手环、VR/AR 头显等产品较为流行。

13.2.1　医疗健康类可穿戴设备

目前医疗类可穿戴设备正蓬勃发展,尤其是家庭医疗健康监测类产品,价格适中,在我国有很大的用户群。其中,可穿戴技术在监控、治疗、康复等领域发挥了巨大作用。同样,可穿戴设备在医疗卫生领域拥有很大的市场份额。目前像这种利用移动设备来监控身体状况的可穿戴设备的社会普及率并不高,但是已经有一部分人正在使用,并且根据艾媒发布的数据,可穿戴设备在医疗领域呈现快速发展态势。目前在中国市场上,家用血压、血氧、血糖等可穿戴测量设备比较常见,主要是因为中国老龄化进程加快,而且随着经济与社会的不断发展,"三高"人群数量不断攀升,再加上这类检测"三高"的移动设备价格相对较低,所以越来越多的中国人开始将目光投入其中。人们不再等身体出现问题再跑到医院,而是通过改变生活中的不良习惯来调节身体。

市场上目前有两种家用健康监控类可穿戴设备:一种是通过三维运动传感器或 GPS 获取运动状况、运动距离和运动量,用量化的方法实时管理用户的行为甚至包括睡眠时间。智能手机的加入使得用户可以将这些数据通过网络平台发送给好友、亲人或医生,由他人监督来促使用户完成各项任务指标。Fitbit 和 Jawbone 在这方面做出了巨大贡献,2014 年 10 月,Fitbit 发布了 3 款可穿戴智能手环。Nike 也开始加入这一行列,研发不同类型可穿戴设备并希望通过不断改进技术来提高效率,最后实现大规模量化生产,以此极大程度上提高市场营业额。但是这种可穿戴设备不能对身体异常状况进行检测并做出风险预警。另一种则是通过监测用户体征数据,然后实时反馈给用户,以此来对用户行为进行管理。

体征数据传感器包括:

- 体温传感器,用于测量体温;
- 热通量传感器,用于估算人体热量消耗;
- 体重计量传感器,用于计算 BMI 指数;
- 脉搏波传感器,推算血压、脉率等数据;
- 生物电传感器,可用于心电、脑电数据采集,也可用来推算脂肪含量等;
- 光学传感器,推算血氧含量和血流速度。

健康监控类可穿戴设备会汇总这些体征数据并给用户提出科学指导,例如,睡眠时间、运动量、服药时间、饮食量等。腕带式血压计和脉搏血氧仪等穿戴设备实物如图 13-4 所示。

(a) 腕带式血压计

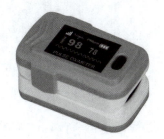
(b) 脉搏血氧仪

图 13-4 基本医疗健康类可穿戴设备

OKWAP 千里是英华达股份有限公司[①]旗下的自主穿戴智能设备品牌,由 OKWAP 千里两岸精英团队历时两年多设计和研发。目前,OKWAP 千里系列包括 OKWAP 千里智能手环 Walking、OKWAP 千里智能手环 Stylish 和 OKWAP 千里智能体脂秤 Beauty,并提供专有软件——千里健康 App,让用户更好地体验穿戴智能设备带来的便捷和健康(如图 13-5 所示)。

OKWAP 千里智能手环 Walking(如图 13-6 所示)是该系列的首款产品,它的研发和设计奠定了整个系列产品的基础。该智能手环 Walking 使用 BLE 低功耗蓝牙技术,可待机使用超长时间。经过两年的开发和完善,功能上日臻完善,包括来电提醒、运动追踪、睡

---

① 注:英华达股份有限公司是英业达集团子公司之一,成立于 2000 年。它是一家台资电子通信产品企业。致力于智能周边、穿戴式装置及智能家居相关产品的研发及制造。

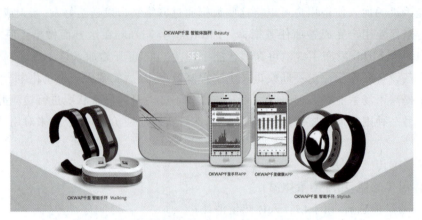

图 13-5　OKWAP 千里系列产品

眠监测；外形上时尚大方，提供多彩选择、镭雕镌刻且穿戴便捷，深受用户喜爱。

图 13-6　OKWAP 千里智能手环 Walking

OKWAP 千里智能手环 Stylish（如图 13-7 所示）作为 OKWAP 千里智能手环 Walking 的后继之秀，在继承前者优秀品质的同时，引入 NFC 技术，提供更加安全便捷的无线通信方案。置入隐藏式 OLED 显示屏，智慧亮屏运动数据随时查看。多彩时尚腕带采用医疗等级 TPU 软胶材料咬花工艺，时尚健康相伴。采用高硬度镜面处理、IPAX7 防水等级等工艺，保障用户全天候健康使用。OKWAP 千里智能手环 Stylish 不仅是一款

图 13-7　OKWAP 千里智能手环 Stylish

时尚智能穿戴设备,同时也可作为开放式平台用于可穿戴式设备学习和研究使用。

Stylish 的主要部件包括:
- MCU:STM32 Arm Cortex M3。
- NFC:被动式 NFC。
- 屏幕:0.48 英寸 72 * 32 OLED。
- 传感器:G-Sensor。
- 电池:可充电锂电池。

软件 OS 基于 FreeRTOS V7.5.2,可以使用 Keil 或者 DS5 进行开发编译。用户可以在千里官网下载教学版固件,使用 USB 工具对 Stylish 进行烧录,数据传输速率快,大约持续 10 秒,如图 13-8 所示。

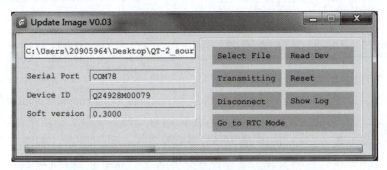

图 13-8　OKWAP 千里智能手环教学版固件下载

传输完成后手环将会进入黑屏重启阶段,启动完成后屏幕会出现"千里穿戴研发版"的字样,代表烧录完成。教学版固件包含了 Stylish 所需的所有驱动程序,包括 G-sensor (三轴加速器)、屏幕、LED 灯、Flash 等。用户无须相关入门知识,即可从千里官方提供的 API 中获取所需要的参数或需要显示的内容。

教学版的 Stylish 与生冷的开发版相比,具备较好的外观和更加完善的接口支持,从而实现用户和穿戴式设备产品的直接接触和探究学习。同时,教学版固件提供了基于 FreeRTOS 框架的实时操作系统,用户可以在其中学习操作中断处理、任务创建、任务切换、消息通信等操作系统知识,为基础概念的形成与巩固,以及嵌入式设备开发打下的良好的基础。

OKWAP 千里智能体脂秤 Beauty 是一款高精度、制作工艺精湛的智能体脂秤,其酷炫的外表下包裹着强大的内芯。人体 9 大数据轻松测量,并可随身携带。该产品操作非常简单,采用蓝牙 4.0 进行低功耗数据传输,可以自动开关机,具有超长待机功能,在高低温、高湿度环境下依然可以流畅使用,如图 13-9 所示。

OKWAP 千里健康 App(如图 13-10 所示)致力于打造全民健康生活社交平台,依托 OKWAP 千里系列穿戴设备,让用户掌握健康、享受运动、与好友分享。

图 13-9　OKWAP 千里智能体脂秤 Beauty

图 13-10　OKWAP 千里健康 App

13.2.2　生活服务类可穿戴设备

可穿戴设备已经逐渐渗透到我们的日常生活中。2012 年 4 月，谷歌开始着手于谷歌眼镜的开发项目并于 2012 年 4 月 5 日正式发布一个名为 Project Glass 的未来眼镜的概念设计，如图 13-11 所示。2013 年 4 月 10 日，美国科技博客发布了一张图片，揭示了谷歌智能眼镜的工作原理。2013 年 10 月 30 日，谷歌又在 Google＋平台上发布了第二代谷歌眼镜的照片。第一代谷歌眼镜使用了骨传导技术为用户播放声音，而新产品则新增了耳塞。除此之外，谷歌还表示，新产品还将兼容太阳镜和各种视力矫正眼镜。

图 13-11　谷歌智能眼镜

Google Glass 主要结构：谷歌眼镜在镜片的前方有一个摄像头，右侧有一个计算机处理器装置，配备的摄像头像素为 500 万，可拍摄 720p 视频。头戴式微型显示屏被设置在镜片上，因此用户的右眼会看到一个小屏幕，屏幕上有微型显示屏投射的一系列数据，显示效果如同 2.4 米外的 25 英寸高清屏幕。还有一条可横置于鼻梁上方的平行鼻托和鼻垫感应器，鼻托可调整，以适应不同脸型。电池可以支持一天的正常使用，充电可以用 Micro USB 接口或者专门设计的充电器。根据环境声音在屏幕上显示距离和方向，在两块目镜上分别显示地图和导航信息。谷歌眼镜质量很轻，内存为 682MB，所使用的 CPU 为德州仪器生产的 OMAP 4430 处理器，网络连接支持蓝牙和 WiFi-802.11b/g，总存储容量为 16GB，与 Google Cloud 同步。

除了谷歌眼镜问世外,谷歌旗下还有谷歌智能隐形眼镜,在眼镜中嵌入了微型芯片和葡萄糖传感器,用于读取眼泪中的葡萄糖水平,每秒就可以读出一个数据,如果用户的葡萄糖水平超标,LED 光源会通过不断闪烁来预警用户体内葡萄糖含量过高。谷歌智能隐形眼镜还具有视力矫正的功能,如图 13-12 所示。

图 13-12　谷歌智能隐形眼镜

这些智能眼镜将具有极其广泛的应用。在航空领域,如果飞行员佩戴高性能的智能眼镜,飞行坐标、飞机机体状况、天气信息、前方障碍物等都会很清楚地显示出来,这样就会极大地降低飞机事故率并提高飞行安全度,在军事飞行中也可以准确获取敌军飞机信息。在航海与海域探险领域,智能眼镜可以为船员提供更加精确的航行指导,包括海域坐标和自身身体状况等。在医疗领域,医生可以根据智能眼镜找到患者患病记录,为医生提供更加科学准确的指导;在手术时,可以提醒医生,为医生提供更加准确的操作预警;也可以将优秀医生的手术过程记录下来作为宝贵的第一手教学资料。荷兰奈梅亨大学附属医院称,该院医生近日佩戴谷歌眼镜完成了一例手术,主刀医生将手术画面及时传给学生观看,收到了非常好的效果。

谷歌在不断发展其可穿戴设备业务的同时,苹果公司也在积极筹备相关业务。苹果公司于 2014 年 9 月发布了一款智能手表,命名为 Apple Watch。2015 年 3 月,苹果在春季新品发布会上正式发布了 Apple Watch,分为运动、标准、定制 3 版,于 2015 年 4 月预售,4 月底上市。首批发售国家和地区包含澳大利亚、美国、日本、中国等。库克在发布会上表示:"我们想把 iPhone 的界面缩小了放在你的手腕上。"这是一款革命性的产品,用户界面经过了全新设计。Apple Watch 采用蓝宝石屏幕,支持电话,语音回短信,连接汽车,实时显示天气、航班信息,地图导航,播放音乐,测量心跳,计步等几十种功能,是一款全方位的健康和运动追踪设备。Apple Watch 有众多表盘,用户可以实现自定义设置,例如天气预告、活动计划提醒等用户自定义信息,Apple Watch 也可以显示用户的心跳信息。Apple Watch 与 iPhone 配合使用,同全球标准时间的误差不超过 50 毫秒。收到通知时,TapticEngine(振动反馈)立刻就会通过振动来提醒你。Apple Watch 可以通过 DigitalTouch(数字接触)向其他的 Apple Watch 用户发送素描、振动和心跳等。每周一,Apple Watch 会根据上一周的活动数据为用户建议新的运动目标。除此之外,各种软件开发工具包让开发人员能为 Apple Watch 量身打造出全新的各种 App 体验。手表内置 UBER,并且可以直接解锁适配的房间门。也可以使用苹果自带的票据整合应用 Passbook 作为登机牌。可以远程看视频、图像等。在 App Store 可下载 Apple Watch 可用的 Apps。Apple Watch 的电池续航为全天候,可使用 18 小时,如图 13-13 所示。

易迅网宣布在国内独家开售智能手环,售价约为 1029 元,智能手环主体采用橡胶材质,两端则设有银色涂层金属帽,非常适合佩戴,这也让其有别于带有卡锁或者纽扣的传统手环。这种设计风格对于习惯佩戴首饰的用户而言,颇具有诱惑力。智能手环内置了一颗续航时间可达 10 天的锂电池、一个震动电动机和一个动作感应加速剂。手

(a) 2015年苹果春季新品发布会

(b) Apple Watch

图 13-13　苹果产品 Apple Watch

环末端的小尺寸的银帽则是用于更改设置的按键,另外一端则是一个用于和手机连接的 3.5 毫米插头。通过这款手环,用户可以记录日常生活中的锻炼、睡眠和饮食等实时数据,并将这些数据与 iPhone、iPad 和 iPod touch 同步,起到通过数据指导健康生活的作用。智能手环支持活动、锻炼、睡眠等模式,拥有智能闹钟、健康提醒等功能。手环实体图片如图 13-14 所示。

图 13-14　易迅智能手环

法国也在研发一款名为 Cicret Bracelet 的概念智能手镯,它不会像其他智能手环一样将功能简单定位为对人体基本生理情况的监测,而是将智能手镯的功能极大拓展。有了这种手镯,人们可以轻松查看天气信息、发短信、收邮件以及通话等,甚至可以支持游戏和 GPS 导航。它最大的特色在于这些行为都可以在手臂上完成,如图 13-15 所示。

图 13-15　法国智能手镯

13.2.3　服饰类可穿戴设备

在 IDF 2014 英特尔信息技术峰会上,英特尔展示的 3D 打印智能服装,代表着未来科技时尚的一种形式。英特尔新设备组里的荷兰设计师设计了一款"突触裙",这款衣服上有很多 LED 灯,用户头上会佩戴一个脑电波头饰,LED 灯会随着人体脑电波的变化而改变不同的颜色。如果用户非常专注,不仅可以点亮肩膀上更多的 LED 灯,还能够开启位于胸部的摄像头。它使用了复杂的 3D 打印技术完成,内置的 LED 灯需要耗费大概 120W 的电力。英特尔新设备组成员表示,设计师喜欢个人空间概念的设计,这就相当于一件心灵感应衣服,可以测出人的心理变化。在未来,有可能让人通过脑电波完成所有互联网设备的控制。试想一下,当你穿着突触裙在家,只要稍微集中精神想一想,智能灯泡便会点亮。

2015 年 8 月,网易数码透露,用于游泳的跟踪设备是时下兴起最快速的可穿戴设备品类之一,佳明、FlyFit 等公司纷纷推出了这类产品。Finis 公司推出了全新的水下 MP3 播放器,名为 Neptune,它不是传统的入耳式耳机,而是使用骨传导技术来让使用者感知音乐,也就是说,当你使用这款播放器时,是通过感知颊骨振动来传递声音到内耳,并不是从外耳道传播声音,这也就从根本上杜绝了水对耳朵部分听音的干扰。播放器本身拥有内置的 4GB 闪存,可以通过 microUSB 接口进行歌曲下载,而机身上也有播放功能控制键。据称这款播放器可以支持 8 小时的水下连续播放。智能礼服、Neptune 播放器如图 13-16 所示。

(a) 智能礼服　　　　　　　　(b) Neptune播放器

图 13-16　智能服饰

在德克萨斯州奥斯汀的 SXSW 大会上,谷歌展示了一款"会说话的鞋子"。该产品以一双普通球鞋为基底,装上微控制器、加速计、陀螺仪、压力感应器、喇叭和蓝牙芯片等配件,连接手机能让鞋子随时更新你的活动状态。这款智能鞋由谷歌和创意设计机构 YesYesNo 以及 Studio 5050 合作完成。安置于鞋身各个部位的传感器可以收集鞋子的运动信息并发出俏皮的语音评论,智能鞋同时也可以与手机应用进行连接,绑定用户自己的"Google＋"主页后,鞋子可以通过你的手机在你的 Google＋个人页面实时更新状态,让关注你的好友随时知道你的运动状态。你如果久坐不动,那么鞋子会告诉你:"好无聊的时间,你需要动起来",智能运动鞋如图 13-17 所示。

图 13-17　智能运动鞋

13.3　可穿戴设备安全问题

可穿戴设备在设计过程中注重美观、轻便和多样化用途，对于设备本身安全性关注并不高，所以存在多种隐私威胁。可穿戴设备最大的安全问题来自于系统开放，主要面临的安全风险来自于内部漏洞和外部攻击两方面。

(1) 内部漏洞：目前可穿戴设备采用的 COTS 器件是为各种嵌入式系统、工控系统设计的，而不是专门为可穿戴设备独立设计的。目前可穿戴设备仍处于萌芽状态，生产规范和标准尚不完善，除了头戴显示器和特殊键盘鼠标等输入输出设备外，市场上也急缺一些可穿戴设备的配件。同时，可穿戴设备一般采用开放操作系统和无线连接的方式，这就很难避免安全威胁。

- 开放系统：可穿戴设备采用开放操作系统更多的是为了能使系统更加灵活，升级更加方便，但是这也很容易让设备被非法入侵，在设备与计算机连接时也可能会被人导入恶意代码。
- 自身漏洞：可穿戴设备种类很多，几乎涉及我们日常生活的方方面面，而且采用开放系统，就不可避免地存在诸多软件和硬件缺陷。有些缺陷很难被发现，即使能够被检测出来也很难维护，从而降低设备的安全性。
- 无线连接：可穿戴设备往往采用包括无线局域网、蓝牙等在内的近距离无线通信方式，特别在使用过程中可穿戴外设只能采用无线连接与外部主机相连。相较于有线通信，在无线环境中，信息数据和信令协议更容易被捕获和干扰。如果没有充分的安全机制，信息数据很容易泄露给他人。

(2) 外部攻击：可穿戴设备使用者一般会将这些设备随身携带，并用于访问、处理、传输和存储用户信息（包括用户健康数据、金融数据、身份数据和位置信息等），这也增加了个人隐私泄露的危险程度。外部攻击方式大概包括 3 种类型：物理控制、无线攻击和恶意代码。

- 物理控制：基于固有便携性和可移动性特点，可穿戴设备存在很大的丢失、被盗或借用风险。在此过程中，隐私数据很容易被第三方窃取。
- 无线攻击：无线通信具有开放性，这也就增加了设备被无线攻击的风险，数据窃取和数据篡改是其主要的攻击方式。同时，射频干扰也是一种针对可穿戴设备的攻击方式，主要是采用电磁干扰导致系统工作异常。
- 恶意代码：恶意代码抓住可穿戴设备的安全漏洞进行攻击，或者诱骗用户执行相应病毒程序。可穿戴设备的恶意代码具有几个主要特性：传播性，通过各种方式对更多的设备进行感染；传染性，能够通过复制来感染正常文件，破坏文件的正常运行；破坏性，轻则降低系统性能，重则破坏或丢失数据和文件导致系统崩溃，更严重的甚至可以损坏硬件。监控病毒还可以进行个人信息的偷盗。

可穿戴设备除了本身会受到威胁，也可能被不法分子利用，这就更加增大了设备的社会安全威胁。可穿戴设备还可以用于窃取他人数据，在人们无法发现的情况下，获取敏感区域信息，扩大使用者的犯罪可能。例如，智能眼镜可能被用于间谍活动或者色情活动；

可穿戴智能探测设备可用于探测监控设备，从而让使用者可以进入严密防范区域而不被发现。随着可穿戴设备的广泛使用，社会安全问题也会日益严重。

虽然可穿戴设备会受到不同程度的威胁，但是设备还在不断完善，相关制度与法规也正在制定，可穿戴设备的不断发展定会给人们呈现另一番新景象，这将会使我们的生活方式、学习方式等社会生活的众多方面发生重大变革。

13.4 可穿戴设备与VR

VR(Virtual Reality)技术，即虚拟现实技术，它是利用计算机为用户提供一个交互式的、可沉浸的、身临其境的虚拟三维空间。它的特征主要有多感知性、交互性、沉浸性。多感知性指VR除了具有视觉感知，还有触觉、运动知觉甚至味觉、嗅觉等的感知。交互性，即用户在使用VR技术时，可以与模拟空间的物体产生互动，获得如同在现实生活中的感受。沉浸性是指VR为用户提供一个逼真的环境，让用户仿佛置身于现实中。

VR技术就是通过模拟某一个场景或实物产生一个三维逼真的虚拟环境。用户进行位置移动时，计算机可以立即进行复杂的运算，将精确的三维世界图像传回设备产生临场感，从用户的视觉、听觉、触觉等方面进行感官的模拟让用户产生如同身临其境一般的感觉。这种技术突破了以往的3D成像设备不可携带以及必须固定在某一个位置的缺陷，通过VR可以及时、没有限制地观察空间内的事物，并且真正地做到了随时随地、便携式的体验。

与近些年流行起来的智能手表、智能手环、智能跑鞋等可穿戴设备不同的是，传统意义上的可穿戴设备就是可以直接穿在身上，或是整合到用户的衣服或配件上的一种便携式设备。然而，现如今的可穿戴设备不仅是一种硬件设备，还可以通过软件支持以及数据交互、云端交互来实现强大的功能。可穿戴设备将会对我们的生活、感知带来很大的影响。虽然VR设备也属于可穿戴技术的行列，但是，VR更加注重的是用户直观的视觉体验。VR可以综合利用计算机图形系统和各种现实及控制等接口设备，在计算机上生成可交互的三维环境，为用户提供沉浸感觉。

相比起其他可穿戴设备而言，VR技术可广泛地应用于城市规划、室内设计、工业仿真、古迹复原、桥梁道路设计、房地产销售、旅游教学、水利电力、地质灾害、教育培训等众多领域，为其提供切实可行的解决方案。

13.5 可穿戴设备未来发展趋势

目前市场上消费者对可穿戴设备有很大的期待，再加上世界各国科技巨头公司正在不断加入可穿戴设备的研发之中，可穿戴设备将来会呈现一个产业链整合状态，这将充分满足用户对于信息获取与存储以及健康娱乐的需求。可穿戴设备将会更加个性化，用户体验将会由软件和硬件共同决定，从而实现产品的友好交互。可穿戴设备的发展方向主要有以下4点。

(1) 产业链进一步整合。可穿戴设备市场产业链主要包括硬件、行业应用、社交平台、运营服务、大数据、云计算等环节。目前可穿戴设备产业还不够成熟，不同厂家的产品彼此独立封闭、缺少合作，数据缺乏有效共享。同时每个可穿戴设备都开发自己的应用以及数据业务平台。这种端到端的研发模式投入大、风险高，同时人力资源分散，难以专注于自己的核心优势。未来智能穿戴设备产业链上各方将会加强合作，共同促进该行业的发展。可穿戴设备目前更多的是作为一种附属产品存在，它的真正价值并未完全实现。若要充分挖掘其价值，需要优化产业结构，规范生产标准，形成一条完整的产业链，这就需要硬件厂商和软件支持平台的共同努力。

（2）提升产品外形设计。苹果产品之所以受欢迎，很大程度上得益于其简约大方、经典美观的设计，这使得苹果产品处处体现出一种简约时尚，从微观的心理加工策略上来说这满足了用户对于美与时尚的追求。因此，外观友好是很重要的，这样可以避免消费者对零距离身体接触产品的抵触心理，而外露的可穿戴设备需要与用户协调，就要求尽可能的"百搭"。

（3）挖掘用户刚性需求。外观和价格往往会影响大众对产品的选择，但用户需求才是真正推动产品发展、保证产品销量的重要因素。可穿戴设备之所以没有得到大规模应用的根本原因是它现在基本还只是智能手机功能的延伸，只是作为更便携的智能手机存在，没有实现其存在的真正意义。可穿戴设备与智能手机的最大不同就是可以跟人的身体直接接触。目前，可穿戴智能设备更倾向于作为血压计、血氧仪等医疗健康设备存在，辅以定位功能、运动指数检测和追踪预警功能。随着人们健康意识的增强，这会成为消费者的刚性需求，而且是高频需求。未来可穿戴设备会更加人性化和个性化，例如，根据生理指标提醒用户应该去锻炼了，根据血糖含量告诉用户应该避免吃什么样的食物，根据用户的心率提醒用户应该保持良好的形态等。除了医疗和健身之外，可穿戴设备会更趋向娱乐化，未来可以与现实增强、情境感知等创新性技术结合，给用户提供更加丰富而优质的资源以及更好的感官体验。

（4）为特殊行业设计。除了面向大众，可穿戴设备还会在很大程度上为特殊行业与个人服务。只要有很小的改动就可以使同样的可穿戴设备在不同领域大放异彩，例如，替换系统。以 Google Glass 为例，学校可以把可穿戴设备的系统替换为教学专用系统，这样 Google Glass 就不会连接到社交网站和搜索引擎，也不能在除了学校特定无线网络设置之外的网络环境下运行。教师可以在去教室的路上浏览该班所有学生的信息，这样就可以省下在计算机前查阅资料的时间；每当课堂讨论或是为某个学生解答问题时，系统就会及时推送该学生的相应资料，包括专业、成绩优势学科、弱点等，教师可以有针对性地进行教学；学生对于某个问题或课程的反馈（如作业），都可以直接通过该设备传输给教师。这种特殊化的需求和相关的用户群体还有很多，特别是需要时刻被照看的老人、小孩和宠物等。以宠物为例，随着人民生活水平的提高，宠物已经成为城市里的新居民，中国宠物产业每年都会有成百上千亿的销售额，目前市场上虽然有宠物防丢器，但是很多宠物主人更希望防丢器能以可穿戴的形式存在，一方面起到防丢定位的作用；另一方面也能随时测控宠物的身体指数，而这种专门为宠物设计的可穿戴设备其实只需要在人类可穿戴设备的基础上对外形稍作修改，使其能以宠物的身体为支撑即可。

13.6 本章小结

从 20 世纪 80 年代开始,可穿戴设备就已经被人们关注,但是受限于技术和研究经费问题一直不能被企业批量生产并投入使用。2007 年以来,谷歌、百度、腾讯、微软、苹果、三星、小米等众多互联网企业纷纷加入可穿戴设备的研发与生产之中,尤其在谷歌推出谷歌眼镜和苹果推出 Apple Watch 以后,可穿戴设备迎来了快速发展期,市场上出现了大量可穿戴设备,价格也随着激烈的市场竞争不断降低,人们对可穿戴设备充满信心。

本章重点介绍了目前比较流行的一系列可穿戴设备,并根据其服务功能将可穿戴设备分为医疗健康类、生活服务类和服饰类,详细介绍了多种穿戴设备的主要功能、基本参数以及未来发展趋势,并提出了一些可穿戴设备自身发展问题。

 练习与思考题

1. 搜集各领域可穿戴设备并加以整理。
2. 了解世界主流可穿戴设备制造公司,实时关注可穿戴设备最新动态。
3. 阐述国外可穿戴设备的不断发展对我国可穿戴设备的研发产生了哪些影响。

第 14 章

HarmonyOS 移动应用开发案例

本章要点

- 了解移动互联网创业项目的基本理念
- 了解 HarmonyOS 移动商务应用的功能
- 学习移动商务实际应用系统的基本架构
- 学习基于 HarmonyOS 的移动商务软件的开发过程

本章知识结构图

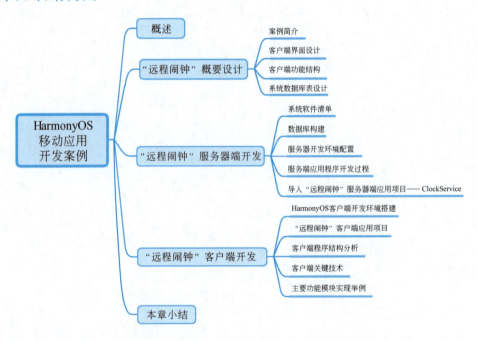

14.1 概述

随着手机的广泛应用,产生了大量的手机操作系统,例如较早的 Symbian,后来的 Blackberry、Tizen、Windows Phone、Android 和 iOS 等,以及 Google 推出的 Fuchsia OS 和华为推出的 HarmonyOS。

本章通过介绍一个实用的 HarmonyOS 应用开发案例来了解 HarmonyOS 的特征和系统定位。HarmonyOS 是一款面向全场景的分布式智慧操作系统,致力于创造一个万物互联的智能世界。该系统能够支持多种终端设备,实现设备之间硬件互助、资源共享。HarmonyOS 用一个统一的系统从根本上帮助消费者解决智能终端体验割裂的问题。

通过本章的学习,我们将体验 HarmonyOS 移动商务应用的功能,分析这类应用的结构,了解开发一个移动商务应用的基本需求和基本过程,体验移动互联网条件下的创业项目的设计与应用。本章 14.2 节～14.4 节详细介绍了"远程闹钟"的功能与实现技术,最后为本章小结。

14.2　HarmonyOS 移动应用开发案例——"远程闹钟"概要设计

14.2.1　案例简介

由于现在许多家长都在外忙于工作,导致无法在家监督小孩的作息,"远程闹钟"就是为了解决这个问题应运而生。"远程闹钟"包含了手机端和手表端的两个应用。

14.2.2　客户端界面设计

"远程闹钟"软件的主要功能包括查看、设置和删除闹钟信息,以及闹铃播放。想要实现这些功能,运营商为"远程闹钟"设计了有关功能界面,方便用户操作。系统主要界面如图 14-1～图 14-5 所示。

图 14-1　闹钟列表界面

图 14-2　添加闹钟界面

图 14-3　删除闹钟界面

图 14-4　手表端主界面

图 14-5　闹铃播放界面

14.2.3　客户端功能结构

"远程闹钟"应用软件包含手机端和手表端两个应用。手机端应用主要为家长提供给孩子设置闹钟的功能,包含闹钟查询、闹钟添加、闹钟删除 3 个具体功能。手表端应用主要包括闹铃播放功能,当手机端设置的闹铃时间到了,闹铃将自动响起,其功能结构图如图 14-6 所示。

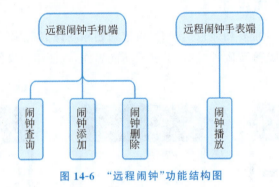

图 14-6　"远程闹钟"功能结构图

14.2.4　系统数据库表设计

"远程闹钟"的系统数据库表的结构如表 14-1 所示。

表 14-1　clock 表结构

编号	名　　称	字段代码	类　型	长　度	是否可空	主　键
1	闹钟编号	clockid	int	255	非空	是
2	闹钟年份	years	int	255	非空	否
3	闹钟月份	months	int	255	非空	否
4	闹钟日期	days	int	255	非空	否

续表

编号	名称	字段代码	类型	长度	是否可空	主键
5	闹钟小时	hours	int	255	非空	否
6	闹钟分钟	minutes	int	255	非空	否
7	是否送达到手表	sends	int	255	可空	否
8	闹钟是否已响	happened	int	255	可空	否

14.3　HarmonyOS 移动应用开发案例——"远程闹钟"服务器端开发

14.3.1　系统软件清单

1. 服务器端软件

（1）服务器系统：Windows Server 2008。
（2）数据库软件：MySQL 5.5.62。
（3）JAVA 环境：JDK 9.0.1。
（4）Maven 环境：Apache Maven 3.8.1。

2. 开发工具软件

（1）服务器端开发工具：IntelliJ IDEA。
（2）数据库管理工具：Navicat Premium 15。

14.3.2　数据库构建

首先进入 MySQL 的官网（http://www.mysql.com/downloads/），下载 MySQL 安装文件，解压后双击 Setup.exe 文件→Next→（选择 Custom）Next→（修改路径）Next→（选择 Skip Signup）Next→Finish，进入 MySQL 数据库配置向导，配置过程中需要注意以下两方面。

（1）到达"Please set the Windows Service"步骤时，复选框全选，分别为将 MySQL 服务安装到系统和将 MySQL 的安装路径设置到系统环境变量的路径。

（2）到达"Please select the default character set"步骤时，选择最后一个单选按钮，将数据库的默认编码格式（character set）设置为 UTF-8。

单纯利用 MySQL 来进行数据库表的创建是较为复杂的，通常会使用一个图形化界面工具来进行操作，这里以 Navicat Premium 15 为例。

打开 Navicat Premium 15 软件，点击"连接"按钮（如图 14-7 所示），进入"新建连接"界面，"连接名"这栏可以随意命名，这里输入 hmostest，"密码"是安装 MySQL 时自己设定的密码（如图 14-8 所示），之后单击"确定"按钮。

图 14-7　新建连接

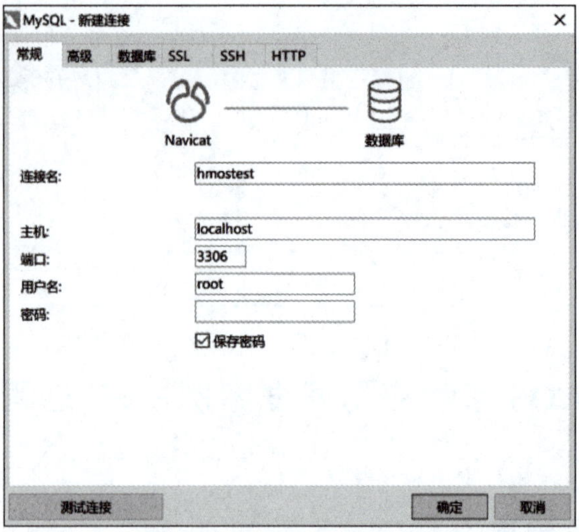

图 14-8 新建连接相关信息

完成上述步骤后,可以发现连接图标下方出现了名为 hmostest 的新连接,然后双击该连接,右键选择"新建数据库"选项(如图 14-9 所示)。这里数据库名也写为 hmostest,字符集选择 utf8,排序规则选择 utf8_general_ci,然后单击"确定"按钮(如图 14-10 所示)。

图 14-9 新建数据库

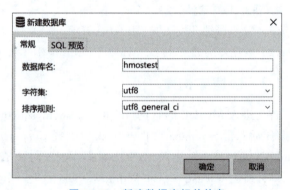

图 14-10 新建数据库相关信息

建好数据库后,在其中新建需要的数据库表。选择 hmostest 数据库下的"表"选项,右键选择"新建表"选项,如图 14-11 所示。

之后右边出现建表的界面,然后再根据数据库表的设计在新建的表中添加"名""类型""长度""不是 null"等信息。按照图 14-12 中的示例填写好后,单击左上角的保存按钮保存此表并把它命名为 clock。保存后表的效果如图 14-13 所示。

图 14-11 新建表

第 14 章 HarmonyOS 移动应用开发案例

名	类型	长度	小数点	不是 null	键
clockid	int	255	0	☑	🔑1
years	int	255	0	☐	
months	int	255	0	☐	
days	int	255	0	☐	
hours	int	255	0	☐	
minutes	int	255	0	☐	
gets	int	255	0	☐	
happened	int	255	0	☐	

图 14-12 新建表信息

图 14-13 新建表效果图

14.3.3 服务器端开发环境配置

1. Java 环境配置

服务器代码利用 Java 来管理数据存储，因此运行"远程闹钟"软件的服务器需要配置 Java 环境。

Java JDK 官方下载地址为 http://www.oracle.com/technetwork/java/index.html。详细安装步骤本书略，安装目录可任意选取，建议路径中不包含中文和空格，例如本书安装目录为 D:\Java\JDK9\。安装过程中会自动安装 Java JRE，修改 Java JRE 的安装目录为 D:\Java\JRE\。

Java 安装成功后，通常需要将 Java 的安装路径添加到 Path 环境变量中，Java 1.5 之后虽然能够识别 Java 命令，但建议对 Java 环境进行配置。

2. Maven 项目管理工具的安装与配置

服务器项目利用 Maven 对项目依赖进行管理，因此运行"远程闹钟"软件的服务器同样需要配置 Maven 环境。

Maven 官方下载地址为 https://maven.apache.org/download.cgi。详细下载安装步骤本书略。

Maven 下载安装成功后，需要将 Maven 的安装路径添加到 Path 环境变量中。

3. IntelliJ IDEA 开发工具的安装

IntelliJ IDEA 官方下载地址为 https://www.jetbrains.com/idea/download。详细安装步骤本书略。

14.3.4 服务器端应用程序开发过程

限于篇幅，这里仅介绍简单的服务器端开发。

1. 创建 demo 项目

打开 IntelliJ IDEA 编译器,选择 File→New→Projects…,选择 Spring Initializr,输入 Name,设置 Location 与相应的 JDK 版本后单击"Next"按钮,进入下一界面后勾选 Spring Web,之后单击 Finish 按钮完成项目创建。

2. 新建 Hello 类

选中工程项目 demo 下的 com.example.demo 文件夹,右击菜单,选择 New→Java Class,将文件命名为 Hello。输入并导入类后,代码如程序清单 14-1 所示。

程序清单 14-1:code\ch14\demo\src\main\java\com\example\demo\Hello.java

```
1.  package com.example.demo;
2.
3.  import org.springframework.web.bind.annotation.RequestMapping;
4.  import org.springframework.web.bind.annotation.RestController;
5.
6.  @RestController
7.  public class Hello {
8.      @RequestMapping("/hello")
9.      public String Test() {
10.         return "Hello!";
11.     }
12. }
```

3. 测试 demo 项目

选择 Run→Run"demoApplication"运行 demo 项目,打开浏览器,输入 http://localhost:8080/hello/,若页面如图 14-14 所示,则表示网络请求处理成功。

图 14-14 项目成功启动的浏览器页面

14.3.5 导入"远程闹钟"服务器端应用项目——ClockService

打开 IntelliJ IDEA 编译器,选择 File→Open…,选择需要打开的 ClockService 项目,单击 OK 按钮。ClockService 项目的程序文件结构及部分文件的功能说明如图 14-15 所示。

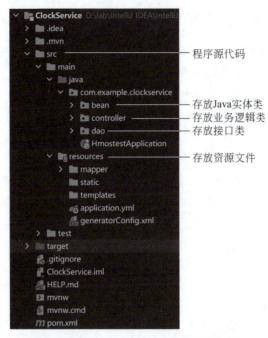

图 14-15　ClockService 项目程序结构图

14.4　HarmonyOS 移动应用开发案例——"远程闹钟"客户端开发

14.4.1　HarmonyOS 客户端开发环境搭建

DevEco Studio 是华为为开发者提供的开发 HarmonyOS 应用的一站式集成开发环境（Integrated Development Environment，IDE）。开发者通过使用 DevEco Studio 可以更高效地开发 HarmonyOS 应用，极大地提高了 HarmonyOS 应用的创新效率。

DevEco Studio 官方下载地址是 https://developer.harmonyos.com/cn/develop/deveco-studio#download。详细安装步骤本书略。安装好 DevEco Studio 后还需要在华为开发者联盟官网上注册开发者账号，注册地址是 https://id1.cloud.huawei.com/CAS/portal/loginAuth.html。

安装和注册完成后，启动远程模拟器，成功后的界面如图 14-16 所示。

图 14-16　HarmonyOS 远程
　　　　　模拟器界面

14.4.2 "远程闹钟"客户端应用项目——ClockPhone 和 ClockWearable

"远程闹钟"包含两个项目：ClockPhone 和 ClockWearable，其中 ClockPhone 为手机端应用，ClockWearable 为手表端应用。

1. 使用 DevEco Studio 打开"远程闹钟"项目

打开 DevEco Studio 编译器，选择 File→Open…，选择需要打开的 HarmonyOS 项目，单击"OK"按钮。

2. "远程闹钟"项目的程序结构

手机端应用 ClockPhone 的程序结构如图 14-17 所示，手表端应用 ClockWearable 的程序结构及部分文件的功能说明如图 14-18 所示。

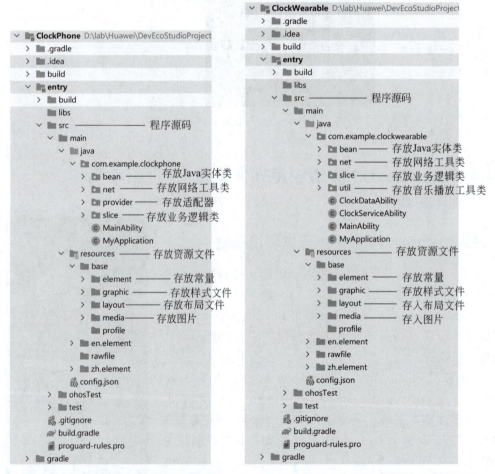

图 14-17 ClockPhone 项目程序结构图　　图 14-18 ClockWearable 项目程序结构图

3. "远程闹钟"客户端关键技术

通过客户端主要功能和流程分析可知，"远程闹钟"软件客户端所涉及的关键技术包括 6 部分。

(1) 各功能界面设计和事件处理。
(2) 功能间切换和页面跳转。
(3) 读取和更新本地数据。
(4) 客户端与服务器端交互(发送请求和获取结果)。
(5) 网络服务器端返回结果解析(JSON 解析)。
(6) 解析结果展示(自定义 Provider)。

4. "远程闹钟"功能模块实现举例——添加闹钟模块

"远程闹钟"手机端应用中包含新建闹钟的功能,用户可以根据自身需要添加一个新的闹钟信息,该信息会传递到服务器端,并由服务器端发送到手表端。当到了设定的闹铃时间时,手表端会响起闹铃。

添加闹钟模块的布局文件代码如程序清单 14-2 所示。

程序清单 14-2:code\ch14\ClockPhone\entry\src\main\resources\base\layout\ability_add_clock.xml

```xml
1.  <?xml version="1.0" encoding="utf-8"?>
2.  <DirectionalLayout
3.      xmlns:ohos="http://schemas.huawei.com/res/ohos"
4.      ohos:height="match_parent"
5.      ohos:width="match_parent"
6.      ohos:orientation="vertical">
7.      <!--相对布局-->
8.      <DependentLayout
9.          ohos:height="60vp"
10.         ohos:width="match_parent"
11.         ohos:padding="10vp">
12.         <!--取消图片按钮-->
13.         <Image
14.             ohos:id="$+id:image_cancel"
15.             ohos:height="25vp"
16.             ohos:width="25vp"
17.             ohos:foreground_element="$media:cancel"
18.             ohos:left_margin="20vp"
19.             ohos:vertical_center="true"/>
20.         <!--居中标题-->
21.         <Text
22.             ohos:id="$+id:text_clockname"
23.             ohos:height="match_content"
24.             ohos:width="match_content"
25.             ohos:background_element="$graphic:background_ability_main"
26.             ohos:layout_alignment="horizontal_center"
27.             ohos:left_margin="20vp"
```

```
28.            ohos:right_of="$id:image_cancel"
29.            ohos:text="新建闹钟"
30.            ohos:text_size="25fp"
31.            ohos:vertical_center="true"/>
32.        <!--确定图片按钮-->
33.        <Image
34.            ohos:id="$+id:image_ok"
35.            ohos:height="25vp"
36.            ohos:width="25vp"
37.            ohos:align_parent_right="true"
38.            ohos:foreground_element="$media:ok"
39.            ohos:right_margin="20vp"
40.            ohos:vertical_center="true"/>
41.    </DependentLayout>
42.    <!--日期选择器-->
43.    <DatePicker
44.        ohos:id="$+id:date_pick"
45.        ohos:height="match_content"
46.        ohos:width="match_parent"
47.        ohos:operated_text_color="#FF9912"
48.        ohos:selected_normal_text_margin_ratio="5"
49.        ohos:selected_text_color="#007DFF"
50.        ohos:selected_text_size="20fp"
51.        ohos:top_padding="50vp"/>
52.    <!--时间选择器-->
53.    <TimePicker
54.        ohos:id="$+id:time_picker"
55.        ohos:height="match_content"
56.        ohos:width="match_parent"
57.        ohos:operated_text_color="#FF9912"
58.        ohos:second="0"
59.        ohos:selected_normal_text_margin_ratio="5"
60.        ohos:selected_text_color="#007DFF"
61.        ohos:selected_text_size="20fp"
62.        ohos:top_padding="90vp"/>
63.</DirectionalLayout>
```

添加闹钟模块的事件处理代码如程序清单 14-3 所示。

程序清单 14-3：code\ch14\ClockPhone\entry\src\main\java\com\example\clockphone\slice\AddClockAbilitySlice.java

```
1.  public class AddClockAbilitySlice extends AbilitySlice {
```

```
2.      private Net net = new Net();
3.      private DatePicker datePicker;
4.      private TimePicker timePicker;
5.      private Integer years, months, days, hours, minutes;
6.      private Integer clockid;
7.      private Image image_ok, image_cancel;
8
9.      @Override
10.     protected void onStart(Intent intent) {
11.         super.onStart(intent);
12.         super.setUIContent(ResourceTable.Layout_ability_add_clock);
13.         initLayout();
14.         setListener();
15.     }
16
17.     private void setListener() {//设置监听器
18.         image_ok.setClickedListener(new Component.ClickedListener() {
//单击"确定"按钮的事件处理
19.             @Override
20.             public void onClick(Component component) {
21.                 setClock();
22.             }
23.         });
24.         image_cancel.setClickedListener(new Component.ClickedListener()
{//单击"取消"按钮的事件处理
25.             @Override
26.             public void onClick(Component component) {
27.                 terminate();
28.             }
29.         });
30.     }
31
32.     private void initLayout() {//组件初始化
33.         datePicker = (DatePicker) findComponentById(ResourceTable.Id_date_pick);
34.         timePicker = (TimePicker) findComponentById(ResourceTable.Id_time_picker);
35.         timePicker.showSecond(false);
36.         timePicker.enableSecond(false);
37.         image_ok = (Image) findComponentById(ResourceTable.Id_image_ok);
38.         image_cancel = (Image) findComponentById(ResourceTable.Id_image_cancel);
39.     }
```

```
40
41.     private Integer getDateAndTimeThentoClockId() {
        //获取用户选择的时间并生成闹钟 ID
42.         years = datePicker.getYear();                    //获取年份
43.         months = datePicker.getMonth();                  //获取月份
44.         days = datePicker.getDayOfMonth();               //获取日期
45.         hours = timePicker.getHour();                    //获取小时
46.         minutes = timePicker.getMinute();                //获取分钟
47.         String year = null, month = null, day = null, hour = null, minute = null;
48.         year = "" + (years - 2000);
49.         if (months < 10) {
50.             month = "0" + months;
51.         } else {
52.             month = "" + minutes;
53.         }
54.         if (days < 10) {
55.             day = "0" + days;
56.         } else {
57.             day = "" + days;
58.         }
59.         if (hours < 10) {
60.             hour = "0" + hours;
61.         } else {
62.             hour = "" + hours;
63.         }
64.         if (minutes < 10) {
65.             minute = "0" + minutes;
66.         } else {
67.             minute = "" + minutes;
68.         }
69.         String idString = year + month + day + hour + minute;
70.         clockid = Integer.parseInt(idString);
71.         return clockid;                                  //返回生成的闹钟 ID
72.     }
73
74.     private void setClock() {                            //向服务器发送闹钟信息
75.         Map<String, Integer> params = new HashMap<>();
76.         params.put("clockid", getDateAndTimeThentoClockId());
77.         params.put("years", years);
78.         params.put("months", months);
79.         params.put("days", days);
80.         params.put("hours", hours);
```

```
81.        params.put("minutes", minutes);
82.        net.setClock(params, new NetIf.NetListener() {
83.            @Override
84.            public void onSuccess(HiJson res) {
85.
86.            }
87.
88.            @Override
89.            public void onFail(String message) {
90.                System.out.println(message);
91.            }
92.        });
93.        terminate();
94.    }
95. }
```

14.5 本章小结

本章结合"远程闹钟"应用案例，介绍了 HarmonyOS 移动商务应用开发与使用的全过程，体验了 HarmonyOS 移动商务应用的结构、系统安装与部署、软件设计与开发的全过程。通过学习，读者既可以熟练地操作一个商用移动软件，又能具备参与移动互联网条件下的创新创业项目团队，提升与移动商务团队沟通交流的能力。

读者可以结合本章实例，针对某一移动商务应用提出改进建议或者新的移动商务应用建议，考虑如何实现并向 HarmonyOS 用户推广你的应用。

练习与思考题

1. 如何搭建移动商务服务器？
2. 如何搭建 HarmonyOS 开发环境？
3. 一个完善的移动商务开发项目一般包括哪些基本部分？
4. HarmonyOS 应用程序的基本结构是什么？
5. 在一个 HarmonyOS 项目中，xml 文件通常用于什么地方？

第 15 章

基于 Python 的推荐系统构建

本章要点

- 了解推荐系统的功能
- 学习推荐系统的基本知识
- 学习推荐系统相关技术知识
- 掌握召回与排序模型的构建方法

本章知识结构图

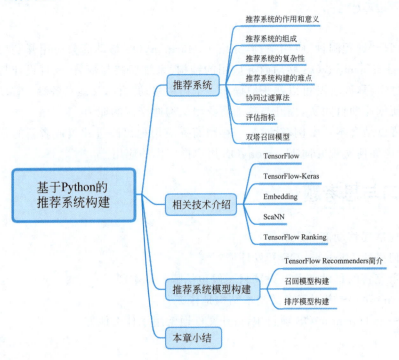

15.1 推荐系统

15.1.1 推荐系统的作用和意义

随着信息技术和互联网的发展,人们逐渐从信息匮乏的时代走入了信息过载的时代。

在这个时代,无论是信息消费者还是信息生产者都遇到了很大的挑战。

推荐系统存在的作用和意义可以从信息消费者和信息生产者两个角度进行阐述。

从信息消费者角度来说,推荐系统解决在信息过载的情况下,信息消费者如何高效获得感兴趣信息的问题。

从信息生产者角度来说,推荐系统解决所产生的信息如何能最大限度地吸引用户、留存用户、增加用户黏性、提高用户转换率的问题。

推荐系统的任务就是联系用户和信息,一方面帮助用户发现对自己有价值的信息;另一方面让信息能够展现在对它感兴趣的用户面前,从而实现信息消费者和信息生产者的双赢。如果说互联网的目标就是连接一切,那么推荐系统的作用就是建立更加有效率的连接,推荐系统可以更有效率地连接用户与内容和服务,节约大量的时间和成本。

15.1.2 推荐系统的组成

如果把推荐系统简单拆开来看,推荐系统主要由数据、算法、架构3部分组成。

(1) 数据提供了信息。数据储存了信息,包括用户与内容的属性,以及用户的行为偏好,例如,对短视频的点赞、收藏的电影、购买的物品等。这些数据特征非常关键,甚至可以说它们决定了一个算法的上限。

(2) 算法提供了逻辑。数据通过不断地积累,存储了巨量的信息。在巨大的数据量与数据维度下,人已经无法通过人工策略进行分析干预,因此需要使用一套复杂的信息处理逻辑,基于逻辑返回推荐的内容或服务。

(3) 架构解放了双手。架构保证整个推荐自动化、实时性地运行。架构包含了接收用户请求,收集、处理和存储用户数据,推荐算法计算,返回推荐结果等。有了架构之后算法不再依赖于手动计算,可以进行实时化、自动化地运行。例如,在淘宝推荐中,对于数据实时性地处理,就保证了用户在点击一个物品后,后续返回的推荐结果就可以立刻根据该点击而改变。一个推荐系统的实时性要求越高、访问量越大,这个推荐系统的架构就会越复杂。

推荐系统逻辑架构如图 15-1 所示。

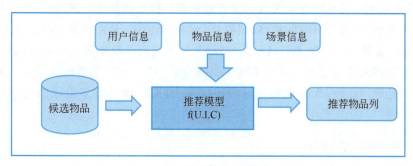

图 15-1 推荐系统逻辑架构

15.1.3 推荐系统的复杂性

推荐系统是一个复杂的机器学习系统,而不是单个的模型。大多数推荐系统是包括多个机器学习组件的模型。例如,你正在访问爱奇艺,那你看到的推荐内容是由许多个模型合作的结果。

推荐流程首先会经历召回阶段,召回阶段会使推荐内容数量从数百万级迅速减少到千级;接下来在粗排阶段,会将推荐内容数量从千级降到百级;最后在精排阶段,它可以让推荐内容保持多样性、新鲜性和公平性,并将其重新排列组合成一系列有价值的内容,且数量保持在几十条以内,如图15-2所示。

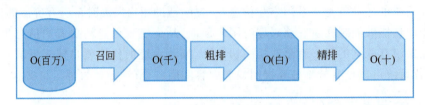

图15-2 推荐系统推荐流程

你可能会好奇为什么不用单个模型一次性完成所有任务呢?原因是对数百万个甚至更多的候选条目进行排序的运行成本会非常高,而且延迟也难以达到要求,所以推荐系统一般分为多个阶段。

15.1.4 推荐系统构建的难点

推荐系统的构建有以下3个难点。

(1)难以训练。首先,推荐系统大多数都是高维度、稀疏的大规模模型,embedding(嵌入层)的词汇表数量通常可达数千万甚至更多。其次,我们有多个目标需要优化,例如,用户点开bilibili,可以点赞、点踩、投币、收藏、分享和评论,而我们需要考虑优化哪些目标。

(2)难以评估。推荐系统并不是真正的监督学习,而是复杂的动态系统。这意味着离线指标可能有很大的误导性,用户在视频平台的行为并不能完全代表用户的偏好,观察用户过往的数据有助于了解用户对现有推荐系统的感受。一旦推荐内容脱离了推荐系统,所有的猜测推荐就可能完全失效。学习效果和目标权衡加剧了这一点,新的模型可能开始时是准确的,但随着时间的推移,预测能力会逐渐消失,从而使推荐系统变差。

(3)难以部署。具有庞大的词汇表的模型,并不能简单地使用Softmax函数计算,必须能够在几毫秒内从数百万个项目中挑选出最合适的。因此,需要高效的召回系统来实现可接受的延迟。此外,大多数模型一般包括多个阶段,而这些多阶段的组件需要同时启动。

15.1.5 协同过滤算法

1. 基于用户的协同过滤(UserCF)

基于用户的协同过滤算法主要包括两个步骤。

(1)找到和目标用户兴趣相似的用户集合。

(2)找到这个集合中的用户喜欢的,且目标用户没有浏览过的项目推荐给目标用户。

步骤(1)的关键就是计算两个用户的兴趣相似度。基于用户协同算法,主要利用用户行为的相似度计算兴趣的相似度。给定用户 u 和用户 v，令 $N(u)$、$N(v)$ 表示用户 u、v 曾经有过正反馈的项目集合，即可通过 Jaccard 公式简单计算 u 和 v 的兴趣相似度：

$$W_{uv} = \frac{|N(u) \cap N(v)|}{|N(u) \cup N(v)|}$$

或者通过余弦相似度计算：

$$W_{uv} = \frac{|N(u) \cap N(v)|}{\sqrt{|N(u)||N(v)|}}$$

例如，表 15-1 所示为 4 位不同用户喜爱的电影，可以利用余弦相似度计算出用户 A 和用户 C、D 的相似度。

表 15-1 不同用户喜爱的电影

用户 A 喜欢看的电影	a	b	d
用户 B 喜欢看的电影	a	c	
用户 C 喜欢看的电影	b	e	
用户 D 喜欢看的电影	c	d	e

$$W_{AC} = \frac{|\{a,b,d\} \cap \{b,e\}|}{\sqrt{|\{a,b,d\}||\{b,e\}|}} = \frac{1}{\sqrt{6}}$$

$$W_{AD} = \frac{|\{a,b,d\} \cap \{c,d,e\}|}{\sqrt{|\{a,b,d\}||\{c,d,e\}|}} = \frac{1}{3}$$

用户相似度初步计算代码如程序清单 15-1 所示。

程序清单 15-1：code\ch15\about.py

```
1.   import math
2.   def UserSimilarity(train):
3.       W = dict()
4.       for u in train.keys():
5.           for v in train.keys():
6.               if u == v:
7.                   continue
8.               W[u][v] = len(train[u] & train[v])
9.               W[u][v] /= math.sqrt(len(train[u]) * len(train[v]) * 1.0)
10.      return W
```

2. 基于物品的协同过滤（ItemCF）

基于用户的协同过滤算法在一些网站中得到了应用，但该算法有一些缺点。首先，随着网站的用户数目越来越大，计算用户兴趣相似度矩阵越来越难，其运算时间复杂度和空间复杂度的增长和用户数的增长近似为平方关系。其次，基于用户的协同过滤很难对推荐结果做出解释。因此，著名的电子商务公司亚马逊提出了另一个算法——基于物品的协同过滤算法。

基于物品的协同过滤算法（简称ItemCF）给用户推荐那些和他们之前喜欢的物品相似的产品。例如，该算法会因为你看过《钢铁侠》而给你推荐《复仇者联盟》。不过，ItemCF算法并不利用物品的内容属性计算物品之间的相似度，它主要通过分析用户的行为记录计算物品之间的相似度。该算法认为，item-A和item-B具有很大的相似度是因为喜欢item-A的用户大都也喜欢item-B。因此，基于物品的协同过滤算法可以利用用户的历史行为给推荐结果提供推荐解释，例如，给用户推荐《美国队长》的解释可以是因为用户之前喜欢《雷神》。

基于物品的协同过滤算法主要分为两步：
(1) 计算物品之间的相似度。
(2) 根据物品的相似度和用户的历史行为给用户生成推荐列表。

给定item-i和item-j，令$N(i)$、$N(j)$表示喜欢item-i、item-j的用户数。可以用下面的公式定义物品的相似度：

$$W_{ij} = \frac{|N(i) \cap N(j)|}{\sqrt{|N(i)||N(j)|}}$$

分子$|N(i) \cap N(j)|$是同时喜欢item-i和item-j的用户数，分母$\sqrt{|N(i)||N(j)|}$可以避免出现由于item-j过于热门导致W_{ij}趋于1的情况，降低了热门item会和很多item相似的可能性。

从上面的定义可以看到，在协同过滤中两个item产生相似度是因为它们被很多共同用户喜欢，也就是说每个用户都可以通过他们的历史兴趣列表给item"贡献"相似度。和UserCF算法类似，用ItemCF算法计算物品相似度时也可以先建立"用户-Item"倒排表（即对每个用户建立一个他喜欢的物品的列表），然后对于每个用户，将他item列表中的物品两两在共现矩阵C中加1。详细代码如程序清单15-2所示。

程序清单15-2：code\ch15\about.py

```
1.  def ItemSimilarity(train):
2.      C = dict()
3.      N = dict()
4.      for u, items in train.items():
5.          for i in users:
6.              N[i] += 1
7.              for j in users:
8.                  if i == j:
9.                      continue
10.                 C[i][j] += 1
11.     #计算最终的相似矩阵W
12.     W = dict()
13.     for i, related_items in C.items():
14.         for j, cij in related_items.items():
15.             W[u][v] = cij / math.sqrt(N[i] * N[j])
16.     return W
```

15.1.6 评估指标

1. 评分预测准确度

很多提供推荐服务的网站都有一个让用户给物品打分的功能,如果知道了用户对物品的历史评分,就可以从中计算出用户的兴趣模型,并预测该用户在将来看到一个新物品时会评多少分。预测用户对物品评分的行为称为评分预测。

评分预测的准确度一般通过均方根误差(RMSE)和平均绝对误差(MAE)计算。对于测试集 T 中的一个用户 u 和物品 i,令 r_{ui} 表示用户 u 对物品 i 的实际评分,而 $\hat{r}_{ui}$ 表示推荐算法给出的预测评分,那么 RMSE 的定义为

$$\text{RMSE} = \frac{\sqrt{\sum_{u,i \in T}(r_{ui} - \hat{r}_{ui})^2}}{|T|}$$

MAE 采用绝对值计算预测误差,它的定义为

$$\text{MAE} = \frac{\sum_{u,i \in T}|r_{ui} - \hat{r}_{ui}|}{|T|}$$

假设我们用一个列表 records 存放用户评分数据,令 records[i] = [u,i,rui,pui],其中 rui 是用户 u 对物品 i 的实际评分,pui 是算法计算出来的用户 u 对物品 i 的预测评分,程序清单 15-3 分别实现了 RMSE 和 MAE 的计算过程。

程序清单 15-3:code\ch15\about.py

```
1.  import math
2.  def RMSE(records):
3.      return math.sqrt(sum([(rui-pui) * (rui-pui) for u, i, rui, pui in records]) / float(len(records)))
4.  def MAE(records):
5.      return sum([abs(rui-pui) for u, i, rui, pui in records])/float(len(records))
```

2. 分类预测准确度

网站在提供推荐服务时,一般是给用户一个个性化的推荐列表,这种推荐叫作 TopN 推荐。TopN 推荐的预测准确率一般通过准确率(Precision)和召回率(Recall)度量。

令 R(u) 的表示根据用户在训练集上的行为给用户的推荐列表,而 T(u) 是用户在测试集上的行为列表。那么,推荐结果的召回率定义为

$$\text{Recall} = \frac{\sum_{u \in U}|R(u) \cap T(u)|}{\sum_{u \in U}|T(u)|}$$

推荐结果的准确率定义为

$$\text{Precision} = \frac{\sum_{u \in U}|R(u) \cap T(u)|}{\sum_{u \in U}|R(u)|}$$

程序清单 15-4 计算出了一个推荐算法的准确率和召回率。

程序清单 15-4：code\ch15\about.py

```
1.   def RecallPrecision(test, N):
2.       hit = 0
3.       n_recall = 0
4.       n_precision = 0
5.       for user, items in test.items():
6.           rank = Recommend(user, N)
7.           hit += len(rank & items)
8.           n_recall += len(items)
9.           n_precision += N
10.      return [hit / (1.0 * n_recall), hit / (1.0 * n_precision)]
```

15.1.7 双塔召回模型

双塔召回模型(Deep Structured Semantic Model，DSSM)，由微软研究院开发，利用深度神经网络把文本(句子、实体等)表示成向量，应用于文本相似度匹配场景下的一个算法。DSSM 模型在信息检索、文本排序、问答、图片描述及机器翻译等中有广泛的应用。该模型是为了衡量搜索的关键词和被点击的文本标题之间的相关性所开发的。DSSM 模型的原理比较简单，通过搜索引擎里 Query 和 Document 的海量的点击日志，用 DNN 深度网络把 Query 和 Document 表达为低维语义向量，并通过余弦相似度来计算两个语义向量的距离，最终训练出语义相似度模型。该模型既可以用来预测两个句子的语义相似度，又可以获得某句子的低维语义 embedding 向量。DSSM 模型结构示意图如图 15-3 所示，Q 代表 Query 信息，D 代表 Document 信息。W_i 为第 i 层隐藏层权重矩阵；b_i 为第 i 层隐藏层偏置项；l_i 为第 i 层隐藏层，其中 l_1 为 Word Hashing，目的是降低向量维度；x 为输入层即高维分词向量；y 为输出层即低维语义特征；$P(D_i|Q)$ 为通过 Softmax 计算的后验概率值；$R(Q, D_i)$ 为 Q 和 D_i 经过深层网络处理输出的低维向量余弦相似度计

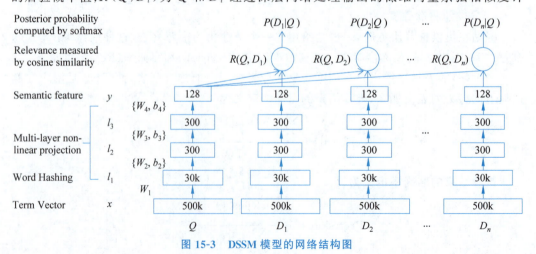

图 15-3　DSSM 模型的网络结构图

算值。

DSSM 模型的最大特点就是 Query 和 Document 是两个独立的子网络,后来这一特色被移植到推荐算法的召回环节,即对用户端(User)和物品端(Item)分别构建独立的子网络塔式结构。该方式对工业界十分友好,两个子网络产生的 Embedding 向量可以独自获取及缓存。目前工业界流行的 DSSM 双塔网络结构如图 15-4 所示。

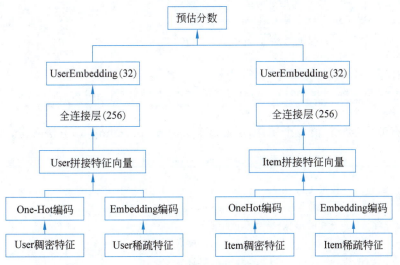

图 15-4　双塔召回模型图

15.2　相关技术介绍

15.2.1　TensorFlow

TensorFlow 是一个端到端开源机器学习平台。它拥有一个全面、灵活的生态系统,其中包含各种工具、库和社区资源,可助力研究人员推动先进机器学习技术的发展,并使开发者能够轻松地构建和部署由机器学习提供支持的应用。

TensorFlow 具有以下优点。

(1) 轻松地构建模型。在即刻执行环境中使用 Keras 等直观的高阶 API 轻松地构建和训练机器学习模型,该环境使我们能够快速迭代模型并轻松地调试模型。

(2) 随时随地进行可靠的机器学习生产。无论用户使用哪种语言,都可以在云端、本地、浏览器中或设备上轻松地训练和部署模型。

(3) 强大的研究实验。一个简单、灵活的架构,可以更快地将新想法从概念转化为代码,然后创建出先进的模型,并最终对外发布。

TensorFlow 使用张量(Tensor)作为数据的基本单位。TensorFlow 的张量在概念上等同于多维数组,可理解为高维矩阵。我们可以使用它来描述数学中的标量 scalar(0 维数组)、向量 vector(1 维数组)、矩阵 matrix(2 维数组)等各种量,示例如下。

程序清单 15-5：code\ch15\tf_intro.py

```
1.  import tensorflow as tf
2.  import numpy as np
3.  #定义一个随机数(标量)
4.  random_float = tf.random.uniform(shape=())
5.  #定义一个有 2 个元素的零向量
6.  zero_vector = tf.zeros(shape=(2))
7.  #定义一个 2×2 的常量矩阵
8.  A = tf.constant([[1., 2.], [3., 4.]])
9.  #定义一个 2×2×3 的高维矩阵
10. B = tf.constant(np.arange(1, 13, dtype=np.int32),shape=[2, 2, 3])
```

张量有形状、类型、值 3 个属性，可通过 shape、dtype、numpy()方法获得，示例如下。

程序清单 15-6：code\ch15\tf_intro.py

```
1.  print(B) #输出 tf.Tensor([[[ 1  2  3][ 4  5  6]]
2.  #[[ 7  8  9][10 11 12]]],  shape=(2, 2, 3), dtype=int32)
3.  #查看 Tensor B 的形状、类型和值
4.  print(B.shape)      #输出(2, 2, 3),即高维矩阵 2×2×3
5.  print(B.dtype)      #输出<dtype: 'int32'>
6.  print(B.numpy())    #输出[[[ 1   2   3][ 4   5   6]] [[ 7   8   9][10 11 12]]]
```

在矩阵计算中经常用到加和点乘运算，如以下矩阵计算：

$$\begin{bmatrix} 1 & 2 & 3 \\ 4 & 5 & 6 \end{bmatrix} \begin{bmatrix} 1 \\ 2 \\ 3 \end{bmatrix} + \begin{bmatrix} 1 \\ 1 \end{bmatrix} = \begin{bmatrix} 15 \\ 33 \end{bmatrix}$$

在 TenorsFlow 中使用 add()方法进行矩阵加法运算，使用 matmul()方法进行矩阵乘法运算。使用 TensorFlow 进行矩阵运算示例如下。

程序清单 15-7：code\ch15\tf_intro.py

```
1.  import tensorflow as tf
2.  X = tf.constant([[1, 2, 3], [4, 5, 6]])
3.  a = tf.constant([[1],[2],[3]])
4.  b = tf.constant([1])
5.  y = tf.constant(tf.add(tf.matmul(X,a),b))
6.  print(y)   #输出 tf.Tensor([[15] [33]], shape=(2, 1), dtype=int32)
```

15.2.2 TensorFlow-Keras

Keras 是一个 Python 编写的高级神经网络 API，它能够以 TensorFlow、CNTK 或者 Theano 作为后端运行。Keras 的开发重点是支持快速的实验，能够以最小的时延把你的

想法转换为实验结果,这是做好研究的关键。

Keras 基于以下原则构建:

(1) 用户友好。Keras 是为人类而不是为机器设计的 API,它把用户体验放在首要和中心位置。Keras 遵循减少认知困难的最佳实践:它提供一致且简单的 API,将常见用例所需的用户操作数量降至最低,并且在用户错误时提供清晰和可操作的反馈。

(2) 模块化。模型被理解为由独立的、完全可配置的模块构成的序列或图。这些模块可以以尽可能少的限制组装在一起。特别是神经网络层、损失函数、优化器、初始化方法、激活函数和正则化方法,它们都是可以结合起来构建新模型的模块。

(3) 易扩展性。新的模块是很容易添加的(作为新的类和函数),现有的模块已经提供了充足的示例。由于能够轻松地创建可以提高表现力的新模块,Keras 更加适合高级研究。

(4) 基于 Python 实现。Keras 没有特定格式的单独配置文件。模型定义在 Python 代码中,这些代码紧凑,易于调试,并且易于扩展。

Keras 的基本功能和使用方法如表 15-2 所示。

表 15-2 Keras 的基本功能和使用方法

功 能	使 用 方 法
模型的构建	tf.keras.Model 和 tf.keras.layers
模型的损失函数	tf.keras.losses
模型的优化器	tf.kears.optimizer
模型的评估	tf.keras.metrics

Keras 最重要的两个的概念就是层(Layer)和模型(Model)。

Keras 层将各种计算流程和变量进行了封装。它需要输入的形状(input_shape)来理解输入数据的结构,初始化器(kernel_initializer)为每个输入设置权重,最后激活器(activation)来转换输出以使其非线性。在两者之间,约束限制和指定要生成的输入数据的权重范围,正则化器(regularizer)将通过在优化过程中动态应用权重的惩罚来尝试优化层(和模型)。总而言之,Keras 层需要以最低限度的细节来创建一个完整的层。

Keras 模型将各种层进行组织和连接,并封装为一个整体,描述了如何将输入数据通过各种层以及运算得到输出。它一般以类的形式呈现,我们可以通过继承 tf.keras.Model 这个 Python 类来定义自己的模型。在继承类中重写构造函数__init__和 call(input)模型调用两种方法,同时也可以根据需要增加自定义的方法。以下为模型建立示例。

程序清单 15-8:code\ch15\keras_intro.py

```
1.  import tensorflow as tf
2.  class ExampleModel(tf.keras.Model):
3.      def __init__(self):
```

```
4.         super().__init__()
5.         #此处添加初始化代码(包含 call 方法中会用到的层),例如
6.         layer1 = tf.keras.layers.BuiltInLayer(...)
7.         #layer2..layer3..
8.     def call(self, input):
9.         #此处添加模型调用的代码(处理输入并返回输出),例如
10.        output = self.layer1(input)
11.        return output
```

全连接层(Fully-connected Layer)tf.keras.layers.Dense 是 Keras 中基础和常用的层之一,对输入矩阵 A 进行"Aw+b"的线性变换和激活函数操作。如果不指定激活函数,即是纯粹的线性变换"Aw+b"。具体而言,给定输入张量"input=[batch_size,input_dim]",该层对输入张量首先进行"tf.matmul(input,kernel)+bias"的线性变换(kernel 和 bias 是层中可训练的变量),然后对线性变换后张量的每个元素通过激活函数 activation 输出形状为[batch_size,units]的二维张量。

tf.keras.layers.Dense 的主要参数如表 15-3 所示。

表 15-3　tf.keras.layers.Dense 主要参数

参　数	说　明
units	输出空间的维度
activation	要使用的激活功能。如果没有指定任何具体项,则不应用激活
use_bias	bool 值,是否加入偏置向量 bias
kernel_initializer	kernel 权重矩阵初始化器
bias_initializer	bias 偏置的初始化器

之前我们在 TensorFlow 计算中采用了以下矩阵计算:

$$\begin{bmatrix} 1 & 2 & 3 \\ 4 & 5 & 6 \end{bmatrix} \begin{bmatrix} 1 \\ 2 \\ 3 \end{bmatrix} + \begin{bmatrix} 1 \\ 1 \end{bmatrix} = \begin{bmatrix} 15 \\ 33 \end{bmatrix}$$

在已知输入矩阵为 $\begin{bmatrix} 1 & 2 & 3 \\ 4 & 5 & 6 \end{bmatrix}$、输出矩阵为 $\begin{bmatrix} 15 \\ 33 \end{bmatrix}$ 时,可以通过 Keras 构建模型求 kernel 权重矩阵和 bias 偏置,代码示例如下。

程序清单 15-9:code\ch15\keras_intro.py

```
1. import tensorflow as tf
2. X = tf.constant([[1.0, 2.0, 3.0], [4.0, 5.0, 6.0]])
3. y = tf.constant([[15.0], [33.0]])
4. class Linear(tf.keras.Model):
5.     def __init__(self):
```

```
6.         super().__init__()
7.         #全连接层
8.         self.dense = tf.keras.layers.Dense(
9.             units=1,
10.            activation=None,                              #无激活函数
11.            kernel_initializer=tf.zeros_initializer(),    #权重矩阵
12.            bias_initializer=tf.zeros_initializer()       #偏置矩阵
13.        )
14.    def call(self, input):
15.        output = self.dense(input)
16.        return output
17. model = Linear()
18. optimizer = tf.keras.optimizers.SGD(learning_rate=0.01)
19. for i in range(10000):
20.     with tf.GradientTape() as tape:
21.         y_pred = model(X)
22.         loss = tf.reduce_mean(tf.square(y_pred - y))
23. #使用 model.variables 这一属性直接获得模型中的所有变量
24.     grads = tape.gradient(loss, model.variables)
25.     optimizer.apply_gradients(grads_and_vars=zip(grads, model.
        variables))
26. print(model.variables)
```

输出结果如下:

```
[<tf.Variable 'linear/dense/kernel:0' shape=(3, 1) dtype=float32, numpy=
array([[1.0000035],[2.0000038], [2.9999948]], dtype=float32)>,
<tf.Variable 'linear/dense/bias:0' shape=(1,) dtype=float32, numpy=array
([1.], dtype=float32)>]
```

通过训练结果得知,kernel 权重矩阵为 $\begin{bmatrix} 1.000\ 003\ 5 \\ 2.000\ 003\ 8 \\ 2.999\ 994\ 8 \end{bmatrix}$,bias 为 1。

15.2.3 Embedding

形式上讲,embedding 就是用一个低维稠密的向量表示一个对象(object),这里所说的对象可以是一个词、一个商品,也可以是一部电影等。表示意味着向量能够表达相应对象的某些特征,同时向量之间的距离反映了对象之间的相似性。

例如,如果对电影进行 embedding,那么 embedding(钢铁侠)和 embedding(美国队长)在 embedding 向量空间内两点之间的距离就应该很近,而 embedding(钢铁侠)和 embedding(阿甘正传)的距离就比较远。

同理，如果在电商领域对商品进行 embedding，那么 embedding（铅笔）和 embedding（橡皮擦）的向量距离应该比较近，而 embedding（铅笔）和 embedding（鞋子）的距离会相对比较远。以下为 embedding 的程序示例。

程序清单 15-10：code\ch15\em_intro.py

```
1.  movies = ["Iron Man", "Captain America","Forrest Gump"]
2.  #理想化的 Embedding
3.  movies_embedding_idealized = [[0.53,  0.85],[0.60,  0.80],[-0.78, -0.62]]
4.  #第一个 item 和第二个 item 相似度（点乘）为 0.998
5.  #第一个 item 和第三个 item 相似度（点乘）为 - 0.9404
6.  #第二个 item 和第三个 item 相似度（点乘）为 - 0.964
```

不同领域的训练样本肯定是不同的，比如影视推荐往往会使用用户的观看序列进行电影的 embedding，而电商平台则会使用用户的购买历史作为训练样本。

15.2.4 ScaNN

假设人们希望使用需要完全匹配标题、作者或其他易于机器索引标准的查询去搜索大量文学作品数据集，这样的任务非常适合使用 SQL 等语言的关系数据库。然而，如果想要支持更抽象的查询，就不能再依赖简单的相似性指标，例如两个短语之间共同的单词数。尽管"鼠标"和"老鼠"有一个共同词，但"鼠标"与"键盘"的联系显然更紧密。

机器学习极大地提高了计算机理解语言语义的能力，从而可以回答这些抽象问题。基于 embedding 搜索是一种能够有效回答依赖语义理解而非简单索引属性的查询技术。在这项技术中，机器学习模型经过训练，能够将查询和数据库项目映射到共同的矢量 embedding 空间，这样 embedding 之间的距离具有语义意义，即类似的项目更紧密地结合在一起。现代机器学习模型可以将文本和图像等输入转换为 embedding，使更多类似的输入更紧密地聚集在一起。因此，对于给定的查询，我们可以计算其 embedding，并找到其 embedding 最接近查询的候选条目。通过这种方式，机器学习模型将一个抽象且难以指定的任务转变为一个严谨的数学任务。但是，计算挑战仍然存在：对于给定的查询 embedding，如何快速找到最近的数据集 embedding？由于 embedding 集通常太大，无法进行穷举的搜索，其高维度使剪枝困难。

Google 通过压缩数据集向量实现快速近似距离来解决这个问题，并提出了一种新的压缩技术，该技术与之前的相比准确性有显著提高。这项技术应用在 2020 年开源的向量相似性搜索库 ScaNN。ScaNN(Scalable Nearest Neighbors)是一种高效的近似向量搜索方法，其中包括最大内积搜索（MIPS）的搜索空间剪枝和量化，还支持其他距离函数，例如欧几里得距离。它由现代近似近邻搜索技术的最先进技术实现，包括树状空间分割、非对称哈希、量化等。它适用于推荐系统召回阶段的候选条目生成，以及从海量或中等规模的数据库中快速匹配和召回类似候选条目。

15.2.5 TensorFlow Ranking

排序（Ranking）是最大化利用整个列表的排序过程，适用于广泛的领域，从搜索引擎和推荐系统到电子商务等。在这些应用中,研究人员经常使用一套监督机器学习技术,称为 MLR(机器学习排名,Machine-Learned Ranking)。在许多情况下,这些机器学习排名技术应用于巨型数据集。在这些场景中,TensorFlow 的可扩展性可能是一个优势。

学习排名算法的目标是最小化定义在项目列表中的损失函数,以优化任何给定应用的列表排序。TF-Ranking 支持广泛的标准点式、对式和列表式损失函数。这确保了使用 TF-Ranking 的研究人员能够重现和扩展以前发布的基线,并且实践者可以为其应用做出最明智的选择。

此外,TF-Ranking 可以通过 embeddings 和 scales 处理稀疏的特征(如原始文本),并可拓展到数以亿计的训练实例。因此,任何有兴趣构建现实世界数据密集型排名系统(如 Web 搜索或新闻推荐)的人都可以使用 TF-Ranking 作为强大、可扩展的解决方案。

TF-Ranking 支持一种新的评分机制,其中多个项目(如网页)可以被联合评分,这是传统评分模式的延伸,即单个项目被独立评分。多项目评分的一个挑战是推论的困难,因为项目必须在子组中进行分组和打分,然后,每个项目的分数被累积并用于排序。为了使这些复杂的问题对用户透明,TF-Ranking 提供了一个"列进列出"(LILO)的 API,将所有这些逻辑包裹在输出的 TF 模型中。TF-Ranking 多项目架构如图 15-5 所示。其中,$S[q,d_i,d_j]$ 为组合文档后特征向量拼接;$g(q,d_i,d_j)$ 为分组记分模型,输出每个 Document 对应分数;$f(q,D)$ 为最终分数。

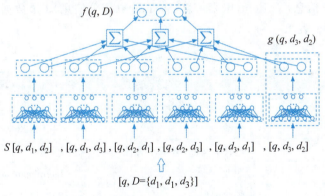

图 15-5 TF 排名库支持多项目评分架构图

15.3 推荐系统模型构建

15.3.1 TensorFlow Recommenders 简介

TensorFlow Recommenders(TFRS)是一个用于构建推荐系统模型的库,无论是数据准备、模型构建、训练、评估还是部署,都可以对构建推荐系统起到很大的帮助。它基于 Keras 构建而成,旨在提供平缓学习曲线,同时仍能灵活地构建复杂模型。

它具有以下优点。

(1)能灵活地构建和评估召回模型。

(2) 能自由地在推荐模型中添加项目、用户和场景信息。
(3) 能训练联合优化多个推荐目标的多任务模型。
(4) 开源,能在 Github 上找到源代码。

推荐系统通常由两个阶段组成,分别为召回和排序阶段。

(1) 召回(retrieval)阶段。负责从所有候选条目中挑选数百个候选条目的初始集合。该模型的主要目标是有效地剔除用户不感兴趣的所有候选条目。因为召回模型可能需要处理数百万个候选条目,所以它必须具有计算效率。

(2) 排序(ranking)阶段。采用召回模型的输出并对其进行微调以选择可能的最佳推荐。该模型的主要目标是将用户可能感兴趣的项目集缩小到可能候选的候选名单。

15.3.2 召回模型搭建

召回模型通常由两个子模块组成:
(1) 使用查询功能计算查询表示的查询模型。
(2) 使用候选功能计算候选表示的候选模型。

这两种模型的输出相乘,给出查询和候选亲和度分数,较高的分数表示候选与查询之间的更好匹配。

本案例采用 ml-100k 电影推荐数据集,使用 Movielens 数据集构建和训练。主要用的是 u.user(用户信息)、u.item(电影信息)和 u.data(评分信息)3 个数据文件。其文件内容结构如表 15-4~表 15-6 所示。

表 15-4 u.user(用户信息)

数 据 类 别	数 据 说 明	数 据 示 例
user id	每个用户的数字代号	1、2、3 等序号
age	年龄	24、53、23 等数字
gender	F 表示女性,M 表示男性	F、M
occupation	职业	technician、administrator 等
zip code	邮政编码	857111、310000

表 15-5 u.item(电影信息)

数 据 类 别	数 据 说 明	数 据 示 例
movie id	每部电影的数字代号	1、2、3 等序号
movie title	电影名	Toy Story
release date	电影发布日期	(1995)
video release date	影片上映日期	01-Jan-1995
IMDb URL	电影在 IMDb 的网页地址	http://us.imdb.com/M/title-exact?Toy%20Story%20(1995)
Genres	电影类型	0|0|0|1|1|1|0|0|0|0|0|0|0|0|0|0|0|0|0

第 15 章 基于 Python 的推荐系统构建

表 15-6 u.data（评分信息）

数 据 类 别	数 据 说 明	数 据 示 例
user id	用户数字代号	196、186、22 等序号
item id	被评分项	242、302、377 等序号
rating	评分	1、2、3、4、5 五等
timestamp	时间戳	881250949

1. 前置准备

（1）首先下载相关包。

```
pip install -q tensorflow-recommenders
pip install -q --upgrade tensorflow-datasets
pip install -q scann
```

（2）导入相关包到项目中，如程序清单 15-11 所示。

程序清单 15-11：code\ch15\retrieval.py

```
1.  import os
2.  import pprint
3.  import tempfile
4.  from typing import Dict, Text
5.  import numpy as np
6.  import tensorflow as tf
7.  import tensorflow_datasets as tfds
8.  import tensorflow_recommenders as tfrs
```

（3）利用 tensorflow_datasets 的 api 来加载 movielens 数据集，如程序清单 15-12 所示。

程序清单 15-12：code\ch15\retrieval.py

```
9.  ratings = tfds.load("movielens/100k-ratings", split="train")
10. movies = tfds.load("movielens/100k-movies", split="train")
```

评分数据集返回一个字典，其中包括电影 ID、用户 ID、分配的评分、时间戳、电影信息和用户信息，如程序清单 15-13 所示。

程序清单 15-13：code\ch15\retrieval.py

```
11. for x in ratings.take(1).as_numpy_iterator():
12.     pprint.pprint(x)
```

程序清单 15-13 输出如下。

```
{'bucketized_user_age': 45.0,
 'movie_genres': array([7], dtype=int64),
 'movie_id': b'357',
 'movie_title': b"One Flew Over the Cuckoo's Nest (1975)",
 'raw_user_age': 46.0,
 'timestamp': 879024327,
 'user_gender': True,
 'user_id': b'138',
 'user_occupation_label': 4,
 'user_occupation_text': b'doctor',
 'user_rating': 4.0,
 'user_zip_code': b'53211'}
```

电影数据集包含了电影 ID、电影标题和数据类型。这些电影类型是用整数标签编码的,如程序清单 15-14 所示。

程序清单 15-14:code\ch15\retrieval.py

```
13. for x in ratings.take(1).as_numpy_iterator():
14.     pprint.pprint(x)
```

程序清单 15-14 输出如下。

```
{'movie_genres': array([4], dtype=int64),
 'movie_id': b'1681',
 'movie_title': b'You So Crazy (1994)'}
```

在这个案例中,数据集中只保留 user_id 和 movie_title 字段,如程序清单 15-15 所示。

程序清单 15-15:code\ch15\retrieval.py

```
15. ratings = ratings.map(lambda x: {
16.     "movie_title": x["movie_title"],
17.     "user_id": x["user_id"],
18. })
19. movies = movies.map(lambda x: x["movie_title"])
```

(4) 划分数据集。为了拟合和评估模型,将数据集分成训练和评估集。在一个工业推荐系统中,可能是按时间来划分的,即用截止时间 T 前的数据来预测截止时间 T 之后的数据。在这个简单的案例中,先随机打乱数据后分割,把 80% 的评价放在训练集,20% 放在测试集,如程序清单 15-16 所示。

程序清单 15-16：code\ch15\retrieval.py

```
20. tf.random.set_seed(42)
21. shuffled = ratings.shuffle(100_000, seed=42, reshuffle_each_iteration=
    False)
22. train = shuffled.take(80_000)
23. test = shuffled.skip(80_000).take(20_000)
```

（5）特征映射。将已知数据中存在的独特的用户 ID 和电影标题作为分类特征原始值，通过词汇表映射到一个连续范围内的整数，如程序清单 15-17 所示。

程序清单 15-17：code\ch15\retrieval.py

```
24. movie_titles = movies.batch(1_000)
25. user_ids = ratings.batch(1_000_000).map(lambda x: x["user_id"])
26. unique_movie_titles = np.unique(np.concatenate(list(movie_titles)))
27. unique_user_ids = np.unique(np.concatenate(list(user_ids)))
28. unique_movie_titles[:10]
```

"unique_movie_titles[：10]"的返回值结果如下。

```
array([b"'Til There Was You (1997)", b'1-900 (1994)',
       b'101 Dalmatians (1996)', b'12 Angry Men (1957)', b'187 (1997)',
       b'2 Days in the Valley (1996)',
       b'20,000 Leagues Under the Sea (1954)',
       b'2001: A Space Odyssey (1968)',
       b'3 Ninjas: High Noon At Mega Mountain (1998)',
       b'39 Steps, The (1935)'], dtype=object)
```

2. 实现模型

建立双塔召回模型需要分别建立双塔，在最后的模型中把它们结合起来。左边的查询塔（The query tower）将用户特征映射到用户 embedding 中，右边的候选条目塔（The candidate tower）将候选条目特征映射到候选条目 embedding 中，模型的输出为用户 embedding 和候选条目 embedding 的点乘积。

（1）决定查询和候选表征的维度，如程序清单 15-18 所示。更高的值将对应于可能更准确的模型，但也是更慢的拟合，更容易过度拟合。

程序清单 15-18：code\ch15\retrieval.py

```
29. embedding_dimension = 32
```

（2）定义查询塔模型本身，如程序清单 15-19 所示。使用 Keras 预处理层 StringLookup，首先将用户 ID 转换为整数，然后通过 embedding 层将其转换为用户 embedding。注意，这里使用之前计算的唯一用户 ID 列表作为词汇表。

程序清单 15-19：code\ch15\retrieval.py

```
30. user_model = tf.keras.Sequential([
31.     tf.keras.layers.StringLookup(
32.         vocabulary=unique_user_ids, mask_token=None),
33.     tf.keras.layers.Embedding(len(unique_user_ids) + 1, embedding_
    dimension)
34. ])
```

像这样一个简单的模型完全对应于一个经典的矩阵分解方法。虽然为这个简单的模型定义一个 tf.keras.Model 的子类可能是多余的，但可以使用标准的 Keras 组件轻松地将其扩展为一个任意复杂的模型，只要在最后返回一个 embedding_dimension 输出。

（3）和查询塔一样定义候选条目塔，如程序清单 15-20 所示。

程序清单 15-20：code\ch15\retrieval.py

```
35. movie_model = tf.keras.Sequential([
36.     tf.keras.layers.StringLookup(
37.         vocabulary=unique_movie_titles, mask_token=None),
38.     tf.keras.layers.Embedding(len(unique_movie_titles) + 1, embedding_
    dimension)
39. ])
```

（4）定义模型指标。在训练数据中有正向的用户和电影配对，如程序清单 15-21 所示。为了评估模型的性能，需要将模型计算出的正向配对的相关性评分，与所有其他可能的候选条目配对的评分比较。如果正向配对的评分高于所有其他候选条目配对的评分，说明这个模型的准确度是非常高的。可以使用 FactorizedTopK 指标评分，它可以通过模型返回的前 K 项候选条目的概率，评估对于某个特定查询真实的候选条目。这个指标有一个必需的参数——候选条目数据集，即 candidates 参数。

程序清单 15-21：code\ch15\retrieval.py

```
40. metrics = tfrs.metrics.FactorizedTopK(
41.     candidates=movies.batch(128).map(movie_model)
42. )
```

（5）定义损失函数。TFRS 提供了一个 Retrieval 任务类，如程序清单 15-22 所示。它是一个方便使用的 wrapper，把损失函数和指标计算捆绑在一起。程序中 task 本身是一个 keras 层，它将查询和候选条目 embedding 作为参数，并返回计算出的损失值。使用 task 来实现模型的循环训练。

程序清单 15-22：code\ch15\retrieval.py

```
43. task = tfrs.tasks.Retrieval(metrics=metrics)
```

（6）构建模型类。TFRS 公开了一个模型基类 tfts.Model，它简化了模型的搭建。在 __init__ 方法中设置组件并实现 compute_loss 方法。而模型基类将负责创建训练循环来训练模型，所以在 __init__ 方法中使用了刚才定义的 movie_model、user_model 和 task 对象。在 compute_loss 方法中使用 task 对象来计算损失和指标。相关代码如程序清单 15-23 所示。

程序清单 15-23：code\ch15\retrieval.py

```
44. class MovielensModel(tfrs.Model):
45.     def __init__(self, user_model, movie_model):
46.         super().__init__()
47.         self.movie_model: tf.keras.Model = movie_model
48.         self.user_model: tf.keras.Model = user_model
49.         self.task: tf.keras.layers.Layer = task
50.     def compute_loss(self, features: Dict[Text, tf.Tensor], training=False) -> tf.Tensor:
51.         #挑选出用户特征，并将其传入用户模型，获得 embedding
52.         user_embeddings = self.user_model(features["user_id"])
53.         #挑选出电影的特征，并将其传入电影模型，获得 embedding
54.         positive_movie_embeddings = self.movie_model(features["movie_title"])
55.         return self.task(user_embeddings, positive_movie_embeddings)
```

到这里，完成了召回模型的搭建。

3. 拟合和评估模型

（1）实例化这个模型。相关代码如程序清单 15-24 所示。

程序清单 15-24：code\ch15\retrieval.py

```
56. model = MovielensModel(user_model, movie_model)
57. model.compile(optimizer=tf.keras.optimizers.Adagrad(learning_rate=0.1))
```

（2）对训练和评估数据进行洗牌、批处理和缓存。相关代码如程序清单 15-25 所示。

程序清单 15-25：code\ch15\retrieval.py

```
58. cached_train = train.shuffle(100_000).batch(8192).cache()
59. cached_test = test.batch(4096).cache()
```

（3）运行大家非常熟悉的 fit 方法。相关代码如程序清单 15-26 所示。

程序清单 15-26：code\ch15\retrieval.py

```
60. model.fit(cached_train, epochs=3)
```

训练过程如下。

```
Epoch 1/3
10/10 [==============================]
- 5s 391ms/step
- factorized_top_k/top_1_categorical_accuracy: 0.0013
- factorized_top_k/top_5_categorical_accuracy: 0.0099
- factorized_top_k/top_10_categorical_accuracy: 0.0205
- factorized_top_k/top_50_categorical_accuracy: 0.1005
- factorized_top_k/top_100_categorical_accuracy: 0.1776
- loss: 69885.1151
- regularization_loss: 0.0000e+00
- total_loss: 69885.1151
Epoch 2/3
10/10 [==============================]
- 4s 407ms/step
- factorized_top_k/top_1_categorical_accuracy: 0.0028
- factorized_top_k/top_5_categorical_accuracy: 0.0188
- factorized_top_k/top_10_categorical_accuracy: 0.0380
- factorized_top_k/top_50_categorical_accuracy: 0.1697
- factorized_top_k/top_100_categorical_accuracy: 0.2930
- loss: 67523.3693
- regularization_loss: 0.0000e+00
- total_loss: 67523.3693
Epoch 3/3
10/10 [==============================]
- 4s 385ms/step
- factorized_top_k/top_1_categorical_accuracy: 0.0036
- factorized_top_k/top_5_categorical_accuracy: 0.0226
- factorized_top_k/top_10_categorical_accuracy: 0.0461
- factorized_top_k/top_50_categorical_accuracy: 0.1883
- factorized_top_k/top_100_categorical_accuracy: 0.3162
- loss: 66302.9624
- regularization_loss: 0.0000e+00
- total_loss: 66302.9624
```

训练过程中,可以看到随着模型的训练,损失值在下降。一组 TOP K 召回指标也在更新。这些指标告诉我们,真的正值是否在整个候选集的 TOP K 召回候选条目当中。例如,TOP K 分类准确度指标为 0.2,说明平均而言,真的正值在 20% 的时间都出现在了前 5 个召回候选项目当中。

(4)模型训练结束后,评估测试集的性能。相关代码如程序清单 15-27 所示。

程序清单 15-27:code\ch15\retrieval.py

```
61. model.evaluate(cached_test, return_dict=True)
```

评估结果如下。

```
5/5 [==============================]
- 1s 145ms/step
- factorized_top_k/top_1_categorical_accuracy: 8.0000e-04
- factorized_top_k/top_5_categorical_accuracy: 0.0098
- factorized_top_k/top_10_categorical_accuracy: 0.0222
- factorized_top_k/top_50_categorical_accuracy: 0.1247
- factorized_top_k/top_100_categorical_accuracy: 0.2329
- loss: 31079.0645
- regularization_loss: 0.0000e+00
- total_loss: 31079.0645
```

评估结果观察到两个现象，主要的现象是测试集性能比训练性能差很多。这是由两个因素造成的。

第一个因素体现在两方面。一方面，我们的模型很可能在它"见过"的数据上表现得更好，仅仅是因为它能记住这些数据。当模型有很多参数时，这种过拟合现象尤其强烈。它可以通过模型正则化，使用用户或电影特征来调解，帮助模型对未见过的数据进行更好的归纳。另一方面，该模型正在重新推荐一些用户已经看过的电影。这些已观看的正反馈电影可以将测试电影挤出前 K 位的推荐。

第二个因素可以通过在测试推荐中排除以前看过的电影来解决。这种方法在推荐系统的文献中比较常见，但本案例中并没有采用。不推荐过去观看的电影，这是很重要的，期望适当指定的模型能够从过去的用户历史和上下文信息中自动学习这种行为。此外，多次推荐同一物品往往是合适的。例如，一部常青的电视剧或一个经常购买的物品。

（5）进行预测。如果对模型的性能满意，就可以使用训练好的模型进行预测。使用"tfrs.layer.factorized_top_k.BruteForce"层来预测，如程序清单 15-28 所示。

程序清单 15-28：code\ch15\retrieval.py

```
62. #建立索引,BruteForce 表示对 Embedding 向量的领域进行完整搜索
63. index = tfrs.layers.factorized_top_k.BruteForce(model.user_model)
64. index.index_from_dataset(
65.   tf.data.Dataset.zip((movies.batch(100), movies.batch(100).map(model.
      movie_model)))
66. )
67. _, titles = index(tf.constant(["42"]))
68. print(f"Recommendations for user 42: {titles[0, :3]}")
```

输出结果如下。

```
Recommendations for user 42: [b'Bridges of Madison County, The (1995)' b'
Father of the Bride Part II (1995)' b'Rudy (1993)']
```

在双塔召回模型中，服务有两部分，即查询模型服务和候选模型服务。其中，查询模型服务吸收查询的特征并将其转化为查询 embedding。这通常采取近似近邻（Approximate Nearest Neighbor，ANN）索引的形式，允许快速近似查找候选人，以响应查询模型。

4. 部署模型

在 TFRS 中，这两个组件都可以打包成可导出的模型。给定模型，接受原始的用户 ID 并返回该用户的 Top 电影的标题。通过将模型导出为 SavedModel 格式来实现，这可以使用 TensorFlow Serving 来提供服务。

部署该模型，只需导出上面创建的 BruteForce 层。相关代码如程序清单 15-29 所示。

程序清单 15-29：code\ch15\retrieval.py

```
69. with tempfile.TemporaryDirectory() as tmp:
70.     path = os.path.join(tmp, "model")
71.     tf.saved_model.save(index, path) #保存索引
72.     #把它加载回去；也可以在 TensorFlow 服务中完成
73.     loaded = tf.saved_model.load(path)
74.     #传递一个用户 ID，得到 top 预测的电影标题
75.     scores, titles = loaded(["42"])
76.     print(f"Recommendations: {titles[0][:3]}")
```

可以看到模型推荐给 42 号用户的 3 部电影。输出结果如下。

```
Recommendations: [b'Bridges of Madison County, The (1995)'
b'Father of the Bride Part II (1995)' b'Rudy (1993)']
```

5. 改进

可以通过输出一个近似的检索索引来加快预测速度，有可能从数以千万计的候选者集合中有效地浮出推荐，可以使用 Scann 包做到这一点。Scann 包是 TFRS 的可选的依赖项，在本案例开始时通过调用"!pip install -q scann"单独安装它。注意，Scann 包必须在 Linux 环境下安装使用。一旦安装完毕，就可以使用 TFRS ScaNN 层了。相关代码如程序清单 15-30 所示。

程序清单 15-30：code\ch15\retrieval.py

```
77. scann_index = tfrs.layers.factorized_top_k.ScaNN(model.user_model)
78. scann_index.index_from_dataset(tf.data.Dataset.zip((movies.batch(100),
79. movies.batch(100).map(model.movie_model))))
```

这一层将执行近似的查找。这种方式可能使召回的准确性稍差，但在大的候选集上的速度要快几个数量级。相关代码如程序清单 15-31 所示。

程序清单 15-31：code\ch15\retrieval.py

```
80. #获得用户 42 的三部推荐电影
81. _, titles = scann_index(tf.constant(["42"]))
82. print(f"Recommendations for user 42: {titles[0, :3]}")
```

输出结果如下。

```
Recommendations: [b'Bridges of Madison County, The (1995)' b'Father of the
Bride Part II (1995)' b'Rudy (1993)']
```

可以导出它以提供服务，和导出 BruteForce 层一样简单。相关代码如程序清单 15-32 所示。

程序清单 15-32：code\ch15\retrieval.py

```
83. #导出查询模型
84. with tempfile.TemporaryDirectory() as tmp:
85.     path = os.path.join(tmp, "model")
86.     #保存索引
87.     tf.saved_model.save(
88.  index,path,options=tf.saved_model.SaveOptions(namespace_whitelist=
     ["Scann"])
89.     )
90.     #把它加载回去；也可以在 TensorFlow 服务中完成
91.     loaded = tf.saved_model.load(path)
92.     #传递一个用户 ID 得到预测用户可能喜欢的前 k 部电影
93.     scores, titles = loaded(["42"])
94.     print(f"Recommendations: {titles[0][:3]}")
```

输出结果如下。

```
Recommendations: [b'Bridges of Madison County, The (1995)' b'Father of the
Bride Part II (1995)' b'Rudy (1993)']
```

在这个模型中，创建了一个"用户-电影"模型。然而，对于某些应用（例如，产品详情页），执行 item 对 item（例如，电影对电影或产品对产品）的推荐是很常见的。

像这样的模型训练将遵循本案例中所示的相同模式，但是使用不同的训练数据。有一个用户和一个电影塔，并使用用户、电影数据来训练它们。在 item 对 item 的模型中，有两个 item 塔，分别用于查询和候选项目，并使用查询项目和候选项目来训练模型。

15.3.3 排序模型搭建

1. 前置准备

（1）导入相关包到项目中。

程序清单 15-33：code\ch15\ranking.py

```
1.  import os
2.  import pprint
3.  import tempfile
4.  from typing import Dict, Text
5.  import numpy as np
6.  import tensorflow as tf
7.  import tensorflow_datasets as tfds
8.  import tensorflow_recommenders as tfrs
```

（2）加载数据集。使用与召回教程相同的数据。这一次，需要保留评级，这是我们试图预测的目标。

程序清单 15-34：code\ch15\ranking.py

```
9.  ratings = tfds.load("movielens/100k-ratings", split="train")
10. ratings = ratings.map(lambda x: {
11.     "movie_title": x["movie_title"],
12.     "user_id": x["user_id"],
13.     "user_rating": x["user_rating"]
14. })
```

（3）划分数据集。和召回模型一样分割数据，把80%的评分放在训练集，20%放在测试集。

程序清单 15-35：code\ch15\ranking.py

```
15. tf.random.set_seed(42)
16. shuffled = ratings.shuffle(100_000, seed=42, reshuffle_each_iteration=
    False)
17. train = shuffled.take(80_000)
18. test = shuffled.skip(80_000).take(20_000)
```

（4）特征映射。和召回模型相同。

程序清单 15-36：code\ch15\ranking.py

```
19. movie_titles = ratings.batch(1_000_000).map(lambda x: x["movie_title"])
20. user_ids = ratings.batch(1_000_000).map(lambda x: x["user_id"])
21. unique_movie_titles = np.unique(np.concatenate(list(movie_titles)))
22. unique_user_ids = np.unique(np.concatenate(list(user_ids)))
```

2. 搭建排名模型

排名模型并不像检索模型那样受到同样的效率限制，因此在选择架构时有更多的自由。由多个堆叠的密集层组成的模型是相对常见的排名任务的架构。按以下方式实现它。

（1）创建 RankingModel。RankingModel 作为 tf.keras.Model 的子类，__init__方法中创建 user_embeddings 和 movie_embeddings。

程序清单 15-37：code\ch15\ranking.py

```
23.  class RankingModel(tf.keras.Model):
24.      def __init__(self):
25.          super().__init__()
26.          embedding_dimension = 32
27.          #计算 Users embeddings
28.          self.user_embeddings = tf.keras.Sequential([
29.              tf.keras.layers.StringLookup(
30.                  vocabulary=unique_user_ids, mask_token=None),
31.              tf.keras.layers.Embedding(len(unique_user_ids) + 1,
     embedding_dimension)
32.          ])
33.          #计算 movies embeddings
34.          self.movie_embeddings = tf.keras.Sequential([
35.              tf.keras.layers.StringLookup(
36.                  vocabulary=unique_movie_titles, mask_token=None),
37.              tf.keras.layers.Embedding(len(unique_movie_titles) + 1,
     embedding_dimension)
38.          ])
```

（2）定义 ratings 模型。使用几个全连接层来生成预测的 rating。ratings 模型并不像召回模型那样在效率上受限，因此在架构上有更大的选择自由度。这里用的是更深的模型来进行排序。

程序清单 15-38：code\ch15\ranking.py

```
39.          self.ratings = tf.keras.Sequential([
40.              #Learn multiple dense layers
41.              tf.keras.layers.Dense(256, activation="relu"),
42.              tf.keras.layers.Dense(64, activation="relu"),
43.              #Make rating predictions in the final layer
44.              tf.keras.layers.Dense(1)
45.          ])
```

（3）在 call 方法中，把 user_embedding 和 movie_embedding 拼接成一个向量，建立评分模型，得到预测结果。

程序清单 15-39：code\ch15\ranking.py

```
46.      def call(self, inputs):
```

```
47.        user_id, movie_title = inputs
48.        user_embedding = self.user_embeddings(user_id)
49.        movie_embedding = self.movie_embeddings(movie_title)
50.        return self.ratings(tf.concat([user_embedding, movie_
           embedding], axis=1))
```

总的来说,排序模型输入一个用户 ID 和一个电影片名,然后输出一个预测评分。

程序清单 15-40:code\ch15\ranking.py

```
51. RankingModel()((["42"], ["One Flew Over the Cuckoo's Nest (1975)"])))
```

使用未经训练的模型预测,用户 42 给电影的评分为 0.03740937。

```
<tf.Tensor([[0.03740937]], shape=(1, 1), dtype=float32)>
```

(4) 定义 task。这里 task 用于训练模型的损失。在本案例中,利用 Ranking 任务对象,将损失函数和度量计算捆绑在一起。把它和 MeanSquaredError Keras 损失一起使用,以预测评级。

程序清单 15-41:code\ch15\ranking.py

```
52. task = tfrs.tasks.Ranking(
53.    loss = tf.keras.losses.MeanSquaredError(),
54.    metrics=[tf.keras.metrics.RootMeanSquaredError()]
55. )
```

该任务本身是 Keras 层,以 true 和 predicted 作为参数,并返回计算的损失,用它来实现模型的训练循环。

(5) 构建 MovielensModel。现在把用户 ID 和电影片名全部都放到模型 MovielensModel 中,tfrs 提供了一个模型基类 tfrs.models.Model,简化了模型的搭建。需要做的是在 __init__ 方法中设置组件并实现 compute_loss 方法获取原始特征并返回一个损失值。在 __init__ 方法中,用到 tfrs.tasks.Ranking,可以集成损失函数和指标计算。用 MeanSquaredError 损失来预测评分。

程序清单 15-42:code\ch15\ranking.py

```
56. class MovielensModel(tfrs.models.Model):
57.   def __init__(self):
58.     super().__init__()
59.     self.ranking_model: tf.keras.Model = RankingModel()
60.     self.task: tf.keras.layers.Layer = tfrs.tasks.Ranking(
61.       loss = tf.keras.losses.MeanSquaredError(),
```

```
62.         metrics=[tf.keras.metrics.RootMeanSquaredError()])
63.   def call(self, features: Dict[str, tf.Tensor]) -> tf.Tensor:
64.      return self.ranking_model(
65.          (features["user_id"], features["movie_title"]))
66.   def compute_loss(self, features: Dict[Text, tf.Tensor], training=
   False) -> tf.Tensor:
67.      labels = features.pop("user_rating")
68.      rating_predictions = self(features)
69.      return self.task(labels=labels, predictions=rating_predictions)
```

3. 拟合和评估模型

定义完模型后，使用标准的 Keras 拟合和评估例程来拟合和评估该模型。

（1）实例化这个模型。

程序清单 15-43：code\ch15\ranking.py

```
70. model = MovielensModel()
71. model.compile(optimizer=tf.keras.optimizers.Adagrad(learning_rate=0.1))
```

（2）对训练和评估数据进行洗牌、批处理和缓存。

程序清单 15-44：code\ch15\ranking.py

```
72. cached_train = train.shuffle(100_000).batch(8192).cache()
73. cached_test = test.batch(4096).cache()
74. model.fit(cached_train, epochs=3)
```

（3）使用 fit 方法训练模型。

程序清单 15-45：code\ch15\ranking.py

```
75. model.fit(cached_train, epochs=3)
```

可以看到训练过程如下。

```
Epoch 1/3
10/10 [==============================]
- 5s 59ms/step
- root_mean_squared_error: 2.1718
- loss: 4.3303
- regularization_loss: 0.0000e+00
- total_loss: 4.3303
Epoch 2/3
10/10 [==============================]
- 0s 38ms/step
- root_mean_squared_error: 1.1227
- loss: 1.2602
- regularization_loss: 0.0000e+00
- total_loss: 1.2602
```

```
Epoch 3/3
10/10 [==============================]
- 0s 39ms/step
- root_mean_squared_error: 1.1162
- loss: 1.2456
- regularization_loss: 0.0000e+00
- total_loss: 1.2456
<keras.callbacks.History at 0x7fac23c8d4d0>
```

随着模型的训练,损失在下降,RMSE 指标在提高。

(4) 在模型完成后进行模型评估。

程序清单 15-46:code\ch15\ranking.py

```
76. model.evaluate(cached_test, return_dict=True)
```

RMSE 指标越低,模型在预测评级方面就越准确。

```
5/5 [==============================]
- 3s 18ms/step
- root_mean_squared_error: 1.1108
- loss: 1.2287
- regularization_loss: 0.0000e+00
- total_loss: 1.2287
{'loss': 1.2062523365020752,
 'regularization_loss': 0,
 'root_mean_squared_error': 1.110804557800293,
 'total_loss': 1.2062523365020752}
```

(5) 预测排名。通过计算一组电影的预测评分值来测试排名模型,然后根据预测值对这些电影进行排名。

程序清单 15-47:code\ch15\ranking.py

```
77. test_ratings = {}
78. test_movie_titles = ["M*A*S*H (1970)", "Dances with Wolves (1990)",
     "Speed (1994)"]
79. for movie_title in test_movie_titles:
80.    test_ratings[movie_title] = model({
81.        "user_id": np.array(["42"]),
82.        "movie_title": np.array([movie_title])})
83. print("Ratings:")
84. for title, score in sorted(test_ratings.items(), key=lambda x: x[1],
     reverse=True):
85.    print(f"{title}: {score}")
```

输出结果如下。

```
Ratings:
M * A * S * H (1970): [[3.5847025]]
Dances with Wolves (1990): [[3.551554]]
Speed (1994): [[3.5215852]]
```

4. 导出模型

可以很容易导出该模型。

程序清单 15-48：code\ch15\ranking.py

```
86. tf.saved_model.save(model, "export")
```

日志记录如下。

```
INFO:tensorflow:Assets written to: export/assets
INFO:tensorflow:Assets written to: export/assets
```

把模型装回去并进行预测。

程序清单 15-49：code\ch15\ranking.py

```
87. loaded = tf.saved_model.load("export")
88. loaded({"user_id": np.array(["42"]), "movie_title": ["Speed (1994)"]}).
    numpy()
```

返回结果如下，可以看到用户 42 对 Speed(1994)的预测评分是 3.5216007。

```
array([[3.5216007]], dtype=float32)
```

15.4 本章小结

本章介绍了推荐系统的基本概念、常用方法以及相关技术，重点学习了召回模型和排序模型的构建。通过学习，读者能够掌握推荐系统的基本知识和构建方式。

读者可以考虑结合本章实例，针对自己的移动商务应用的数据进行个性化推荐功能构建。

练习与思考题

1. 常见的个性推荐系统的应用有哪些？
2. Embedding 相较于 One-Hot 技术有哪些优点？
3. 思考如何通过使用更多的特征而不仅仅是用户和候选人的标识符去优化一个排名模型。

参 考 文 献

[1] 项量. 推荐系统实践[M]. 北京：人民邮电出版社，2012.
[2] 王喆. 深度学习推荐系统[M]. 北京：电子工业出版社，2020.
[3] HUANG P S, HE X, GAO J, et al. Learning Deep Structured Semantic Models for Web Search Using Clickthrough Data[C]. Proceedings of the 22nd ACM International Conference on Information & Knowledge Management. 2013：2333-2338.
[4] SUN P. Announcing ScaNN：Efficient Vector Similarity Search[EB/OL]. Google Research[2020-7-28]. http://ai.googleblog.com/2020/07/announcing-scann-efficient-vector.html.
[5] PASUMARTHI R K，WOLF S，BRUNCH S, et al. TF-Ranking：Scalable TensorFlow Library for Learning-to-Rank[C]//the 25th ACM SIGKDD International Conference. ACM，2019.